Die Entwicklung des
Traditionsbegriffs in der Alten Kirche

TRADITIO CHRISTIANA

Texte und Kommentare zur patristischen Theologie

In Verbindung mit O. Cullmann, J. Fontaine, M. Harl, H. Karpp,
A. Labhardt, J. Meyendorff, H.-Ch. Puech, M.A. Schmidt, L. Vischer

herausgegeben von
André Benoît, Franco Bolgiani, John Gordon Davies, Willy Rordorf

V

PETER LANG
Bern und Frankfurt am Main

WILLY RORDORF / ANDRÉ SCHNEIDER

Die Entwicklung des Traditionsbegriffs in der Alten Kirche

PETER LANG
Bern und Frankfurt am Main

CIP-Kurztitelaufnahme der Deutschen Bibliothek

Rordorf, Willy:
Die Entwicklung des Traditionsbegriffs in der alten
Kirche / Willy Rordorf; André Schneider. – Bern;
Frankfurt am Main: Lang, 1983.
  (Traditio christiana; 5)
  Franz. Ausg. u.d.T.: Rordorf, Willy: L'évolution du
  concept de tradition dans l'église ancienne
  ISBN 3-261-04858-1

NE: Schneider, André: GT

BT
90
,E6
1983 v

ISSN 0172-1372
ISBN 3-261-04858-1

Für die deutsche Ausgabe:
© Verlag Peter Lang AG, Bern 1983
Nachfolger des Verlages der Herbert Lang & Cie AG

Druck: Lang Druck AG, Liebefeld/Bern

Inhaltsverzeichnis

V

Register

Einführung

Vorwort

In einer Buchreihe, die den Titel „Traditio Christiana" trägt, darf ein Band zum Thema „Die Entwicklung des Traditionsbegriffs in der Alten Kirche" nicht fehlen. Es handelt sich hier um einen Schlüsselbegriff der Kirchenväterzeit. Wie kam es neben der Heiligen Schrift zur Ausbildung einer Tradition? Und was sind Inhalt und Autorität dieser Tradition? Oder muß man zwischen Tradition und Traditionen unterscheiden?

Seit dem 16. Jahrhundert sind Inhalt und Stellenwert der Tradition zwischen den christlichen Konfessionen strittig. Aber es ist eindeutig, daß man im Lauf der Jahrhunderte aus einer Phase, in der die Polemik vorherrschte, zu einer objektiveren Forschung vorgedrungen ist, die versucht, zuerst die Tradition herauszustellen, die Gemeingut aller Christen ist, bevor sie die verschiedenen Traditionen aufzählt, die die Christen voneinander scheiden. Diese erfreuliche Entwicklung ist vor allem in den ökumenischen Bemühungen der letzten 20 Jahre greifbar. Auf protestantischer Seite sei etwa die 4. Weltkonferenz für Glauben und Kirchenverfassung des Oekumenischen Rates der Kirchen in Montreal 1963 erwähnt; sie war dem Thema „Schrift, Tradition und Traditionen" gewidmet. Auf römisch-katholischer Seite sei vor allem an die dogmatische Konstitution „Dei Verbum" des 2. Vatikanischen Konzils vom Jahre 1965 erinnert.

Die Annäherung der Standpunkte ist in erster Linie auf die kritische Erforschung der Quellen seit rund 100 Jahren zurückzuführen. Ganze Generationen von Philologen, Historikern und Theologen haben sich an die Arbeit gemacht, um die Texte zu edieren, sie aus dem Zusammenhang ihrer jeweiligen geschichtlichen Epoche zu begreifen und sie möglichst frei von konfessionellen Vorurteilen zu kommentieren. All dieser Aufwand war nicht umsonst, er hat Früchte getragen. Indem wir diese Textsammlung veröffentlichen, hoffen wir den Lesern diesen Fortschritt vor Augen zu führen.

Der vorliegende Band ist übrigens selber ein Werk der „Tradition". Schon vor langer Zeit hat Herr Pfr. Dr. theol. L. Vischer ihn begonnen, dann wurde er eine Weile von Herrn Prof. Dr. J.N. Bakhuizen van den Brink weitergeführt, bis er schließlich durch

die beiden jetzigen Herausgeber abgeschlossen wurde.[1] Anläß-
lich der Veröffentlichung des Buches möchten die Herausgeber
ihren Vorgängern herzlich danken; wenn sie auch die Textaus-
wahl modifiziert haben, so glauben sie doch dem ursprünglichen
Projekt treu geblieben zu sein. Das ist auch ein Beispiel lebendi-
ger Tradition!

Neuchâtel,   WILLY RORDORF
28. August 1982   ANDRÉ SCHNEIDER

---

1   André Schneider hat die Textedition (in Zusammenarbeit mit seinem Assistenten
     Philippe Martin) und die französische Übersetzung vorbereitet. Willy Rordorf hat
     die Anmerkungen, die Einführung, die Bibliographie und die Register verfaßt; aber
     die beiden Herausgeber waren in ständigem Kontakt, um alle sich stellenden Proble-
     me gemeinsam zu besprechen. Für die vorliegende deutsche Ausgabe zeichnet Wil-
     ly Rordorf; für die Übersetzung der Texte hat er sich z.T. an bestehende deutsche
     Übersetzungen angelehnt; wenn sie wörtlich übernommen sind, ist das verzeichnet
     worden.

Einleitung

Wer das Problem der Tradition in der Alten Kirche studiert, muß sich vor allem vergegenwärtigen, daß es bis gegen Ende des 2. Jahrhunderts noch gar keinen fixierten Kanon der Schriften des „Neuen Testaments" gab. Wenn wir vom „Alten Testament" absehen, das als abgeschlossener Kanon vorlag und das darum nicht so sehr ein Traditionsproblem, sondern hauptsächlich ein Auslegungsproblem darstellte[1], so finden wir in dieser langen Zeitspanne von fast 200 Jahren also noch gar keine „Schrift", die als solcher der „Tradition" gegenübergestellt werden könnte, sondern die *ganze* Masse der sich auf Jesus und die Apostel berufenden Predigt und Lehre ist „Tradition", Überlieferung, παράδοσις.

Zeichnen wir in kurzen Strichen die Entwicklung während dieses Zeitraums nach![2] Chronologisch am Anfang stehen die paulinischen Schriften. O. Cullmann[3] hat mit guten Gründen plausibel gemacht, daß beim Apostel Paulus ein dialektischer Traditionsbegriff auftritt: einerseits, als geschulter Rabbine, fußt er getreu auf der ihm selbst überlieferten Tradition; andererseits weiß er sich, als vom auferstandenen Herrn berufener Apostel, dazu ermächtigt, diese selbe Tradition in der Autorität des lebendigen Herrn weiterzugeben.[4] Jesus der erhöhte Herr ist also nicht nur Gegenstand, sondern zugleich agierendes Subjekt der Verkündigung.[5] Gerade aus dem Bewußtsein seiner geistgewirkten apostolischen Autorität heraus hält aber Paulus darauf, zwischen der feststehenden Tradition und ihrer zeitbedingten und darum grundsätzlich unabgeschlossenen Auslegung und Anwendung zu unterscheiden.[6] Auf diese „Hierarchie" der verschiedenen Traditionen bei Paulus hat besonders L. Goppelt[7] aufmerksam gemacht.

---

1   M. Harl in Paris bereitet zu dieser Problematik einen Band für „Traditio Christiana" vor.
2   Vgl. den Überblick bei R.P.C. Hanson, Tradition in the Early Church, London 1962, 7-21.
3   Tradition, Zürich 1954, 8 ff.
4   Vgl. Texte Nr. 6-7.
5   Auch im Ausdrucke εὐαγγέλιον Χριστοῦ ist Χριστοῦ zugleich als genitivus subiectivus und obiectivus zu verstehen; cf. O. Cullmann, op. cit. (Anm. 3), 20.
6   Ein Schulbeispiel dafür ist der Text Nr. 5.
7   „Tradition nach Paulus", Kerygma und Dogma 4, 1958, 213-233.

Die folgende „pseudepigraphische Epoche"[8], die etwa von 60-120 n.Chr. anzusetzen ist, sieht die Abfassung der kanonischen Evangelien sowie der deuteropaulinischen und katholischen Briefe. Sie ist gekennzeichnet vom selben Willen, aus geistgewirkter apostolischer Autorität heraus zu sprechen, die einerseits treu überliefert[9], andererseits aber frei und souverän das Überlieferte kerygmatisch und paränetisch aktualisiert.[10] Es fällt dann allerdings gegenüber Paulus auf, daß der Sinn für die Abstufungen innerhalb der Masse des Überlieferten und damit für die Nuancen in der Wertung des Tradierten zu schwinden beginnt; bezeichnenderweise sprechen etwa die Pastoralbriefe nur noch vom „anvertrauten Gut", das es zu bewahren gilt[11], und die Formel „ohne etwas hinzuzufügen oder wegzunehmen" wird stereotyp.[12]

Im 2. Jahrhundert gerät nun die Kirche in eine eigentliche Traditionskrise hinein. Die Generation der Apostel, Apostelschüler und der charismatisch begabten Propheten und Lehrer ist von der Bildfläche verschwunden, die christlichen Gemeinden in den einzelnen Provinzen des römischen Reichs sind verstreut und entbehren einer Zentralinstanz. Bereits wird in dieser Notlage vereinzelt auf die Bischöfe als die Nachfolger der Apostel und damit die Garanten echter Überlieferung hingewiesen[13]; auch auf anerkannte

---

8   Cf. N. Brox, Falsche Verfasserangaben. Zur Erklärung der frühchristlichen Pseudepigraphie (SBS 79), Stuttgart 1975; K.M. Fischer, „Anmerkungen zur Pseudepigraphie im Neuen Testament", NTS 23, 1976, 76-81; vgl. auch O. Knoch, Die „Testamente" des Petrus und Paulus (SBS 62), Stuttgart 1973 und K. Aland in: Pietas. Festschrift für Bernhard Kötting, Münster i.W. 1980, 121-139.

9   Was die Evangelien betrifft, vgl. besonders die Skandinavier H. Riesenfeld, „The Gospel Tradition and its Beginnings", in: The Gospel Tradition, Philadelphia U.S.A. 1970, 1-30; und B. Gerhardsson, Memory and Manuscript, Uppsala 1961; ders., Die Anfänge der Evangelientradition, Wuppertal 1977. Zusammenfassend etwa auch P. Bonnard, in: Anamnesis, Genf-Lausanne-Neuchâtel 1980, 25-35.

10   Vgl. dazu auch die verschiedenen Arbeiten zur ntl. Prophetie von E. Käsemann, in: Exegetische Versuche und Besinnungen I, Göttingen 1970[6], 168 ff., II, Göttingen 1970[6], 69 ff.; 82 ff.; 105 ff.; von E. Cothenet, „Le prophétisme dans le Nouveau Testament", Suppl. DB VIII, Paris 1971, Sp. 1222-1337; ders., „Prophétisme et ministère d'après le Nouveau Testament", La Maison-Dieu 107, 1971, 29-50; und von E.E. Ellis, Prophecy and Hermeneutic (WUNT 18), Tübingen 1978, und Gran Rapids U.S.A. 1978. In diesem Zusammenhang gehört übrigens auch die Didache; vgl. W. Rordorf-A. Tuilier, La doctrine des douze Apôtres (Didachè) (SC 248), Paris 1978.

11   Vgl. K. Wegenast, Das Verständnis der Tradition bei Paulus und in den Deuteropaulinen (WMANT 8), Neukirchen 1962; J. Schmitt, „Didascalie ecclésiale et tradition apostolique selon les Epîtres pastorales", Année canonique 23, 1979, 45-67.

12   Vgl. W.C. van Unnik, VigChr 3, 1949, 1-36; Chr. Schäublin, MusHelv 31, 1974, 144-149.

13   Vgl. Texte Nr. 15-16.

Autoritäten wie Paulus[14] und die Presbyter[15], sowie auf die Glaubensregel[16] wird verwiesen. Aber angesichts der gnostischen Modeströmung, die unter verschiedenen Spielformen, aber durchwegs traditionsauflösend sich um diese Zeit auffallend schnell und universal verbreitet, muß das großkirchliche Christentum sich zu einer fundamentaleren Antwort aufraffen, soll es nicht in seinen Grundfesten erschüttert werden.

Es ist nicht unsere Sache, das Traditionsverständnis der verschiedenen gnostischen Gruppen hier darzustellen.[17] Es mag genügen, darauf hinzuweisen, daß die Gnostiker nicht nur die gemeinkirchliche apostolische Tradition anders interpretieren, sondern sich auf einen breiten Strom geheimer apostolischer Überlieferung berufen. Sogar den Verweis auf die „apostolische Sukzession" finden wir im gnostischen Schrifttum.[18] Irenäus, Tertullian und Klemens von Alexandrien — jeder auf seine Weise und an seinem Ort — schieben dieser „infiltration pacifique" einen kräftigen Riegel vor. Da dank ihrer theologischen Arbeit die Gnosis-Welle zum Stillstand kommt und die, wie man sagt, „altkatholische" Kirche durch diese Väter ihre in Zukunft feststehenden Grundpfeiler erhält, müssen wir einen Moment bei der Darstellung ihrer Konzeption verweilen.[19]

Für Irenäus von Lyon[20] ist der neugeschaffene, übrigens in Abwehr gegen Marcion zusammengestellte Kanon der neutestamentlichen Schriften[21] die erste und wichtigste Waffe gegen die Gnosis. Aber der Kirchenvater ist sich bewußt, daß diese Waffe allein im Kampf nicht genügt. Er muß überdies beweisen können,

---

14 Vgl. Text Nr. 18.
15 Vgl. Text Nr. 20.
16 Vgl. Text Nr. 23.
17 Solange die gnostischen Texte von Nag Hammadi nicht vollständig ediert und untersucht sind, wäre das auch ein gewagtes Unterfangen. Als vorläufige Zusammenfassung siehe K. Koschorke, Die Polemik der Gnostiker gegen das kirchliche Christentum (NHS 8), Leiden 1978, 204 ff.; 242 ff.; G.G. Blum, Tradition und Sukzession. Studien zum Normbegriff des Apostolischen von Paulus bis Irenäus, Berlin und Hamburg 1963, 98 ff.; ders., in: TRE III, 447 ff.; E.H. Pagels, „Visions, Appearances and Apostolic Authority: Gnostic and Orthodox Tradition", in: Gnosis-Festschrift für Hans Jonas, Göttingen 1979, 415-430.
18 Vgl. Text Nr. 28.
19 Zum allgemeinen, vgl. B. Aland, „Gnosis und Kirchenväter. Ihre Auseinandersetzung um die Interpretation des Evangeliums", in: Gnosis. Festschrift für Hans Jonas, Göttingen 1979, 158-215.
20 Vgl. zu Irenäus die Bibliographie.
21 Vgl. H.v. Campenhausen, Die Entstehung der christlichen Bibel, Tübingen 1968, und R.P.C. Hanson, op.cit. (Anm. 2), 187-236.

daß der Kanon der Kirche die vollständige und authentische apostolische Tradition enthält und daß diese Tradition in der Kirche sachgemäß ausgelegt wird. Die Last des ersten Beweises trägt bei Irenäus der Aufweis der lückenlosen Sukzession der Bischöfe in den apostolischen Kirchen[22]; den zweiten Beweis erbringt der Kirchenvater, indem er auf die Übereinstimmung zwischen der „Glaubensregel" der apostolischen Kirchen und ihrer Schriftauslegung verweist.[23] Was allerdings Irenäus im weiteren unter dem „charisma veritatis" versteht, das den Bischöfen gegeben ist, ist umstritten.[24]

Tertullian, in seiner Schrift „De praescriptione haereticorum"[25], fußt in den Grundzügen seines Traditionsdenkens auf Irenäus, denkt aber juristischer, formallogischer als sein Vorgänger: die Weitergabe der Tradition erfolgt innerhalb der durch verwandtschaftliche Abstammung miteinander verbundenen Kirchen; sie entspricht der Verwaltung eines Erbes, das auf den Stifter zurückgeht und nur legitimen Sprößlingen der Familie anvertraut wird. Die Häretiker sind erwiesenermaßen Usurpatoren, ihre Ansprüche werden durch eine „Prozeßeinrede" zurückgewiesen.[26]

Klemens von Alexandrien[27] schließlich versucht den Zauber, den die gnostische Lehre auf gewisse Christen ausübt, dadurch zu brechen, daß er die Quellen der „wahren Gnosis" im kirchlichen Christentum aufdeckt und sich zu zeigen bemüht, daß man auf dem gewiesenen Wege der Vervollkommnung nie genug Fortschritte machen kann, was gerade die Besten reizen soll, diesen Weg zu gehen.[28] Auch im kirchlichen Christentum gibt es eine „geheime" apostolische Tradition, die der Menge verborgen bleibt und die jeweils von einem Lehrer seinem Schüler anvertraut wird.[29]

Mit dieser im einzelnen verschiedenen, aber aufs ganze gesehen deutlichen Absage an die fortan als häretisch beurteilte Gnosis scheint jeder weiteren Diskussion das Wort abgeschnitten zu sein.

---

22 In diesem Punkt kann Irenäus auf Hegesipps Vorarbeit zurückgreifen; vgl. Text Nr. 27.
23 Vgl. dazu immer noch B. Hägglund, „Die Bedeutung der 'regula fidei' als Grundlage theologischer Aussagen", Studia Theologica 12, 1958, 4-19, und R.P.C. Hanson, op.cit., 75-129.
24 Vgl. Text Nr. 35.
25 Vgl. zu Tertullian die Bibliographie.
26 Vgl. Text Nr. 40.
27 Siehe dazu die Bibliographie.
28 Texte Nr. 55; 57-59.
29 Vgl. Texte Nr. 49 und 60.

Aber auf einer anderen Ebene kommt gerade um diese Zeit die Diskussion erst recht in Gang. Denn auch die kanonische Geltung der Schriften, ausgelegt nach den Kriterien der Glaubensregel, beides gehütet in Kontinuität mit den apostolischen Anfängen dank der treuhänderischen Wirksamkeit der Bischöfe, all das kann nicht darüber hinwegtäuschen, daß gewisse „Grauzonen" bleiben, die durch den Rekurs auf die festgelegte Tradition allein nicht behoben werden können. Was ist insbesondere von der liturgischen und disziplinarischen Tradition der Kirche zu halten? Ist sie der Glaubenstradition ebenbürtig? Derselbe Tertullian, den wir als streitbaren Ketzerbekämpfer kennengelernt haben, spricht – als Montanist – erstmals von „Traditionen" im Plural und meint damit liturgische und disziplinarische Bräuche in der Kirche, die sich nicht direkt auf die Schrift zurückführen lassen, sondern kirchlicher „Gewohnheit" (consuetudo) entspringen, sich aber auch vernunftmäßig begründen lassen.[30] Hippolyt stellt wenig später ein ganzes Buch von liturgischen Formularen und disziplinarischen Regeln zusammen, dem er den bezeichnenden Titel „Apostolische Tradition" gibt.[31]

Nun verdient aber hervorgehoben zu werden, daß sich die Kirche zu jener Zeit im allgemeinen noch darüber im klaren ist, daß dieses kirchliche „Gewohnheitsrecht" mit der glaubensmäßig verbindlichen Tradition der Verkündigung und Lehre nicht auf eine Stufe zu stellen ist.[32] Zwei „Zwischenfälle" aus dieser Epoche werfen ein deutliches Licht auf die uns beschäftigende Problematik: es handelt sich einerseits um den Osterfeststreit am Ende des 2. Jahrhunderts und andererseits um den Ketzertaufstreit um die Mitte des 3. Jahrhunderts. Beide Male macht der römische Bischof – das erste Mal ist es Viktor, das 2. Mal Stephan I.[33] – Miene, das Gewohnheitsrecht seiner eigenen Kirche zur verbindlichen Tradition der Gesamtkirche zu erklären; beide Male aber wird er von anderer Seite – zuerst von Irenäus, dann von Cyprian, Firmilian und Dionysius v. Alex.[34] – in die Schranken gewiesen, mit dem Argument, mit einer Exkommunikationsdrohung an Schwesterkirchen, die einer andern, ebenso gut begründeten Tra-

---

30 Vgl. Text Nr. 44.
31 Vgl. zu Hippolyt die Bibliographie.
32 Vgl. M. Lods, „Les deux niveaux de la tradition chez les Pères anciens", Positions luthériennes 25, 1977, 65-79, und R.P.C. Hanson, op.cit., 136-144.
33 Vgl. Texte Nr. 37-37; 85.
34 Vgl. Texte Nr. 36; 83-86; 91.

dition folgten, wurde er die Grenzen seiner Kompetenz überschreiten. Die Kirche des ausgehenden 2. und des 3. Jahrhunderts toleriert also noch einen gewissen Pluralismus in liturgischen und disziplinarischen Fragen.

Aber nicht nur im Bereich der kirchlichen Sitte, sondern auch · in Glaubensdingen verbleibt in der Tradition noch eine „Grauzone", die der persönlichen Forschung und Spekulation einen ziemlich großen Spielraum läßt. Dadurch entsteht die christliche Schultheologie, die − nach noch zaghaften, traditionsgebundenen Anfängen in der Apologetik des 2. Jahrhunderts[35] − sich vor allem in Alexandrien kräftig entwickelt.[36] Origenes begründet seinen systematischen Versuch „Über die Grundlehren" geradezu damit, daß er die von der Glaubensregel noch offen gelassenen Fragen einer Prüfung unterziehen wolle.[37]

Solange die Früchte der theologischen Forschung die persönliche Sache eines einzelnen Lehrers und seines engsten Schülerkreises bleiben, mag die Pluralität der Lehrmeinungen hingehen, sobald sie aber in die Öffentlichkeit treten, eine breite Anhängerschaft finden und − vor allem! − nicht unwidersprochen bleiben, drängt sich eine gesamtkirchliche Lösung der anstehenden Fragen auf. Das ist − aufs ganze gesehen − die Problematik der folgenden zwei Jahrhunderte.

Der arianische Streit zu Beginn des 4. Jahrhunderts nimmt ein solches Ausmaß an, daß eine neue Instanz zur Entscheidung von dogmatischen und disziplinarischen Fragen geschaffen werden muß. Diese neue Instanz wird das ökumenische Konzil.[38] Die glücklichen Umstände, die aus der Kirche der Märtyrer in plötzlichem Umschwung dank der Bekehrung des Kaisers eine vom Staate begünstigte Institution machen, ermöglichen es, das schon vorkonstantinisch entwickelte Modell der Provinzialsynode zur Kundgebung der Universalkirche zu entwickeln. Der Kaiser selber beruft das Konzil ein, nimmt an seinen Verhandlungen teil und sorgt für die Durchführung seiner Beschlüsse. Man kann nicht genug die Bedeutung des ersten ökumenischen Konzils von Nizäa unterstreichen. Es ist tatsächlich ein theologisches Ereignis ersten

---

35   Vgl. Texte Nr. 23-26.
36   Siehe zu Klemens und Origenes die Bibliographie.
37   Vgl. Text Nr. 61.
38   Zum allgemeinen: G. Kretschmar, „Die Konzile der Alten Kirche", in: Die ökumenischen Konzile der Christenheit, Stuttgart 1961, 13-74; H.J. Sieben, Die Konzilsidee der Alten Kirche, Paderborn-München-Wien-Zürich 1979.

Ranges, das gerade auch den Traditionsbegriff der Kirche entscheidend neu prägt. Das theologiegeschichtlich Bedeutsame an diesem Ereignis ist ja weder die Menge der anwesenden Bischöfe noch der Glanz der kaiserlichen Protektion, sondern die Tatsache, daß auf diesem Konzil erstmals eine Glaubenslehre definiert wird, die in vollem Bewußtsein der Tragweite des Geschehens über die bisherige „Tradition", nämlich über das Schriftzeugnis und dessen durch die Glaubensregel autorisierte Auslegung hinausgeht: das ὁμοούσιος, das in das nizänische Credo aufgenommen wird, läßt sich ja schriftmäßig nicht belegen und ist zudem theologiegeschichtlich gesehen eher belastet.[39] Das ganze 4. Jahrhundert hindurch toben die Kämpfe um dieses Kernproblem: auf der einen Seite stehen die Arianer und ihre Sympathisanten als „Traditionalisten"[40], auf der andern Seite Athanasius und seine Freunde als die „Progressiven"; gegen die Angriffe der Gegner haben diese letzteren den Beweis zu erbringen, daß in diesem speziellen Fall ein wenig traditionsgemäßer Begriff dem „Geist" der Tradition besser entspreche als die traditionelle theologische Begriffssprache.[41]

Es ist spannend zu verfolgen, wie jetzt der „Väterbeweis" Eingang in die christliche Tradition findet.[42] Die Väter – speziell die Konzilsväter von Nizäa – sind jetzt eine neue Autorität, deren Spruch man sich zu beugen hat. Ihre Glaubensdefinition hat neue Tradition gesetzt, die sich der alten Tradition als ihre korrekte Interpretation und Fortführung anschließt. Die Bischöfe sind nun mit einem Mal nicht mehr bloße Treuhänder und Sachwalter des apostolischen Erbes (z.B. gegenüber häretischer Verfälschung), sondern sie sind – als heilige Konzilsversammlung – befugt, im apostolischen Geist selber neue Tradition zu setzen.

Athanasius stellt sich entschlossen auf diesen Standpunkt und sucht ihn in immer neuen Anläufen zu stützen.[43] Es ist aber vor allem Basilius von Cäsarea, der in seiner Ausgestaltung der Lehre vom Heiligen Geist, die ihre endgültige dogmatische Formulierung

---

39 Siehe dazu jetzt W.A. Bienert, „Das vornicaenische ὁμοούσιος als Ausdruck der Rechtgläubigkeit", ZKG 90, 1979, 5-29.
40 Vgl. jetzt R. Lorenz, Arius judaizans?, Göttingen 1980.
41 Vgl. Text Nr. 100, und R.E. Person, The Mode of Theological Decision Making at the Early Ecumenical Councils (Theol. Diss. 14), Basel 1978, 166 ff.; 200 ff.
42 Vgl. R.M. Grant, „The Appeal to the Early Fathers", JTS ns. 11, 1960, 13-24; N. Brox, „Zur Berufung auf 'Väter' des Glaubens", in: Heuresis. Festschrift für A. Rohracher, 1969, 42-67.
43 Vgl. die Bibliographie.

auf dem Konzil von Konstantinopel 381 finden wird[44], den neuen maßgebenden Traditionsbegriff am deutlichsten widerspiegelt. Wir müssen uns darum bei seinem Werk „Über den Heiligen Geist" einen Moment aufhalten.[45] Um die Gleichstellung des Heiligen Geistes mit dem Vater und dem Sohn sicherzustellen, greift Basilius auf liturgische Gewohnheiten seiner Kirche zurück, die ihrerseits aus dem Geist der trinitarischen Taufformel herausgewachsen sind. Lex orandi wird zur lex credendi![46] Basilius bemüht sich zwar auch, die Ursprünge der lex orandi aufzuzeigen, aber letztlich steht es ihm fest: was die Kirche in ihrer lebendigen pneumatischen Wirklichkeit darstellt und bekennt, das ist „apostolisch" zu nennen, und man würde es nur mit Verlust aufgeben.[47] Es ist klar: die ungeschriebenen Traditionen, die im 3. Jahrhundert noch zu den Adiaphora gehörten, werden jetzt mit der Weihe des „Apostolischen" und damit Verbindlichen ausgestattet.

Die auf Basilius folgenden griechischen Väter stützen sich mit Vorliebe auf 2. Thess. 2,15, um diese apostolische Tradition unter zwei Formen biblisch zu begründen.[48] Es ist eigentlich erstaunlich, daß die orientalischen Kirchen ihre Tradition trotz der grundsätzlichen Bejahung der Frage nach einem möglichen Fortschritt — besonders durch Gregor von Nazianz[49] — nicht weiter ausgebildet haben.[50] Das Konzil von Trient wird seinerseits nicht versäumen, sich auf Basilius zu berufen.[51] Entsprechend werden sich die Reformatoren gegen die hier sich anbahnende Gleichstellung von „Tradition" und „Traditionen" auflehnen.[52]

Im Westen ist die Entwicklung, dem Sinn des lateinischen Geistes für festgelegte Ordnung getreu, noch etwas anders ver-

---

44 Vgl. A.M. Ritter, Das Konzil von Konstantinopel und sein Symbol, Göttingen 1969; R. Staats, „Die basilianische Verherrlichung des Heiligen Geistes auf dem Konzil von Konstantinopel", KuD 25, 1979, 232-253.
45 Vgl. die Bibliographie.
46 Siehe dazu M. Wiles, The Making of Christian Doctrine, Cambridge 1975, 62-93.
47 Vgl. Text Nr. 110.
48 Vgl. Texte Nr. 110 und 115.
49 Vgl. Text Nr. 113.
50 Für die weitere Entwicklung im Osten siehe z.B. J. Pelikan, The Christian Tradition. A History of the Development of Doctrine, vol. 2: The Spirit of Eastern Christendom (600-1700), Chicago-London 1974, bes. 8-36.
51 Vgl. Dictionnaire de Théologie catholique 15, Sp. 1281.
52 Vgl. z.B. H. Beintker, Die evangelische Lehre von der Heiligen Schrift und von der Tradition, Lüneburg 1961, 13-45. Die Protestanten berufen sich auf die Kritik der „menschlichen Überlieferungen" durch Jesus (= Text Nr. 2); vgl. G. Ebeling, Wort Gottes und Tradition, Göttingen 1966[2], 140 ff.

laufen. Einerseits finden wir auch hier die optimistische Einschätzung des ökumenischen Konzils und die Entdeckung des Väterbegriffs.[53] Augustin insbesondere — darin Basilius ähnlich — vindiziert mit Vorliebe apostolischen Ursprung für allgemein verbreitete Traditionen in der Kirche seiner Zeit.[54]

Andererseits macht man sich aber Gedanken über die Spielregeln einer kritischen Rezeption der Tradition: welches sind die Kriterien, die es erlauben, authentische, allgemeinverbindliche von nichtauthentischer, abzulehnender Tradition zu unterscheiden? Es ist das Verdienst des Vincentius von Lerinum, in Auseinandersetzung mit dem Erbe Augustins[55], in seinem „Commonitorium" die systematischen Grundlagen, die für das Traditionsprinzip des Abendlands bestimmend werden, fixiert zu haben.[56] Vincentius stellt eindeutig die Heilige Schrift über die Tradition.[57] Weil aber die Schrift mehrdeutig ist, darum ist die Kirche auf den Rekurs auf die Tradition angewiesen.[58] Die Tradition ist aber mehrschichtig, sie kann nicht in allen ihren Aspekten als gleichrangig betrachtet werden. In diesem Zusammenhang formuliert Vincentius seinen berühmten Satz: „id teneamus, quod ubique, quod semper, quod ab omnibus creditum est".[59] Es muß beachtet werden, daß die drei hier angegebenen Kriterien der „universitas", der „antiquitas" und der „consensio" stufenweise zur Anwendung kommen: wenn in der kirchlichen Gegenwart ein strittiges Problem nicht von der Mehrzahl der Kirchen in einem bestimmten Sinn entschieden werden kann („ubique"), dann muß auf die Tradition („semper") zurückgegriffen werden; innerhalb der Tradition haben die konziliären Entscheidungen den Vorrang („ab omnibus"); wo sie nicht vorliegen, muß man auf die Mehrheit der orthodoxen Väter hören.

Selbstverständlich kann dieser Rekurs auf die Tradition nicht in allen Fragen Klarheit bringen. Darum rechnet Vincentius auch mit der Möglichkeit der Lehrentwicklung in der Kirche.[60] Es ist

53 Vgl. Texte Nr. 134; 137; 138; 141.
54 Wir finden bei Augustin keine systematische Abhandlung zum Thema; interessant ist jedoch in diesem Zusammenhang seine Stellung zur Ketzertaufe (= Texte Nr. 138-140).
55 Vgl. H.J. Sieben, op.cit., 68-102.
56 Vgl. die Bibliographie.
57 Vgl. Text Nr. 145, Z. 8 ff.
58 So schon Irenäus (Text Nr. 33) und Tertullian (Text Nr. 40).
59 Text Nr. 145, Z. 19 f.
60 Text Nr. 147, Z. 44 ff.

darum interessant zu sehen, welche Funktion Vincentius den Konzilien einräumt.[61]

Die von Vincentius von Lerinum vorgelegte Definition der Funktion und Autorität der Tradition im Dienste der Schriftauslegung kann auch heute im ökumenischen Gespräch noch gute Dienste leisten.[62] Man kann darum auch einen Überblick über die „Wandlungen des Traditionsbegriffs in der Alten Kirche" mit guten Gründen mit diesem systematischen Entwurf abschließen.[63] Es bleibt allerdings zu bemerken, daß bei Vincentius noch kein deutliches Wort über die römische Primatslehre gesagt wird. Diese Lücke wird noch im selben 5. Jahrhundert geschlossen werden.[64] Freilich wird gerade diese römische Primatslehre seit ihrem Auftreten unter einem unglücklichen Stern stehen: sie wird zum Stein des Anstoßes werden, an dem die ökumenische Einheit der Kirche immer wieder zerbricht, zuerst in den langen Kämpfen, die zum Schisma zwischen der östlichen und der westlichen Christenheit führen, dann wieder im Abendland des 16. Jahrhunderts (Reformation) und des 19. Jahrhunderts (christkatholisches Schisma); in der letzten Krise, die über dieser Frage aufgebrochen ist, stehen wir noch mitten drin. Doch die Behandlung dieses Fragenkomplexes liegt außerhalb des Themas, das wir uns gestellt haben.[65]

* * *

Die Auswahl der Texte gestaltete sich für diesen Band besonders schwierig. Von vornherein war es klar, daß man sich nicht ausschließlich auf Texte beschränken könne, in denen die Begriffe

---

61 Vgl. Text Nr. 147, Z. 56 ff.

62 Es würde sich lohnen, auf das ökumenische Programm von G. Calixt zurückzukommen, das sich direkt auf Vincentius von Lerinum berief; vgl. P. Engel, Die eine Wahrheit in der gespaltenen Christenheit. Untersuchungen zur Theologie G. Calixts (Göttinger Theol. Arbeiten 4), Göttingen 1976, 127 ff.

63 Für die weitere Entwicklung im Westen siehe z.B. Y. Congar, Die Tradition und die Traditionen, Mainz 1965.

64 Vgl. z.B. O. Wermelinger, Rom und Pelagius (Päpste und Papsttum 7), Stuttgart 1975; M. Maccarone, Apostolicità, episcopato e primato di Pietro. Ricerche e testimonianze dal II al V secolo (Lateranum 42), Rom 1976.

65 Vgl. H. Stirnimann-L.Vischer, Papsttum und Petrusdienst (Oekumen. Perspektiven 7), Frankfurt 1975; J.-J. von Allmen, La primauté de l'Eglise de Pierre et de Paul (Cahiers oecuméniques 10), Fribourg-Paris 1977; J.-L. Leuba, „Magistère et unité", in: Unterwegs zur Einheit. Festschrift für H. Stirnimann, Fribourg 1980, 727-737; ders., „Ökumenische Amphiktyonie", in: Ökumene. Möglichkeiten und Grenzen heute (Festschrift für O. Cullmann), Tübingen 1982, 86-95.

παράδοσις/traditio und παραδιδόναι/tradere vorkommen.[66] Auf der andern Seite brachte die Fülle der Texte über die Tradition, die für die Sammlung in Frage kamen, die Herausgeber in einige Verlegenheit. Sie haben sich bei der Auswahl von folgenden zwei Kriterien leiten lassen:

1. Der Akzent ist auf die Texte gelegt, die den Traditionsbegriff *in prinzipieller Hinsicht* beleuchten. Es sind nur Texte berücksichtigt, die auf die eine oder andere Weise Licht auf die Entwicklung des Traditionsbegriffs in der Alten Kirche werfen; Texte, in denen auf eine Tradition angespielt wird, die nicht eine spezifisch theologische Bedeutung erkennen läßt, sind ausgeschieden worden.

2. Die Texte, die ausgewählt wurden, stammen in erster Linie aus dem Bereich dessen, was man herkömmlicherweise das *orthodoxe Christentum* nennt, also aus dem Bereich der kirchlichen Tradition, die sich schließlich durchgesetzt hat und der die Zukunft gehörte. Aus diesem Grunde kommen die Bewegungen, die unter diesem Gesichtspunkt als „häretische" erscheinen, in diesem Textband nicht eigens zur Sprache, sondern nur insoweit sie von den Kirchenvätern bekämpft werden. Wir haben in dieser Einleitung schon im Hinblick auf die Gnosis darauf hingewiesen, aber die gleiche Tatsache gilt etwa für das Judenchristentum[67], den Montanismus, den Donatismus usw.

Man mag diese Einschränkungen bedauern; aber für uns ging es zunächst einmal darum, all jenen einen nützlichen Band zur Verfügung zu stellen, die am ökumenischen Dialog zwischen den Konfessionen beteiligt sind. Wir hoffen, daß die großen Linien, die sich aus dem Studium dieser Texte ergeben, uns besser erkennen lassen, wie stark wir alle von der gemeinsamen Tradition abhängen.

Noch ein letztes Wort der Erklärung: Da wir unsern Ausgangspunkt bei der christlichen Tradition genommen haben, sind wir nicht auf die Bedeutung der jüdischen Tradition für die Bildung des christlichen Traditionsbegriffs eingegangen. Wir fanden, die Erhellung dieser Zusammenhänge sei in erster Linie Aufgabe der neutestamentlichen Exegeten.[68] Diejenigen, die sich ein wenig

---

66 In der deutschen Übersetzung der Texte wird übrigens παράδοσις/traditio mit „Tradition", παραδιδόναι/tradere mit „überliefern" wiedergegeben.

67 Vgl. Texte Nr. 27; 47.

68 Siehe z.B. B. Gerhardsson, Memory and Manuscript. Oral Tradition and Written Transmission in Rabbinic Judaism and Early Christianity, Uppsala 1961; E.E. Ellis, Prophecy and Hermeneutic in Early Christianity, Tübingen – Gran Rapids, Mich. 1978, 147-253; J. Neusner, RHPR 61, 1981, 3-22.

mit diesem Problem beschäftigt haben, wissen, daß das Christentum — hier wie in vielerlei anderer Hinsicht — auf den Schultern seines älteren Bruders steht.[69]

Technisch ist der Band nach denselben Richtlinien wie die anderen Bände der Reihe „Traditio Christiana" verfaßt. Wenn man ihn allerdings mit den früher erschienenen vergleicht, wird man die Verbesserungen in der Darstellungsweise feststellen. Sicher aber kann man es immer noch besser machen. Die Herausgeber danken schon jetzt für Kritik und Anregung.

---

69 Interessant wäre auch das Studium des griechisch-römischen Traditionsbegriffs und seines Einflusses auf die christlichen Schriftsteller. Doch auch diese Aufgabe würde den Rahmen unserer Arbeit sprengen.

Bibliographie

N.B. Die Literatur zum Traditionsbegriff in der Alten Kirche ist ausgedehnt. Im allgemeinen haben wir uns darauf beschränkt, nur die neueren Veröffentlichungen zu erwähnen; für die ältere Literatur sei auf die Bibliographien verwiesen. Aber auch bei der neueren Literatur mußten wir eine Auswahl treffen: wir haben z.b. die Arbeiten nicht berücksichtigt, die zwar auf die Geschichte der Tradition eingehen, aber doch hauptsächlich die Tradition in den heutigen Kirchen zum Gegenstand haben.

Wir hoffen, daß der Leser die Aufteilung der Masse der Literatur in einzelne Kapitel begrüßen wird. In den Anmerkungen zur Einleitung und zu den einzelnen Nummern unserer Textsammlung erscheinen die Titel, die in dieser Bibliographie erwähnt werden, in abgekürzter Form.

I. Bibliographie

PEDERSEN, G.: Bibliographie 1930–1962, Schrift und Tradition, Zürich 1963, 157–169.

II. Wörterbücher und Enzyklopädien

BEUMER, J.: Die mündliche Überlieferung als Glaubensquelle, Handbuch der Dogmengeschichte, I,4, Freiburg 1962 (= La Tradition orale, Histoire des dogmes 6, Paris 1967)

DINKLER, E., WICKERT, U., EBELING, G.: Art. «Tradition: Im Urchristentum – Dogmengeschichtlich – Dogmatisch», Religion in Geschichte und Gegenwart 6, Tübingen 1962³, 970–984.

FLOROVSKI, G.: Art. «Tradition», Weltkirchenlexikon. Handbuch der Ökumene, Stuttgart 1960, 1469–1475.

LÖHRER, M., STUDER, B.: Träger der Vermittlung, Mysterium Salutis 1, Einsiedeln 1965, 545–605 (= Mysterium salutis, éd. franç. 3, 1969, 77–157).

MICHEL, A.: Art. «Tradition», Dictionnaire de théologie catholique 15, Paris 1946, 1252–1350.

PÉPIN, J.: Art. «La Tradition dans le christianisme», Encyclopaedia Universalis 16, Paris 1968, 230–232.

ROLOFF, J., BLUM, G.G.: Art. «Apostel/Apostolat/Apostolizität», Theologische Realenzyklopädie 3, Berlin – New York 1978, 430–466.

RORDORF, W.: Art. «Tradizione», Dizionario di Patristica e Antichità cristiana, Roma – Paris – Madrid – Freiburg i.Br. 1981.

RATZINGER, J.: Art. «Tradition», Lexikon für Katholische Theologie 10, 1965–1966, 293–299.

III. Monographien und Artikel allgemeiner Natur

BAKHUIZEN VAN DEN BRINK, J.N.: Tradition und Heilige Schrift am Anfang des dritten Jahrhunderts, Catholicisme 9, 1953, 105–114.

BAKHUIZEN VAN DEN BRINK, J.N.: La tradition dans l'Eglise primitive et au XVIᵉ siècle, Revue d'Histoire et de Philosophie religieuses 36, 1956, 271–281.

BAKHUIZEN VAN DEN BRINK, J.N.: Traditio im theologischen Sinne, Vigiliae Christianae 13, 1959, 65–85.

BAKHUIZEN VAN DEN BRINK, J.N.: Tradition and Authority in the Early Church, Studia Patristica 7, Texte und Untersuchungen 92, Berlin 1966, 3–22.

BAUER, J.B.: Das Verständnis der Tradition in der Patristik, Kairos 20, 1978, 193–208.

BEBIS, G.: The Concept of Tradition in the Fathers of the Church, Greek orthodox theological review 15, 1970, 22–55.

BERTETTO, D.: Sacra Scriptura et Traditio. Patres Ecclesiae, Salesianum 25, 1963, 278–287.

BLUM, G.G.: Tradition und Sukzession. Studien zum Normbegriff des Apostolischen von Paulus bis Irenäus, Arbeiten zur Geschichte und Theologie des Luthertums 9, Berlin – Hamburg 1963.

BLUM, G.G.: Offenbarung und Überlieferung. Die dogmatische Konstitution Dei Verbum des II. Vaticanums im Lichte altkirchlicher und moderner Theologie, Forschungen zur systematischen und ökumenischen Theologie 28, Göttingen 1971.

BLUM, G.G.: Der Niederschlag der Apostolizitätsthematik in der Volksfrömmigkeit, der Kunst und Architektur der Alten Kirche, Römische Quartalschrift für christliche Altertumskunde 73, 1978, 174–192.

BONIS, K.: Zur Frage der Tradition und der Traditionen, Schrift und Tradition, Zürich 1963, 62–68.

CAMPENHAUSEN, H. VON: Kirchliches Amt und geistliche Vollmacht, Beiträge zur historischen Theologie 14, Tübingen 1963².

CONGAR, Y.: La Tradition et les traditions. Essai historique, Paris 1960 (= Die Tradition und die Traditionen, Mainz 1965).

CONGAR, Y.: Les saints Pères, organes privilégiés de la Tradition, Irénikon 35, 1962, 479–495.

EBELING, G.: «Sola Scriptura» und das Problem der Tradition, Schrift und Tradition, Zürich 1963, 95–127 (= Wort Gottes und Tradition, Kirche und Konfession 7, Göttingen 1966², 91–143).

EYNDE, D. VAN DEN: Les Normes de l'Enseignement Chrétien dans la littérature patristique des trois premiers siècles, Gembloux – Paris 1933.

FLESSEMAN-VAN LEER, E.: Tradition and Scripture in the Early Church, Assen 1954.

FLOROVSKY, G.: The function of tradition in the ancient Church, Greek orthodox theological review 9, 1964, 181–200.

GILG, A.: Zum altkirchlichen Traditionsgedanken, Fragen und Wege historischer und systematischer Theologie. Gesammelte Aufsätze, Zürich 1968, 47–69.

GRANT, R.M.: The Appeal to the Early Fathers, Journal of Theological Studies, n.s. 11, 1960, 13–24 (= The Use of the Early Fathers, from Irenaeus to John of Damascus, After the New Testament, Philadelphia 1967, 20–34).

GREENSLADE, S.L.: Der Begriff der Häresie in der alten Kirche, Schrift und Tradition, Zürich 1963, 24–44.

HANSON, R.P.C.: The Church and Tradition in the Pre-Nizene Fathers, Scottish Journal of Theology 12, 1959, 21–31.

HANSON, R.P.C.: Tradition in the Early Church, London 1962; Philadelphia 1963.

HOLSTEIN, H.: La tradition dans l'Eglise, Paris 1960 (= Die Überlieferung in der Kirche, Köln 1967).

HORNSCHUH, M.: Die Apostel als Träger der Überlieferung, Neutestamentliche Apokryphen in deutscher Übersetzung 2, 1964³, 41–52.

KONIDARIS, G.: Der Historiker, die Kirche und der Inhalt der Tradition in den ersten zwei Jahrhunderten, Theologia. Athenai 31, 1960, 507–512.

LEENHARDT, F.J.: Sola Scriptura ou: Ecriture et tradition?, Etudes Théologiques et Religieuses 36, 1961, 5–46.

LEUBA, J.-L.: L'institution et l'événement. Les deux modes de l'œuvre de Dieu selon le Nouveau Testament, Neuchâtel – Paris 1950 (= Institution und Ereignis. Gemeinsamkeiten und Unterschiede der beiden Arten von Gottes Wirken nach dem Neuen Testament, Göttingen 1957).

LODS, M.: Tradition et canon des Ecritures, Etudes Théologiques et Religieuses 36, 1961, 47–59.

LOSSKY, V.: La tradition et les traditions, A l'Image et à la Ressemblance de Dieu, Paris 1967, 139–166.

LOSSKY, V.: Tradition et traditions, Studii teologice 22, 1970, 585–598.

MAYER, H.T.: Scripture, tradition and authority in the life of the early Church, Concordia theological monthly 38, 1967, 19–23.

MOLARI, C.: Der Bischof als Zeuge des apostolischen Glaubens, Concilium 8, 1972, 3–9 (= L'Evêque témoin de la foi apostolique, Concilium, éd. franç. 71, 1972 13–23).

MOLLAND, E.: Die Bedeutung der historischen Forschung für das Interkonfessionelle Gespräch über Schrift und Tradition, Schrift und Tradition, Zürich 1963, 69–94.

NAGEL, W.: Der Begriff des Apostolischen in der christlichen Frühzeit bis zur Kanonsbildung, I–II (habil.), Leipzig 1959.

OBERMAN, H.A.: Quo Vadis? Tradition from Irenaeus to Humani Generis, Scottish Journal of Theology 16, 1963, 225–255.

ORTIZ DE URBINA, I.: Traditio et scriptura apud primaevos patres orientales, De scriptura et traditione, Roma 1963, 185–203.

OUTLER, A.C.: The sense of tradition in the Ante-Nicene Church, Journal of Ecumenical Studies 1, 1964, 460–484.

PELIKAN, J.: The Christian Tradition. A History of the Development of Doctrine, 1, Chicago – London 1971.

PHOTIATIS, E.: Die Lehre der orthodoxen Kirche über Schrift und Tradition, Una Sancta 18, 1963, 236–247.

REYNDERS, B.: Paradosis. Le progrès de l'idée de tradition jusqu'à Saint Irénée, Revue de Théologie ancienne et médiévale 5, 1953, 155–191.

SALAVERRI, J.: El argumento de tradición patristica en la antigua Iglesia, Revista de espiritualidad 5, 1945, 107–119.

SCHNEEMELCHER, W.: Die patristische Tradition in orthodoxer und evangelischer Sicht, Kleronomia, 1969, 217–232.

SMULDERS, P.: Le mot et le concept de tradition chez les Pères grecs, Recherches de science religieuse 40 (= Mélanges J. Lebreton), 1952, 41–62.

STIRNIMANN, H.: Apostelamt und Apostolische Überlieferung, Freiburger Zeitschrift für Philosophie und Theologie 4, 1957, 129–147.

SULLIVAN, F.A.: A new historical study of tradition, Gregorianum 45, 1964, 536–642.

THURIAN, M.: La Tradition, Verbum Caro 57, 1961, 49–98.

TURNER, H.E.W.: The Pattern of Christian Truth. A Study in the Relations between Orthodoxy and Heresy in the Early Church, London 1954.

WEISS, B.: Das Alte als das Zeitlos-Wahre oder als das Apostolisch-Wahre? Zur Frage der Bewertung des Alten bei der theologischen Wahrheitsfindung der Väter des 2. und 3. Jahrhunderts, Trierer Theologische Zeitschrift 81, 1972, 214–227.

IV. Spezialliteratur

a) Neues Testament

BONNARD, P.: La tradition dans le Nouveau Testament, Revue d'Histoire et de Philosophie religieuses 40, 1960, 20–31 (= Anamnesis. Recherches sur le Nouveau Testament, 1980, 25–35).

BOUTTIER, M.: Réflexions sur le thème «Tradition et Ecriture», Revue de Théologie et de Philosophie 101, 1968, 1–18.

BRUCE, F.F.: Scripture and tradition in the New Testament, Holy Book and Holy Tradition, Manchester 1968, 65–93.

BUTLER, C.: Spirit and Tradition in the New Testament, London 1962.

CAMBIER, J.: Paul et la Tradition, Concilium 20, 1966, 89–99.

CAMPENHAUSEN, H. VON: Tradition und Geist im Urchristentum, Tradition und Leben, Tübingen 1960, 1–16.

CERFAUX, L.: Les deux points de départ de la tradition chrétienne, Recueil Lucien Cerfaux 2, Gembloux 1954, 265–282.

CERFAUX, L.: La tradition selon Saint Paul, Recueil Lucien Cerfaux 2, Gembloux 1954, 253–263.

CONZELMANN, H.: Zum Überlieferungsproblem im Neuen Testament, Theologie als Schriftauslegung. Aufsätze zum Neuen Testament, 1974, 142–151.

CULLMANN, O.: La Tradition. Problème exégétique, historique et théologique, Etudes de Théologie biblique, Neuchâtel – Paris 1968, 157–195 (= Die Tradition als exegetisches, historisches und theologisches Problem, Zürich 1953).

GERHARDSSON, B.: Memory and Manuscript. Oral Tradition and Written Transmission in Rabbinic Judaism and Early Christianity, Uppsala 1961.

GERHARDSSON, B.: Die Anfänge der Evangelientradition, Wuppertal 1977 (= Préhistoire des évangiles, Paris 1978).

GRELOT, P.: La Tradition, source et milieu de l'Ecriture, Concilium 20, 1966, 13–29.

GOPPELT, L.: Tradition nach Paulus, Kerygma und Dogma 4, 1958, 213–233.

HAHN, F.: Das Problem «Christ und Tradition» im Urchristentum, Evangelische Theologie 30, 1970, 449–468.

KÜMMEL, W.G.: Jesus und der jüdische Traditionsgedanke, Zeitschrift für die neutestamentliche Wissenschaft 33, 1934, 105–130.

LEUBA, J.-L.: Der Zusammenhang zwischen Geist und Tradition nach dem Neuen Testament, Kerygma und Dogma 4, 1958, 234–250 (= Verbum Caro 50, 1959, 151–170, en franç.).

RIGAUX, B.: De Traditione apud S. Paulum, De Scriptura et Traditione, Roma 1963, 137–169.

RIESENFELD, H.: The Gospel Tradition and Its Beginnings, The Gospel Tradition, Philadelphia 1970, 1–29.

SCHMITT, J.: Didascalie ecclésiale et tradition apostolique selon les Epîtres pastorales, L'Année canonique 23, 1979, 45–57.

STANLEY, D.M.: «Become imitators of me», The Pauline Conception of Apostolic Tradition, Biblica 40, 1959, 859–877.

STYLIANOPOULOS, T.: Tradition in the New Testament, Greek orthodox theological review 15, 1970, 7–21.

WEGENAST, K.: Das Verständnis der Tradition bei Paulus und in den Deuteropaulinen, Wissenschaftliche Monographien zum Alten und Neuen Testament 8, Neukirchen 1962.

WENGST, K.: Der Apostel und die Tradition. Zur theologischen Bedeutung urchristlicher Formeln bei Paulus, Zeitschrift für Theologie und Kirche 69, 1972, 145–162.

WILCKENS, U.: Jesusüberlieferung und Christuskerygma. Zwei Wege urchristlicher Überlieferungsgeschichte, Theologia Viatorum 10, 1966, 310–339 (= Tradition de Jésus et Kérygme du Christ: la double histoire de la tradition au sein du christianisme primitif, Revue d'Histoire et de Philosophie religieuses 47, 1967, 1–20).

b) Apostolische Väter und Apologeten

GRANT, R.M.: Scripture and Tradition in St. Ignatius of Antioch, Catholic Biblical Quarterly 25, 1963, 322–335.

KARPP, H.: Viva Vox, Mullus. Festschrift Th. Klauser, Münster i.W. 1964, 190–198.

KÜRZINGER, J.: Papias von Hierapolis, Biblische Zeitschrift N.F. 23, 1979, 245–264.

MONDÉSERT, C.: La tradition apostolique chez S. Justin, L'Année canonique 23, 1979, 145–158.

RORDORF, W.: La tradition apostolique dans la Didachè, L'Année canonique 23, 1979, 105–114.

WENGST, K.: Tradition und Theologie des Barnabasbriefes, Arbeiten zur Kirchengeschichte 42, Berlin 1971.

c) Hegesipp und Irenäus

ABRAMOWSKI, L: διαδοχή und ὀρθὸς λόγος bei Hegesipp, Zeitschrift für Kirchengeschichte 87, 1976, 321–327.

BENOIT, A.: Ecriture et tradition chez saint Irénée, Revue d'Histoire et de Philosophie religieuses 40, 1960, 32–43.

BROX, N.: Offenbarung, Gnosis und gnostischer Mythos bei Irenäus von Lyon, Salzburg und München 1966.

BROX, N.: Charisma veritatis certum (Zu Irenäus Adv. haer. IV, 26,2), Zeitschrift für Kirchengeschichte 75, 1964, 327–331.

FLESSEMAN VAN LEER, E.: Tradition, Schrift und Kirche bei Irenaeus, Schrift und Tradition, Zürich 1963, 45–61.

FORNI, R.: Problemi della tradizione, Ireneo di Lione, Milano 1947.

GERAETS, Th.F.: Apostolica ecclesiae traditio. Over de apostolische traditie bij Irenaeus van Lyon, Bijdragen van de philosophische en theologische faculteiten der nederlandsche Jezuiten 18, 1957, 1–18.

HÄGGLUND, B.: Die Bedeutung der «regula fidei» als Grundlage theologischer Aussagen, Studia Theologica 12, 1958, 4–19.

HAHN, V.: Schrift, Tradition und Primat bei Irenäus, Trierer Theologische Zeitschrift 70, 1961, 233–243; 292–302.

HOLSTEIN, H.: La tradition des apôtres chez Saint Irénée, Recherches de science religieuse 36, 1949, 229–270.

HYLDAHL, N.: Hegesipps Hypomnemata, Studia Theologica 14, 1960, 70–113.

JOURJON, M.: La tradition apostolique chez saint Irénée, L'Année canonique 23, 1979, 193–202.

KEMLER, H.: Hegesipps römische Bischofsliste, Vigiliae Christianae 25, 1971, 182–196.

LANNE, E.: «La Règle de la vérité». Aux sources d'une expression de saint Irénée, Lex orandi – Lex credendi, Studia Anselmiana 79, Roma 1980, 57–70.

McRAY, J.: Scripture and tradition in Irenaeus, Restoration Quarterly 10, 1967, 1–11.

ORBE, A.: Ideas sobre la Tradición en la lucha antignóstica, Augustinianum 12, 1972, 19–35.

PAGELS, E.H.: Visions, Appearances and Apostolic Authority: Gnostic and Orthodox Tradition, Gnosis. Festschrift für Hans Jonas, Göttingen 1979, 415–430.

d) Das 3. Jahrhundert

BLUM, G.G.: Der Begriff des Apostolischen im theologischen Denken Tertullians, Kerygma und Dogma 9, 1963, 102–121.

BLUM, G.G.: Apostolische Tradition und Sukzession bei Hippolyt, Zeitschrift für die neutestamentliche Wissenschaft 55, 1964, 95–110.

DANIÉLOU, J.: Recherche et Tradition chez les Pères du IIᵉ et du IIIᵉ siècles, Nouvelle Revue Théologique 94, 1972, 449–461.

DANIÉLOU, J.: La tradition selon Clément d'Alexandrie, Augustinianum 12, 1972, 5–18.

DAVIDS, A.: Unité ou néant. La doctrine de saint Cyprien sur l'Eglise et la Tradition, Concilium 71, 1972, 43–48 (= «Eine oder keine». Cyprians Lehre über Kirche und Tradition, Concilium, éd. allemande 8, 1972, 18–21).

FORTIN, E.L.: Clement of Alexandria and the Esoteric Tradition, Studia Patristica 9, Texte und Untersuchungen 94, 1966, 41–56.

HÄGGLUND, B.: Die Bedeutung der «regula fidei» als Grundlage theologischer Aussagen, Studia theologica 12, 1958, 19–34.

HANSON, R.P.C.: Origen's doctrine of tradition, London 1954.

LOI, V., SIMONETTI, M. (et alii): Ricerche su Ippolito, Studia Ephemerides «Augustinianum» 13, Roma 1977.

MAESTRE, A.P.: «Traditio». Aspects théologiques d'un terme de droit chez Tertullien, Revue des sciences philosophiques et théologiques 51, 1967, 617–643.

MARTIMORT, A.-G.: La Tradition apostolique d'Hippolyte, L'Année canonique 23, 1979, 159–173.

MICHAELIDES, D.: Tradition, succession épiscopale, apostolicité dans le De Praescriptione de Tertullien, Bijdragen 29, 1968, 394–409.

MICHAELIDES, D.: Foi, Ecritures et tradition ou les praescriptiones chez Tertullien, Théologie 76, Paris 1969.

MUNIER, C.: La Tradition apostolique chez Tertullien, L'Année canonique 23, 1979, 175–192. Ricerche su Ippolito (ouvrage collectif), Roma 1977.

SPEIGL, J.: Herkommen und Fortschritt im Christentum nach Tertullian, Pietas. Festschrift für Bernhard Kötting, Jahrbuch für Antike und Christentum, Ergänzungsband 8, 1980, Münster i.W., 165–178.

WICKERT, U.: Glauben und Denken bei Tertullian und Origenes, Zeitschrift für Theologie und Kirche 62, 1965, 153–177.

WICKERT, U.: Sacramentum unitatis. Ein Beitrag zum Verständnis der Kirche bei Cyprian, Beihefte zur Zeitschrift für die neutestamentliche Wissenschaft 41, Berlin 1971.

e) Der christliche Orient nach Nizäa

AMAND DE MENDIETA, E.: The 'Unwritten' and 'Secret' Apostolic Traditions in the theological thought of St. Basil of Caesarea, Scottish Journal of Theology, Occasional Papers No. 13, Edinburg/London 1965.

AMAND DE MENDIETA, E.: The pair Kerygma and Dogma in the theological thought of St. Basil of Caesarea, Journal of Theological Studies n.s. 16, 1965, 129–142.

BROX, N.: Zur Berufung auf «Väter» des Glaubens, Heuresis. Festschrift für Andreas Rohracher. 25 Jahre Erzbischof von Salzburg, Salzburg 1969, 45–67.

DRAGAS, G.: Holy Spirit and Tradition: The Writings of St. Athanasius, Sobornost 1, 1979, 51–72.

FLOROVSKY, G.: The Authority of the Ancient Councils and the Tradition of the Fathers, Glaube – Geist – Geschichte. Festschrift für E. Benz, Leiden 1967, 177–188.

GRIBOMONT, J.: Esotérisme et Tradition dans le Traité du Saint-Esprit de Saint Basile, Oecumenica 1967, Gütersloh – Minneapolis – Neuchâtel 1967, 22–56.

HANSON, R.P.C.: Basile et la doctrine de la Tradition en relation avec le Saint-Esprit, Verbum Caro 88, 1968, 56–71.

LUBAC, H. DE: A propos de la formule: *diversi, sed non adversi,* Recherches de science religieuse 40, 1951–1952, 27–40.

OEHLER, K.: Der Consensus omnium als Kriterium der Wahrheit in der antiken Philosophie und der Patristik, Antike und Abendland 10, 1961, 103–129.

PERSON, R.E.: The Mode of Theological Decision Making at the Early Ecumenical Councils, Basel 1978.

SALAVERRI, J.: La idea de Tradición en la Historia ecclesiastica de Eusebio Cesariense, Gregorianum 13, 1932, 211–240.

SIEBEN, H.J.: Die Konzilsidee der Alten Kirche, Paderborn – München – Wien – Zürich 1979.

SIMONETTI, M.: La tradizione nella controversia ariana, Augustinianum 12, 1972, 37–50.

STEAD, G.C.: «Homoousios» dans la pensée de saint Athanase, Politique et théologie chez Athanase d'Alexandrie, Théologie historique 27, Paris 1974, 231–254.

f) Der christliche Westen nach Nizäa

DOMINGUEZ DEL VAL, U.: Escritura y Tradición en los Padres occidentales y en los teólogos pretridentinos, Revista española de teología 24, 1964, 61–105.

HOLSTEIN, H.: Traditio et Scriptura in patristica occidentali inde a sancto Augustino, De Scriptura et Traditione, Roma 1963, 205–223.

KREMSER, H.: Die Bedeutung des Vincenz von Lerinum für die römisch-katholische Wertung der Tradition (Diss. Hamburg), 1959.

LAURAS, A.: Saint Léon le Grand et la Tradition, Recherches de science religieuse 48, 1960, 166–184.

LODS, M.: Le progrès dans le temps de l'Eglise selon Vincent de Lérins, Revue d'Histoire et de Philosophie religieuses 55, 1975, 365–385.

MAYER, C.: Garanten der Offenbarung. Probleme der Tradition in den antimanichäischen Schriften Augustins, Augustinianum 12, 1972, 51–78.

MORRISON, K.F.: Tradition and authority in the Western Church, 300–1140, Princeton 1969.

SIEBEN, H.J.: Die Konzilsidee der Alten Kirche, Paderborn – München – Wien – Zürich 1979, 68–170.

SPEIGL, J.: Das Traditionsprinzip des Vinzenz von Lerinum: id teneamus quod ubique, semper, ab omnibus creditum est, 100 Jahre nach dem 1. Vatikanum, Regensburg 1971, 131–150.

Abkürzungen

ACan	Année canonique
AHC	Annuarium historiae conciliorum
BZ	Biblische Zeitschrift
CCL	Corpus Christianorum, series Latina
CSEL	Corpus scriptorum ecclesiasticorum Latinorum
DB Suppl	Dictionnaire de la Bible. Supplément
EtAug	Etudes augustiniennes
ETR	Etudes théologiques et religieuses
EvTh	Evangelische Theologie
GCS	Griechische christliche Schriftsteller der ersten drei Jahrhunderte
IKZ	Internationale kirchliche Zeitschrift
JAC	Jahrbuch für Antike und Christentum
JTS	Journal of Theological Studies
KuD	Kerygma und Dogma
LMD	La Maison-Dieu
MusHelv	Museum Helveticum
NHS	Nag Hammadi Studies
NRTh	Nouvelle revue théologique
NT	Novum Testamentum
NT Suppl	Novum Testamentum. Supplements
NTS	New Testament Studies
PG	J.P. MIGNE, Patrologiae cursus completus, series Graeca
PL	J.P. MIGNE, Patrologiae cursus completus, series Latina
PosLuth	Positions luthériennes
PTS	Patristische Texte und Studien
QLP	Questions liturgiques et paroissiales
RAC	Reallexikon für Antike und Christentum
RB	Revue biblique
REAug	Revue des études augustiniennes
RHPR	Revue d'histoire et de philosophie religieuses
RSR	Recherches de science religieuse
RThAM	Recherches de théologie ancienne et médiévale
RThPh	Revue de théologie et de philosophie
SBS	Stuttgarter Bibelstudien
SC	Sources chrétiennes
SQS	Sammlung ausgewählter kirchen- und dogmengeschichtlicher Quellenschriften
STL	Studia theologica Lundensia
ThZ	Theologische Zeitschrift
TRE	Theologische Realenzyklopädie
TU	Texte und Untersuchungen zur Geschichte der altchristlichen Literatur

US	Unam Sanctam
VigChr	Vigiliae Christianae
WMANT	Wissenschaftliche Monographien zum Alten und Neuen Testament
ZKG	Zeitschrift für Kirchengeschichte
ZKTh	Zeitschrift für katholische Theologie
ZNW	Zeitschrift für die neutestamentliche Wissenschaft und die Kunde der älteren Kirche
ZThK	Zeitschrift für Theologie und Kirche

Texte und Übersetzungen

ed. Eb. Nestle. Nouis curis elaborauerunt K. Aland et B. Aland (Editio uicesima sexta), 1979

1 *Euangelium secundum Matthaeum* 28, 19-20
p. 87

19. Πορευθέντες οὖν μαθητεύσατε πάντα τὰ ἔθνη, βαπτίζοντες αὐτοὺς εἰς τὸ ὄνομα τοῦ πατρὸς καὶ τοῦ υἱοῦ καὶ τοῦ ἁγίου πνεύματος, 20. διδάσκοντες αὐτοὺς τηρεῖν πάντα ὅσα ἐνετειλάμην ὑμῖν...

2 *Euangelium secundum Marcum* 7, 1-13
pp. 110-111

1. Καὶ συνάγονται πρὸς αὐτὸν οἱ Φαρισαῖοι καί τινες τῶν γραμματέων ἐλθόντες ἀπὸ Ἱεροσολύμων. 2. Καὶ ἰδόντες τινὰς τῶν μαθητῶν αὐτοῦ ὅτι κοιναῖς χερσίν, τοῦτ' ἔστιν ἀνίπτοις, ἐσθίουσιν τοὺς ἄρτους, 3. - οἱ γὰρ Φαρισαῖοι καὶ πάντες οἱ Ἰουδαῖοι ἐὰν μὴ πυγμῇ
5 νίψωνται τὰς χεῖρας οὐκ ἐσθίουσιν, κρατοῦντες τὴν παράδοσιν τῶν πρεσβυτέρων, 4. καὶ ἀπ' ἀγορᾶς ἐὰν μὴ βαπτίσωνται οὐκ ἐσθίουσιν, καὶ ἄλλα πολλά ἐστιν ἃ παρέλαβον κρατεῖν, βαπτισμοὺς ποτηρίων καὶ ξεστῶν καὶ χαλκίων [καὶ κλινῶν] - 5. καὶ ἐπερωτῶσιν αὐτὸν οἱ Φαρισαῖοι καὶ οἱ γραμματεῖς · διὰ τί οὐ περιπατοῦσιν οἱ μαθηταί σου
10 κατὰ τὴν παράδοσιν τῶν πρεσβυτέρων, ἀλλὰ κοιναῖς χερσὶν ἐσθίουσιν τὸν ἄρτον; 6. Ὁ δὲ εἶπεν αὐτοῖς · καλῶς ἐπροφήτευσεν Ἠσαΐας περὶ ὑμῶν τῶν ὑποκριτῶν, ὡς γέγραπται [ὅτι] «οὗτος ὁ λαὸς τοῖς χείλεσίν με

2   6 βαπτίσωνται: ῥαντίσωνται *uar.*
     8 καὶ κλινῶν: *om. codd. plur.*

2

Matthäusevangelium 28, 19-20[1]   1

19. „Also geht und macht zu Jüngern alle Völker, tauft sie auf den Namen des Vaters, des Sohnes und des Heiligen Geistes 20. und lehrt sie halten alles, was ich euch aufgetragen habe"...[2]

Markusevangelium 7, 1-13   2

1. Die Phärisäer und einige Schriftgelehrte, von Jerusalem gekommen, versammeln sich bei ihm (sc. Jesus). 2. Und sie sehen, daß gewisse seiner Jünger die Brote mit unreinen, d.h. mit ungewaschenen Händen essen. 3. — Die Pharisäer und alle Juden essen nämlich nicht, ohne die Hände sorgfältig[1] gewaschen zu haben, in Beobachtung der Tradition der Ältesten. 4. Und vom Markt (zurückkommend) essen sie nicht, wenn sie nicht Waschungen vollzogen haben; dazu gibt es noch viel anderes, was ihnen zum Festhalten überliefert ist: Waschungen der Trinkgefäße und Krüge des Geschirrs —. 5. Und die Pharisäer und die Schriftgelehrten fragen ihn: „Warum verhalten sich deine Jünger nicht nach der Tradition der Ältesten, sondern essen das Brot mit unreinen Händen?" 6. Er aber sagte ihnen: „Trefflich hat Jesaja über euch Heuchler geweissagt, wie geschrieben steht: *Dies Volk ehrt mich*

---

1   Obwohl dieser Text die „Tradition" nicht ausdrücklich erwähnt, wird er die Vorstellung, die sich die Alte Kirche von der mündlichen und schriftlichen Überlieferung der Lehre Jesu durch die Apostel machen wird, entscheidend prägen.   1

2   Die Exegeten sehen in diesen Versen — zu recht — eine Zusammenfassung der matthäischen Theologie; vgl. G. Bornkamm, Überlieferung und Auslegung im Matthäusevangelium, 1968[5], 289 ff.; U. Luck, EvTh 27, 1967, 494-317; J. Zumstein, RThPh 3[e] s. 22, 1972, 14-33; B.J. Hubbard, The Matthean Redaction of the Primitive Apostolic Commissioning: An Exegesis of Matthew 28:16-20, 1974.

1   M. Hengel, ZNW 60, 1969, 182-198, hat folgende Übersetzung vorgeschlagen: „wenn sie sich nicht mit einer Handvoll (Wassers) die Hände gewaschen (oder besser: abgespühlt) haben"; vgl. aber S.M. Reynolds, ZNW 62, 1971, 295 f.   2

τιμᾷ, ἡ δὲ καρδία αὐτῶν πόρρω ἀπέχει ἀπ᾽ ἐμοῦ · 7. μάτην δὲ σέβονταί με διδάσκοντες διδασκαλίας ἐντάλματα ἀνθρώπων». 8. Ἀφέντες τὴν
15 ἐντολὴν τοῦ θεοῦ κρατεῖτε τὴν παράδοσιν τῶν ἀνθρώπων. 9. Καὶ ἔλεγεν αὐτοῖς · καλῶς ἀθετεῖτε τὴν ἐντολὴν τοῦ θεοῦ, ἵνα τὴν παράδοσιν ὑμῶν στήσητε. 10. Μωϋσῆς γὰρ εἶπεν · «Τίμα τὸν πατέρα σου καὶ τὴν μητέρα σου», καί · «ὁ κακολογῶν πατέρα ἢ μητέρα θανάτῳ τελευτάτω». 11. Ὑμεῖς δὲ λέγετε · ἐὰν εἴπῃ ἄνθρωπος τῷ πατρὶ ἢ τῇ
20 μητρί · κορβᾶν, ὅ ἐστιν δῶρον, ὃ ἐὰν ἐξ ἐμοῦ ὠφεληθῇς, 12. οὐκέτι ἀφίετε αὐτὸν οὐδὲν ποιῆσαι τῷ πατρὶ ἢ τῇ μητρί, 13. ἀκυροῦντες τὸν λόγον τοῦ θεοῦ τῇ παραδόσει ὑμῶν ᾗ παρεδώκατε · καὶ παρόμοια τοιαῦτα πολλὰ ποιεῖτε.

3 *Euangelium secundum Lucam* 1,1-4

p. 150

1. Ἐπειδήπερ πολλοὶ ἐπεχείρησαν ἀνατάξασθαι διήγησιν περὶ τῶν πεπληροφορημένων ἐν ἡμῖν πραγμάτων, 2. καθὼς παρέδοσαν ἡμῖν οἱ ἀπ᾽ ἀρχῆς αὐτόπται καὶ ὑπηρέται γενόμενοι τοῦ λόγου, 3. ἔδοξε κἀμοὶ παρηκολουθηκότι ἄνωθεν πᾶσιν ἀκριβῶς καθεξῆς σοι γράψαι,
5 κράτιστε Θεόφιλε, 4. ἵνα ἐπιγνῷς περὶ ὧν κατηχήθης λόγων τὴν ἀσφάλειαν.

---

2   12–14 Is. 29,13 LXX
17sq. Exod. 20,12; Deut. 5,16
18sq. cf. Exod. 21,17

2   17 στήσητε: τηρήσητε *uar.*

4

mit den Lippen, ihr Herz aber ist fern von mir. 7. *Vergebens aber beten sie mich an; die Lehren, die sie vortragen, sind Menschengebote.* 8. Ihr gebt Gottes Gebot preis und haltet die Tradition der Menschen fest." 9. Und er sprach zu ihnen: „Sehr geschickt setzt ihr Gottes Gebot außer Kraft, um eure Tradition zu befolgen. 10. Hat doch Moses gesagt: *Ehre deinen Vater und deine Mutter,* und: *Wer Vater oder Mutter flucht, soll des Todes sterben.* 11. Ihr aber sagt: Wenn ein Mensch zum Vater oder zur Mutter sagt: es sei Korban[2], nämlich Opfergabe, was dir von mir zugute kommen könnte, 12. so gestattet ihr ihm, nichts mehr für den Vater oder die Mutter zu tun; 13. damit macht ihr das Wort Gottes zunichte mittels eurer Tradition, die ihr überliefert habt. Und Ähnliches der Art tut ihr viel".[3]

Lukasevangelium 1, 1-4

1. Da es nun schon viele[1] unternommen haben, eine Erzählung der Ereignisse, die sich unter uns erfüllt haben, zu verfassen, 2. wie die, die von Beginn her Augenzeugen und Diener des Wortes[2] geworden sind, sie uns überliefert haben, 3. so schien es auch mir gut, nachdem ich allem von vorn an mit Sorgfalt nachgegangen bin, es dir, wackerer Theophilus, der Reihe nach aufzuschreiben, 4. damit du die Zuverlässigkeit der Lehren erkennst, in denen du unterwiesen worden bist.[3]

---

2   Vgl. dazu J.D.M. Derrett, NTS 16, 1969-1970, 364-368.

3   Zu den jüdischen Traditionen, auf die in diesem Text angespielt wird, siehe P. Billerbeck, Kommentar zum Neuen Testament aus Talmud und Midrasch, 1961[3], 1, 691 ff. Zur Haltung Jesu dem jüdischen Gesetz gegenüber im allgemeinen vgl. W.G. Kümmel, ZNW 33, 1934, 105-130 (= Heilsgeschehen und Geschichte, 1965, 15-35), und, zu Mark. 7, 1 ff., K. Berger, Die Gesetzesauslegung Jesu, Teil I, 1972, 461-507.

1   Vgl. J. Bauer, NT 4, 1960, 263-266 (= Scholia biblica et patristica, 1972, 73-78): πολλοί ist eine rhetorische Redewendung.

2   A. Feuillet, NT 15, 1973, 241-259, vermutet in Luk. 1,2b. johanneischen Einfluß (vgl. 1. Johannesbrief 1,1-2).

3   Zum theologischen Programm, das sich in diesem Prolog ausdrückt, siehe G. Klein, in: Zeit und Geschichte, 1964, 193-216; W.C. van Unnik, Suppl. N.T. 29, 1973, 6-15; J.D. Dubois, ETR 1977, 542-547.

4   *Epistula I ad Corinthios* 4,17

p. 447

Διὰ τοῦτο ἔπεμψα ὑμῖν Τιμόθεον, ὅς ἐστίν μου τέκνον ἀγαπητὸν καὶ πιστὸν ἐν κυρίῳ, ὃς ὑμᾶς ἀναμνήσει τὰς ὁδούς μου τὰς ἐν Χριστῷ [Ἰησοῦ], καθὼς πανταχοῦ ἐν πάσῃ ἐκκλησίᾳ διδάσκω.

5   *ibidem* 7, 10-12. 25. 40

pp. 450-451. 453

10. Τοῖς δὲ γεγαμηκόσιν παραγγέλλω, οὐκ ἐγὼ ἀλλὰ ὁ κύριος, γυναῖκα ἀπὸ ἀνδρὸς μὴ χωρισθῆναι,   11. - ἐὰν δὲ καὶ χωρισθῇ, μενέτω ἄγαμος ἢ τῷ ἀνδρὶ καταλλαγήτω, - καὶ ἄνδρα γυναῖκα μὴ ἀφιέναι.   12. Τοῖς δὲ λοιποῖς λέγω ἐγὼ οὐχ ὁ κύριος · εἴ τις ἀδελφὸς γυναῖκα ἔχει 5 ἄπιστον καὶ αὕτη συνευδοκεῖ οἰκεῖν μετ' αὐτοῦ, μὴ ἀφιέτω αὐτήν.
25. Περὶ δὲ τῶν παρθένων ἐπιταγὴν κυρίου οὐκ ἔχω, γνώμην δὲ δίδωμι ὡς ἠλεημένος ὑπὸ κυρίου πιστὸς εἶναι.
40. Μακαριωτέρα δέ ἐστιν (sc. ἡ γυνὴ) ἐὰν οὕτως μείνῃ, κατὰ τὴν ἐμὴν γνώμην · δοκῶ δὲ κἀγὼ πνεῦμα θεοῦ ἔχειν.

6   *ibidem* 11,2 et 23-24

pp. 458.459-460

2. Ἐπαινῶ δὲ ὑμᾶς ὅτι πάντα μου μέμνησθε καί, καθὼς παρέδωκα ὑμῖν, τὰς παραδόσεις κατέχετε.

---

4   3 Ἰησοῦ: *om. codd. plur.*

5   2sq. cf. Marc. 10, 11-12 par.

1. Korintherbrief 4, 17   4

Deshalb habe ich euch Timotheus geschickt, der mein geliebter und treuer Sohn im Herrn ist; er wird euch an meine Wege in Christus erinnern, so wie ich überall in jeder Gemeinde lehre.[1]

Ebenda 7, 10-12.25.40   5

10. Den Verheirateten gebiete ich, nicht ich, sondern der Herr: eine Frau soll sich von ihrem Mann nicht scheiden lassen 11. – auch wenn sie von ihm geschieden ist, soll sie unverheiratet bleiben oder sich mit ihrem Mann versöhnen –, und ein Mann soll seine Frau nicht entlassen. 12. Den übrigen sage aber ich, nicht der Herr: wenn ein Bruder eine ungläubige Frau hat, und sie willigt ein, weiter mit ihm zusammenzuwohnen, so entlasse er sie nicht.
25. Was die Jungfrauen betrifft, habe ich kein Gebot des Herrn, aber ich gebe meine Meinung ab, als einer, der vom Herrn die Barmherzigkeit erlangt hat, vertrauenswürdig zu sein.
40. Glücklicher aber ist sie (sc. die Witwe), wenn sie so (sc. unverheiratet) bleibt, nach meiner Meinung; ich glaube aber, daß auch ich den Geist Gottes habe.[1]

Ebenda 11, 2 und 23-24   6

2. Ich lobe euch, daß ihr in allem an mich denkt und an den Traditionen festhaltet, so wie ich sie euch übergeben habe.[1]

---

1   Dieser Text war für A. Seeberg, Der Katechismus der Urchristenheit (1906), 1966,   4
der Ausgangspunkt für seine Spekulationen über die als „Wege" bezeichnete katechetische Unterweisung im frühen Christentum.

1   Der Apostel Paulus setzt also selbst eine Hierarchie der Traditionen fest: Wort   5
des Herrn – apostolische Weisung – apostolische Meinung, vom Hl. Geist inspiriert – persönliche Meinung; vgl. L. Goppelt, KuD 4, 1958, 213-233, bes. 228 ff.;
B. Gerhardsson, Memory and Manuscript, 1961, 312 ff. Zu den Problemen, die sich in 1. Kor. 7 stellen, siehe H. Baltensweiler, Die Ehe im Neuen Testament, 1967, 150 ff., und W. Schrage, ZNW 67, 1976, 214-234.

1   Es wird nicht gesagt, um welche Traditionen es sich handelt; wahrscheinlich um   6
die ethische Unterweisung des Apostels selber (so K. Wegenast, Das Verständnis der Tradition bei Paulus und in den Deuteropaulinen, 1962, 111-113). Vgl. 1. Kor. 4,17 (= Text Nr. 4); 1. Thess. 4,1-2; 2. Thess. 2,15 (= Text Nr. 9).

23. Ἐγὼ γὰρ παρέλαβον ἀπὸ τοῦ κυρίου, ὃ καὶ παρέδωκα ὑμῖν, ὅτι ὁ κύριος Ἰησοῦς ἐν τῇ νυκτὶ ᾗ παρεδίδετο ἔλαβεν ἄρτον 24. καὶ
5 εὐχαριστήσας ἔκλασεν καὶ εἶπεν · τοῦτό μού ἐστιν τὸ σῶμα τὸ ὑπὲρ ὑμῶν · τοῦτο ποιεῖτε εἰς τὴν ἐμὴν ἀνάμνησιν.

7   *ibidem* 15,1-4

pp. 466-467

1. Γνωρίζω δὲ ὑμῖν, ἀδελφοί, τὸ εὐαγγέλιον ὃ εὐηγγελισάμην ὑμῖν, ὃ καὶ παρελάβετε, ἐν ᾧ καὶ ἑστήκατε, 2. δι᾽ οὗ καὶ σῴζεσθε, τίνι λόγῳ εὐηγγελισάμην ὑμῖν εἰ κατέχετε, ἐκτὸς εἰ μὴ εἰκῇ ἐπιστεύσατε. 3. Παρέδωκα γὰρ ὑμῖν ἐν πρώτοις, ὃ καὶ παρέλαβον, ὅτι Χριστὸς
5 ἀπέθανεν ὑπὲρ τῶν ἁμαρτιῶν ἡμῶν κατὰ τὰς γραφὰς 4. καὶ ὅτι ἐτάφη καὶ ὅτι ἐγήγερται τῇ ἡμέρᾳ τῇ τρίτῃ κατὰ τὰς γραφάς.

8   *Epistula ad Colossenses* 2, 6-8

p. 526

6. Ὡς οὖν παρελάβετε τὸν Χριστὸν Ἰησοῦν τὸν κύριον, ἐν αὐτῷ περιπατεῖτε, 7. ἐρριζωμένοι καὶ ἐποικοδομούμενοι ἐν αὐτῷ καὶ

---

6   4–6 cf. Luc. 22,19

6   3 ἀπὸ τοῦ κυρίου: παρὰ κυρίου *uel* ἀπὸ θεοῦ *uarr.*

7   3 εἰ κατέχετε: ὀφείλετε κατέχειν *uar.*

23. Ich nämlich habe vom Herrn her[2] empfangen, was ich euch auch überliefert habe[3]: daß der Herr Jesus in der Nacht, da er überliefert wurde, Brot nahm, 24. es nach der Danksagung brach und sprach: „Das ist mein Leib für euch; dies tut zu meinem Gedächtnis."[4]

Ebenda 15, 1 - 4   7

1. Ich tue euch aber, Brüder, das Evangelium kund, das ich euch verkündigt habe, das ihr auch empfangen habt, in dem ihr feststeht, 2. durch das ihr auch gerettet werdet, wenn ihr es in der Form behaltet, in der ich es euch verkündigt habe; es sei denn, ihr hättet vergebens geglaubt. 3. Unter den ersten Dingen habe ich euch überliefert, was auch ich empfangen habe:[1] daß Christus für unsere Sünden gestorben ist, den Schriften entsprechend, 4. und daß er begraben wurde und am dritten Tag auferstanden ist, den Schriften entsprechend.[2]

Kolosserbrief 2, 6-8   8

6. Wandelt also in Christus Jesus, dem Herrn, wie ihr ihn empfangen habt[1], 7. verwurzelt und auferbaut in ihm, gefestigt

---

2 „vom Herrn her": es wäre falsch, hier eine Alternative zwischen „vom Herrn durch Offenbarung empfangen" (Gal. 1,1.12) und „durch eine Überlieferungskette, die mit dem Herrn beginnt, empfangen" (vgl. die rabbinische Tradition) anzunehmen; für den Apostel ist es in Wirklichkeit der Herr selber, der in der Tradition seiner Worte und Taten durch die christliche Gemeinde am Werk ist. Vgl. O. Cullmann, Tradition, 13 ff.; G. Bornkamm, Studien zu Antike und Christentum, 1970³, 146 ff.; K. Wegenast, op.cit., 93 ff.   6

3 Wir finden hier die technischen Ausdrücke der rabbinischen Tradition: παρα-λαμβάνειν (qibbel min) – παραδιδόναι (mesar le); vgl. K. Wegenast, op.cit., p. 30 ff.

4 Zu den mit den Einsetzungsberichten verbundenen Problemen siehe J. Jeremias, Die Abendmahlsworte Jesu, 1967⁴, bes. 100 ff.; 132 ff.; P. Neuenzeit, Das Herrenmahl, 1960, 77 ff.

1 Zu dieser technischen Ausdrucksweise siehe 1. Kor. 11,12 (= Text Nr. 6).   7

2 Die Arbeiten über diese vorpaulinische Tradition sind sehr zahlreich; unter dem Gesichtspunkt, der uns hier interessiert, vgl. vor allem O. Cullmann, Tradition, 15 ff.; K. Wegenast, op.cit., 52-70; E. Bammel, ThZ 11, 1955, 401-419; L. Goppelt, KuD 4, 1958, 224 f.; K. Wengst, ZThK 69, 1972, 145-162; H. Conzelmann, Theologie als Schriftauslegung, 1974, 131-141.

1 Der Vers 7 zeigt, daß das „Empfangen" Christi an die Lehre über ihn gebunden ist; vgl. O. Cullmann, Tradition, 19; L. Goppelt, KuD 4, 1958, 215. K. Wegenast, op.cit., 126 ff., sieht allerdings in diesem Text nicht eine Anspielung auf die Überlieferung von Christus, sondern auf „die glaubende Annahme der Verkündigung von Jesus".   8

βεβαιούμενοι τῇ πίστει καθὼς ἐδιδάχθητε, περισσεύοντες ἐν εὐχαριστίᾳ. 8. Βλέπετε μή τις ὑμᾶς ἔσται ὁ συλαγωγῶν διὰ τῆς
5 φιλοσοφίας καὶ κενῆς ἀπάτης κατὰ τὴν παράδοσιν τῶν ἀνθρώπων, κατὰ τὰ στοιχεῖα τοῦ κόσμου καὶ οὐ κατὰ Χριστόν.

9 *Epistula II ad Thessalonicenses* 2,15

p. 540

Ἄρα οὖν, ἀδελφοί, στήκετε καὶ κρατεῖτε τὰς παραδόσεις ἃς ἐδιδάχθητε εἴτε διὰ λόγου εἴτε δι' ἐπιστολῆς ἡμῶν.

10 *Epistula I ad Timotheum* 6, 20-21

p. 550

20. Ὦ Τιμόθεε, τὴν παραθήκην φύλαξον ἐκτρεπόμενος τὰς βεβήλους κενοφωνίας καὶ ἀντιθέσεις τῆς ψευδωνύμου γνώσεως, 21. ἥν τινες ἐπαγγελλόμενοι περὶ τὴν πίστιν ἠστόχησαν.

11 *Petri Epistula II* 2, 21

p. 612

Κρεῖττον γὰρ ἦν αὐτοῖς μὴ ἐπεγνωκέναι τὴν ὁδὸν τῆς δικαιοσύνης ἢ ἐπιγνοῦσιν ὑποστρέψαι ἐκ τῆς παραδοθείσης αὐτοῖς ἁγίας ἐντολῆς.

---

10 2 κενοφωνίας: καινοφωνίας *uar.*

10

im Glauben, wie ihr gelehrt worden seid, und nehmt darin zu mit
Dankbarkeit. 8. Gebt acht, daß euch niemand durch Weltweisheit
und leere Täuschung verführt, der Tradition der Menschen, den
Elementarmächten der Welt und nicht Christus gemäß.[2]

2. Thessalonicherbrief 2, 15   9

Seid also standhaft, Brüder, und haltet fest an den Traditionen, in denen ihr unterrichtet worden seid, sei es durch ein
(mündliches) Wort, sei es durch einen Brief von uns.[1]

1. Timotheusbrief 6, 20-21   10

20. O Timotheus, bewahre das anvertraute Gut[1] und wende
dich ab vom gottlosen Geschwätz und den Antithesen der sogenannten Gnosis[2], 21. zu der sich einige bekannt haben und vom
Glauben abgewichen sind[3]...

2. Petrusbrief 2, 21   11

Es wäre nämlich besser für sie gewesen, wenn sie den Weg der
Gerechtigkeit nicht gekannt hätten, als sich, nachdem sie ihn gekannt haben, von dem ihnen übergebenen heiligen Gebot abzu-
wenden.[1]

---

2   Zur hier bekämpften Häresie siehe G. Bornkamm, Das Ende des Gesetzes, 1966⁵,   8
    139-156.

1   Vgl. 2. Thess. 3,6, und 1. Kor. 11,2 (= Text Nr. 6). Irenäus, Adv. haer. III,1,1   9
    (= Text Nr. 33) scheint sich auf diesen Text zu beziehen. Vgl. auch, was Euseb von
    Cäsarea, Hist.eccl. III,36,4, über Ignatius von Antiochien erzählt. Spätere Texte:
    Nr. 110 (Kap. 71) und 115.

1   Zur juristischen Bedeutung des Begriffs „Paratheke" siehe K. Wegenast, op.cit.,   10
    144 ff.; der Verf. bemerkt zu recht (S. 151), daß das Verb „bewahren" die Idee ei-
    ner Entwicklung ausschließt (vgl. auch Index 3). Dieses Problem wird von Vincen-
    tius von Lerinum behandelt werden (Vgl. Text Nr. 147).
2   Irenäus wird aus diesem Vers den Titel seines großen antignostischen Werks ziehen;
    spielen die „Antithesen" auf Marcion an?
3   Zur Häresie, die im 1. Timotheusbrief bekämpft wird, siehe z.B. N. Brox, die Pasto-
    ralbriefe, 1969, 31 ff.

1   Zu diesem Text und zum 2. Petrusbrief im allgemeinen siehe P. Grelot, L'Année   11
    canonique 23, 1979, 69-103, und E. Fuchs – P. Reymond, La deuxième Epître
    de saint Pierre, 1980.

Fontes antenicaeni

12 *Doctrina apostolorum* (Διδαχή) (ca. 90-100) 4,13

ed. K.Bihlmeyer, Die Apostolischen Väter I, 1924, 1970³ (mit einem Nachtrag von W. Schneemelcher), p. 4

Οὐ μὴ ἐγκαταλίπῃς ἐντολὰς κυρίου, φυλάξεις δὲ ἃ παρέλαβες, μήτε προστιθεὶς μήτε ἀφαιρῶν.

13 *ibidem* 11,1-2

ed. K. Bihlmeyer - W. Schneemelcher (= nr. 12), p. 6

1. Ὃς ἂν οὖν ἐλθὼν διδάξῃ ὑμᾶς ταῦτα πάντα τὰ προειρημένα, δέξασθε αὐτόν · 2. ἐὰν δὲ αὐτὸς ὁ διδάσκων στραφεὶς διδάσκῃ ἄλλην διδαχὴν εἰς τὸ καταλῦσαι, μὴ αὐτοῦ ἀκούσητε · εἰς δὲ τὸ προσθεῖναι δικαιοσύνην καὶ γνῶσιν κυρίου, δέξασθε αὐτὸν ὡς κύριον.

14 CLEMENS ROMANUS, *Epistula I ad Corinthios* (ca. 96) 7, 2-3

ed. K. Bihlmeyer - W. Schneemelcher (= nr. 12), p. 38

2. Διὸ ἀπολίπωμεν τὰς κενὰς καὶ ματαίας φροντίδας, καὶ ἔλθωμεν ἐπὶ τὸν εὐκλεῆ καὶ σεμνὸν τῆς παραδόσεως ἡμῶν κανόνα, 3. καὶ ἴδωμεν, τί καλὸν καὶ τί τερπνὸν καὶ τί προσδεκτὸν ἐνώπιον τοῦ ποιήσαντος ἡμᾶς.

---

12 1 sq. cf. Deut. 4,2; 13,1 (12,32)

Vornizänische Quellen

Apostellehre (Didache) 4, 13 12

Du sollst die Gebote des Herrn nicht verlassen, sondern halte, was du empfangen hast, ohne etwas hinzuzufügen oder wegzulassen.[1]

Ebenda 11, 1-2 13

1. Wenn nun einer kommt und euch alles lehrt, was obenstehend gesagt worden ist[1], so nehmt ihn auf. 2. Wenn aber der Lehrer selbst abfällt und eine andere Lehre vertritt[2], um aufzulösen, so hört nicht auf ihn[3]; (geschieht es aber,) um Gerechtigkeit und Erkenntnis des Herrn zu mehren[4], so nehmt ihn auf wie den Herrn.[5]

KLEMENS VON ROM, *Brief an die Korinther* 7,2-3 14

2. Deswegen wollen wir die leeren und nichtigen Gedanken aufgeben und uns der ruhmreichen und ehrwürdigen Richtschnur[1] unserer Tradition anschließen.[2] 3. Und wir wollen achten auf das, was gut, was wohlgefällig und was angenehm ist vor unserm Schöpfer.[3]

12

1   Vgl. Barn. 19,11 und Polykrates von Ephesus (= Text Nr. 37). Zur Formel μῆτε προστιθεὶς μῆτε ἀφαιρῶν siehe W.C. van Unnik, VigChr 3, 1949, 1-36 (= Suppl. NT 30, 1980, 123-156), und Chr. Schäublin, MusHelv 31, 1974, 144-149.

1   Es handelt sich um den Inhalt der Kap. 1-10 der Didache (eine ähnliche Wendung   13
     schon in 7,1).
2   Apk. 2,15.20 und 2. Joh. 10 f. liefern dazu konkrete Beispiele.
3   Vgl. Did. 6,1.
4   Das Verb προσθεῖναι nimmt das Partizip προστιθεὶς in Did. 4,13 (= Text Nr. 12) auf. Am Ende der „Zwei Wege" richtet sich die Schrift allerdings an den einfachen Gläubigen, der nicht das Recht hat, die erhaltene Lehre zu ergänzen, während der in Kap. 11,2 angesprochene Charismatiker das Recht hat, die Gerechtigkeit und Erkenntnis des Herrn zu „mehren".
5   Vgl. Did. 11,4 (4,1); auch Matth. 10,40; Luk. 10,16. Bei Ignatius von Antiochien, Eph. 6,1; Phil. 11,1, ist diese Aufnahme den Bischöfen und Diakonen vorbehalten (vgl. Did. 15,2).

1   Der Terminus κανών findet sich auch in 1,3 und 41,1. Er wird eine wichtige Rolle   14
     bei Irenäus (Texte Nr. 31 und 33) und bei Tertullian (Text Nr. 39) spielen. Vgl. auch Klemens von Alex. (Text Nr. 52) und Origenes (Text Nr. 61).
2   A. Jaubert, SC 167, 1971, 110 f., Anm. 3, kommentiert diesen Text folgendermaßen: „On voit, d'après la suite du texte, que la tradition englobe tout l'enseignement scripturaire sur les différents âges de l'histoire, selon l'interprétation du milieu contemporain. Le Christ est la norme première (7,4), mais le développement qui suit est typiquement juif".
3   J.N. Bakhuizen van den Brink, Traditio, 74: die überlieferte Tradition ist also göttlichen Ursprungs, sie ist offenbart.

15   *ibidem* 42, 1-5

ed. K. Bihlmeyer - W. Schneemelcher (= nr. 12), p. 57-58

1. Οἱ ἀπόστολοι ἡμῖν εὐηγγελίσθησαν ἀπὸ τοῦ κυρίου Ἰησοῦ Χριστοῦ, Ἰησοῦς ὁ Χριστὸς ἀπὸ τοῦ θεοῦ ἐξεπέμφθη. 2. Ὁ Χριστὸς οὖν ἀπὸ τοῦ θεοῦ καὶ οἱ ἀπόστολοι ἀπὸ τοῦ Χριστοῦ · ἐγένοντο οὖν ἀμφότερα εὐτάκτως ἐκ θελήματος θεοῦ. 3. Παραγγελίας οὖν λαβόντες καὶ
5 πληροφορηθέντες διὰ τῆς ἀναστάσεως τοῦ κυρίου ἡμῶν Ἰησοῦ Χριστοῦ καὶ πιστωθέντες ἐν τῷ λόγῳ τοῦ θεοῦ, μετὰ πληροφορίας πνεύματος ἁγίου ἐξῆλθον εὐαγγελιζόμενοι τὴν βασιλείαν τοῦ θεοῦ μέλλειν ἔρχεσθαι. 4. Κατὰ χώρας οὖν καὶ πόλεις κηρύσσοντες καθίστανον τὰς ἀπαρχὰς αὐτῶν, δοκιμάσαντες τῷ πνεύματι, εἰς ἐπισκόπους καὶ
10 διακόνους τῶν μελλόντων πιστεύειν. 5. Καὶ τοῦτο οὐ καινῶς · ἐκ γὰρ δὴ πολλῶν χρόνων ἐγέγραπτο περὶ ἐπισκόπων καὶ διακόνων. Οὕτως γάρ που λέγει ἡ γραφή · καταστήσω «τοὺς ἐπισκόπους» αὐτῶν «ἐν δικαιοσύνῃ» καὶ τοὺς διακόνους αὐτῶν ἐν πίστει.

16   *ibidem* 44, 1-4

ed. K. Bihlmeyer - W. Schneemelcher (= nr. 12), p. 59

1. Καὶ οἱ ἀπόστολοι ἡμῶν ἔγνωσαν διὰ τοῦ κυρίου ἡμῶν Ἰησοῦ Χριστοῦ, ὅτι ἔρις ἔσται περὶ τοῦ ὀνόματος τῆς ἐπισκοπῆς. 2. Διὰ ταύτην οὖν τὴν αἰτίαν πρόγνωσιν εἰληφότες τελείαν κατέστησαν τοὺς προειρημένους καὶ μεταξὺ ἐπινομὴν ἔδωκαν, ὅπως, ἐὰν κοιμηθῶσιν,

---

15   12 sq. cf. Is. 60, 17

15   8 *post* κηρύσσοντες *uersio latina add.* eos qui obaudiebant uoluntati dei baptizantes

16   2 περὶ: ἐπὶ *uar.*
4 ἐπινομὴν (= ἐπινομίδα): ἐπιδομὴν *uel* ἐπὶ δοκιμὴν *uarr., legem uers. lat.*
4 ἔδωκαν: ἐδώκασιν *uar.*, δεδώκασιν *Funk - Bihlmeyer (in textu)*

Ebenda 42, 1-5 15

1. Den Aposteln wurde für uns vom Herrn Jesus Christus das Evangelium verkündigt; Jesus der Christus wurde von Gott ausgesandt. 2. Christus also von Gott, und die Apostel von Christus[1]; beides geschah demnach wohlgeordnet nach Gottes Willen.[2] 3. Als sie (sc. die Apostel) nun ihre Aufträge empfangen hatten, durch die Auferstehung unseres Herrn Jesus Christus mit Gewißheit erfüllt waren und voll Glauben an das Wort Gottes, zogen sie mit der Fülle des Heiligen Geistes aus und verkündigten die frohe Botschaft vom baldigen Kommen des Reiches Gottes. 4. So predigten sie auf dem Lande und in den Städten und setzten ihre Erstbekehrten[3] nach Prüfung durch den Geist zu Bischöfen und Diakonen der künftigen Gläubigen ein.[4] 5. Und dies war nichts Neues, denn seit langen Zeiten stand von Bischöfen und Diakonen geschrieben. So nämlich sagt irgendwo die Schrift: Ich will einsetzen ihre *Bischöfe in Gerechtigkeit* und ihre Diakone in Treue.[5]

Ebenda 44, 1-4 16

1. Auch[1] unsere Apostel wußten durch unsern Herrn Jesus Christus, daß sich Streit erheben würde um das Bischofsamt. 2. Aus diesem Grunde, da sie das genau voraussahen, setzten sie die bereits Erwähnten[2] ein und gaben darauf Auftrag[3], daß, wenn diese[4] entschlafen seien, andere erprobte Männer ihren Dienst

---

1   Das Thema ist johanneisch (Joh. 17,18; 20,21); vgl. M.E. Boismard, RB 55, 1948,   15
    376-387.
2   Eine analoge Formulierung bei Tertullian, De praescr. 37,1 (= Text Nr. 43), ebenfalls bei Serapion von Antiochien (= Text Nr. 38).
3   Vgl. Röm. 16,5; 1. Kor. 16,15.
4   Vgl. Apg. 14,23; 1. Tim. 3,10; 2. Tim. 2,2; Tit. 1,5 f.
5   Zu diesem „Zitat" siehe A. Jaubert, op.cit., 43; vgl. auch A. Lemaire, Les ministères aux origines, 149 f.

1   Der Verf. bezieht sich hier auf das vorhergehende Kap., das von 4. Mos. 17 sprach.   16
2   In Kap. 42,4 (= Text Nr. 15).
3   Vgl. A. Javierre, La primera „diadoche" de la patrística y los „ellogimoi" de Clemente, 1958, 9-42; J. Colson, Ministre de Jésus-Christ ou le sacerdoce de l'Evangile, 1966, 232 ff.
4   G. Dix, Le ministère dans l'Eglise ancienne, 1955, S. 101 ff., hat angenommen, daß mit den καμπῶσιν die Apostel gemeint sein; darauf hat er eine fragwürdige Hypothese gebaut: die ersten Nachfolger der Apostel wären nach ihm die Personen, die zum „Apostelkreis" gehörten, wie Timotheus, Titus, Johannes der Presbyter, Ignatius von Antiochien, Klemens von Rom.

5 διαδέξωνται ἕτεροι δεδοκιμασμένοι ἄνδρες τὴν λειτουργίαν αὐτῶν.   3.
Τοὺς οὖν κατασταθέντας ὑπ᾽ ἐκείνων ἢ μεταξὺ ὑφ᾽ ἑτέρων ἐλλογίμων
ἀνδρῶν συνευδοκησάσης τῆς ἐκκλησίας πάσης, καὶ λειτουργήσαντας
ἀμέμπτως τῷ ποιμνίῳ τοῦ Χριστοῦ μετὰ ταπεινοφροσύνης, ἡσύχως καὶ
ἀβαναύσως, μεμαρτυρημένους τε πολλοῖς χρόνοις ὑπὸ πάντων, τούτους
10 οὐ δικαίως νομίζομεν ἀποβάλλεσθαι τῆς λειτουργίας.   4. Ἁμαρτία γὰρ
οὐ μικρὰ ἡμῖν ἔσται, ἐὰν τοὺς ἀμέμπτως καὶ ὁσίως προσενεγκόντας τὰ
δῶρα τῆς ἐπισκοπῆς ἀποβάλωμεν.

17   Ignatius Antiochenus, *Epistula ad Magnesios* (ca. 110) 13, 1-2

   ed. K. Bihlmeyer - W. Schneemelcher (= nr. 12), p. 92

   1. Σπουδάζετε οὖν βεβαιωθῆναι ἐν τοῖς δόγμασιν τοῦ κυρίου καὶ τῶν
ἀποστόλων, ἵνα πάντα, ὅσα ποιεῖτε, κατευοδωθῆτε σαρκὶ καὶ πνεύματι,
πίστει καὶ ἀγάπῃ, ἐν υἱῷ καὶ πατρὶ καὶ ἐν πνεύματι, ἐν ἀρχῇ καὶ ἐν
τέλει, μετὰ τοῦ ἀξιοπρεπεστάτου ἐπισκόπου ὑμῶν καὶ ἀξιοπλόκου
5 πνευματικοῦ στεφάνου τοῦ πρεσβυτερίου ὑμῶν καὶ τῶν κατὰ θεὸν
διακόνων. 2. Ὑποτάγητε τῷ ἐπισκόπῳ καὶ ἀλλήλοις, ὡς Ἰησοῦς
Χριστὸς τῷ πατρὶ κατὰ σάρκα καὶ οἱ ἀπόστολοι τῷ Χριστῷ καὶ τῷ πατρὶ
καὶ τῷ πνεύματι, ἵνα ἕνωσις ᾖ σαρκική τε καὶ πνευματική.

---

17   2 cf. Ps. 1,3

17   7 κατὰ σάρκα *om. uers. Arm.*

übernähmen.[5] 3. Männer also, die von jenen oder nachher von andern angesehenen Männer unter Zustimmung der ganzen Gemeinde eingesetzt wurden und die untadelig der Herde Christi gedient haben mit Bescheidenheit, ruhig und ohne Nachlässigkeit, denen lange Zeit von allen ein gutes Zeugnis ausgestellt wurde, solche Männer von ihrem Amte abzusetzen, halten wir für ein Unrecht.[6] 4. Denn es wird für uns keine kleine Sünde sein, wenn wir die, die untadelig und fromm die (Opfer-)Gaben darbrachten, vom Bischofsamt absetzen.[7]

IGNATIUS VON ANTIOCHIEN, *Brief an die Magnesier* 13,1-2   17

1. So seid nun bestrebt, festzustehen in den Geboten des Herrn und der Apostel[1], damit ihr in allem, was ihr tut, guten Fortgang habt für Fleisch und Geist, in Glaube und Liebe[2], im Sohn und im Vater und im Geist, am Anfang und am Ende[3], mit eurem hochwürdigsten Bischof und dem würdig geflochtenen geistlichen Kranz eures Presbyterkollegiums und den Diakonen gemäß Gott. 2. Ordnet euch dem Bischof und einander gegenseitig unter, wie Jesus Christus dem Vater nach dem Fleisch und die Apostel Christus und dem Vater und dem Geist, damit die Einigung sowohl fleischlich wie auch geistlich sei.[4]

---

5   διαδέχεσθαι hat hier noch keine technische Bedeutung; vgl. G.G. Blum, Tradition, 49.   16
6   Vgl. Did. 15,1-2; später: Hippolyt, Trad.apost. 2 (dazu W. Rordorf, QLP 55, 1974, 138 ff.).
7   Vgl. O. Perler, in: L'épiscopat et l'Eglise universelle, 1964, 32; R.R. Noll, Recherches sur les origines du sacerdoce ministériel chez les Pères apostoliques, 1970, 22 ff.; K. Stalder, IKZ 63, 1973, 103 ff.
1   Vgl. Trall. 7,1.   17
2   Die Verknüpfung von πίστις und ἀγάπη ist häufig bei Ignatius: Eph. 1,1; 9,1; 14,1-2; 20,1; Trall. 8,1; Phil. 11,2; Smyrn., Inscr.; 1,1; 6,1; 13,2; Pol. 6,2. Vgl. O. Perler, Divus Thomas 22, 1944, 413-451.
3   Vgl. Eph. 14,1.
4   Das ist eine Zusammenfassung der ignatianischen Ekklesiologie; vgl. P.Th. Camelot, SC 10, 1958³, 42 ff.; G.G. Blum, Tradition, 51 ff. (Aber Blum betont zu sehr die „vertikale" Dimension der ignatianischen Ekklesiologie. Unser Text zeigt, daß die „horizontale" Tradition, die von den Aposteln kommt, auch wichtig ist). — Was die ignatianische Konzeption der ἕνωσις betrifft, siehe H. Paulsen, Studien zur Theologie des Ignatius von Antiochien, 1978, 132 ff.

18 POLYCARPUS SMYRNAEUS, *Epistula ad Philippenses* (ca. 135) 3,2-3

ed. K. Bihlmeyer - W. Schneemelcher (= nr. 12), p. 115

2. Οὔτε γὰρ ἐγὼ οὔτε ἄλλος ὅμοιος ἐμοὶ δύναται κατακολουθῆσαι τῇ σοφίᾳ τοῦ μακαρίου καὶ ἐνδόξου Παύλου, ὃς γενόμενος ἐν ὑμῖν κατὰ πρόσωπον τῶν τότε ἀνθρώπων ἐδίδαξεν ἀκριβῶς καὶ βεβαίως τὸν περὶ ἀληθείας λόγον, ὃς καὶ ἀπὼν ὑμῖν ἔγραψεν ἐπιστολάς, εἰς ἃς ἐὰν
5 ἐγκύπτητε, δυνηθήσεσθε οἰκοδομεῖσθαι εἰς τὴν δοθεῖσαν ὑμῖν πίστιν 3. «ἥτις ἐστὶν μήτηρ πάντων ἡμῶν»...

19 *ibidem* 7, 1-2

ed. K. Bihlmeyer - W. Schneemelcher (= nr. 12), p. 117

1. Πᾶς γὰρ, ὃς ἂν μὴ ὁμολογῇ, Ἰησοῦν Χριστὸν ἐν σαρκὶ ἐληλυθέναι, ἀντίχριστός ἐστιν · καὶ ὃς ἂν μὴ ὁμολογῇ τὸ μαρτύριον τοῦ σταυροῦ, ἐκ τοῦ διαβόλου ἐστίν · καὶ ὃς ἂν μεθοδεύῃ τὰ λόγια τοῦ κυρίου πρὸς τὰς ἰδίας ἐπιθυμίας καὶ λέγῃ μήτε ἀνάστασιν μήτε κρίσιν, οὗτος
5 πρωτότοκός ἐστι τοῦ Σατανᾶ. 2. Διὸ ἀπολιπόντες τὴν ματαιότητα τῶν πολλῶν καὶ τὰς ψευδοδιδασκαλίας ἐπὶ τὸν ἐξ ἀρχῆς ἡμῖν παραδοθέντα λόγον ἐπιστρέψωμεν, νήφοντες πρὸς τὰς εὐχὰς καὶ προσκαρτεροῦντες νηστείαις, δεήσεσιν αἰτούμενοι τὸν παντεπόπτην θεόν, μὴ εἰσενεγκεῖν ἡμᾶς εἰς πειρασμόν, καθὼς εἶπεν ὁ κύριος · «τὸ μὲν πνεῦμα πρόθυμον,
10 ἡ δὲ σὰρξ ἀσθενής».

20 PAPIAS (ca. 130-140), *Explanatio sermonum domini* (= EUSEBIUS, *Hist. eccl.* III, 39, 3-4)

ed. Ed. Schwartz, GCS 9, 1903–1908, p. 286

3. Οὐκ ὀκνήσω δέ σοι καὶ ὅσα ποτὲ παρὰ τῶν πρεσβυτέρων καλῶς ἔμαθον καὶ καλῶς ἐμνημόνευσα, συγκατατάξαι ταῖς ἑρμηνείαις,

---

18   6 Gal. 4,26

19   1 sq. cf. I Ioh. 4,2-3
     7 cf. I Petr. 4,7
     8 sq. cf. Matth. 6,13
     9 sq. Matth. 26,41

POLYKARP VON SMYRNA, *Brief an die Philipper 3, 2-3*   18

2. Denn weder ich noch jemand meinesgleichen vermag die Weisheit des seligen und berühmten Paulus zu erreichen, der, als er bei euch weilte, im persönlichen Verkehr mit den damaligen Menschen gründlich und sicher das Wort der Wahrheit lehrte, der auch abwesend Briefe[1] an euch schrieb, durch die ihr, wenn ihr euch in sie vertieft[2], auferbaut werden könnt zum Glauben, der euch gegeben ist und 3. *der unser aller Mutter ist...*[3]

Ebenda 7, 1-2   19

1. Denn jeder, der nicht bekennt, daß Jesus Christus im Fleisch gekommen ist, ist ein Antichrist. Und wer das Zeugnis des Kreuzes nicht bekennt, ist aus dem Teufel. Und wer die Worte des Herrn auf seine eigenen Begierden hin verdreht und behauptet, es gebe weder Auferstehung noch Gericht, der ist Erstgeborener des Satan.[1] 2. Darum wollen wir die Nichtigkeit der Menge und die falschen Lehren verlassen und uns der von Anfang an uns überlieferten Lehre zuwenden[2], nüchtern zum Gebet und ausdauernd in Fasten, und mit Bitten den alles sehenden Gott anflehen, uns nicht in Versuchung zu führen, wie der Herr gesagt hat: *Der Geist ist willig, aber das Fleisch ist schwach.*

PAPIAS, *Auslegung der Herrnworte* (= EUSEBIUS, *Kirchengeschichte* III, 39, 3-4)   20

3. Ich werde nicht zögern, dir auch das, was ich einmal von den Presbytern genau gelernt habe und genau in Erinnerung be-

---

1   Vgl. die Bezugnahme auf Phil. 1,3-9 in 11,2. Hat Polykarp mehrere Briefe des Paulus an die Philipper gekannt?   18

2   Aber die Interpretation der „heiligen Schriften" (12,1) ist schwierig; aus diesem Grunde wird die Rolle der Amtsinhaber für die Schriftauslegung immer mehr an Bedeutung gewinnen. Vgl. Irenäus, Adv. haer. IV, 26,2 (= Text Nr. 35).

3   Hier ist einmal nicht die Kirche als „Mutter" der Gläubigen bezeichnet, sondern der Glaube; vgl. K. Delahaye, Ecclesia Mater chez les Pères des trois premiers siècles, 1964, 75 f.

1   Nach Irenäus, Adv.haer. III, 3,4, hat Polykarp diese Bezeichnung für Marcion verwendet.   19

2   Eine analoge Formulierung findet sich 1. Klem. 19,2. Vgl. auch den apokryphen 3. Korintherbrief!

διαβεβαιούμενος ὑπὲρ αὐτῶν ἀλήθειαν · οὐ γὰρ τοῖς τὰ πολλὰ λέγουσιν
ἔχαιρον ὥσπερ οἱ πολλοί, ἀλλὰ τοῖς τἀληθῆ διδάσκουσιν, οὐδὲ τοῖς τὰς
5 ἀλλοτρίας ἐντολὰς μνημονεύουσιν, ἀλλὰ τοῖς τὰς παρὰ τοῦ κυρίου τῇ
πίστει δεδομένας καὶ ἀπ᾽ αὐτῆς παραγινομένας τῆς ἀληθείας · 4. εἰ δέ
που καὶ παρηκολουθηκώς τις τοῖς πρεσβυτέροις ἔλθοι, τοὺς τῶν
πρεσβυτέρων ἀνέκρινον λόγους, τί Ἀνδρέας ἢ τί Πέτρος εἶπεν ἢ τί
Φίλιππος ἢ τί Θωμᾶς ἢ Ἰάκωβος ἢ τί Ἰωάννης ἢ Ματθαῖος ἤ τις ἕτερος
10 τῶν τοῦ κυρίου μαθητῶν ἅ τε Ἀριστίων καὶ ὁ πρεσβύτερος Ἰωάννης, τοῦ
κυρίου μαθηταί, λέγουσιν. Οὐ γὰρ τὰ ἐκ τῶν βιβλίων τοσοῦτόν με
ὠφελεῖν ὑπελάμβανον ὅσον τὰ παρὰ ζώσης φωνῆς καὶ μενούσης.

21   Ps. - BARNABAS, *Epistula* (ca. 130-140) 1,5

ed. K. Bihlmeyer - W. Schneemelcher (= nr. 12), p. 10

Λογισάμενος οὖν τοῦτο, ὅτι ἐὰν μελήσῃ μοι περὶ ὑμῶν τοῦ μέρος τι
μεταδοῦναι ἀφ᾽ οὗ ἔλαβον, ὅτι ἔσται μοι τοιούτοις πνεύμασιν
ὑπηρετήσαντι εἰς μισθόν, ἐσπούδασα κατὰ μικρὸν ὑμῖν πέμπειν, ἵνα
μετὰ τῆς πίστεως ὑμῶν τελείαν ἔχητε τὴν γνῶσιν.

22   *Kerygma Petri* (130-140) (= CLEMENS ALEXANDRINUS, *Strom.* VI, 5, 41, 4)

ed. O. Stählin, GCS 15, 1906 (= 52, 1960³ ed. L. Früchtel), p. 452

Ὥστε καὶ ὑμεῖς ὁσίως καὶ δικαίως μανθάνοντες ἃ παραδίδομεν ὑμῖν,
φυλάσσεσθε, καινῶς τὸν θεὸν διὰ τοῦ Χριστοῦ σεβόμενοι . . .

---

20   6 παραγινομένας: παραγινομένοις *uar.*

halten habe, zugleich mit den Auslegungen darzustellen, bestärkt in der Wahrheit über diese Dinge. Denn ich habe mich nicht, wie die meisten, über diejenigen gefreut, die viele Worte machen, sondern über die, welche die Wahrheit lehren; und nicht über die (habe ich mich gefreut), welche die fremden Gebote, sondern über die, welche die vom Herrn dem Glauben gegebenen und aus der Wahrheit selbst entspringenden Gebote einprägen. 4. Wenn irgendwo einer kam, der den Presbytern gefolgt war, dann erkundigte ich mich nach den Worten der Presbyter: was Andreas oder was Petrus, was Philippus oder Thomas oder Jakobus, was Johannes oder Matthäus oder ein anderer von den Jüngern des Herrn sagten, und was Aristion und der Presbyter Johannes, die Jünger des Herrn, sagen.[1] Denn ich nahm an, daß mir das aus Büchern (Geschöpfte) nicht dasselbe nützen könne wie das aus dem lebendigen und fortbestehenden mündlichen Zeugnis (Stammende).[2]

Ps. – Barnabas, *Brief* 1, 5   21

Ich erwog nun dies: wenn ich mich um euch kümmere, um einen Teil von dem, was ich empfangen habe[1], (euch) mitzuteilen, wird es mir zum Lohn gereichen, solchen Geistern gedient zu haben[2]; ich habe mich also beeilt, euch in aller Kürze zu schreiben, damit ihr mit eurem Glauben die vollkommene Erkenntnis habt.[3]

Predigt des Petrus (Kerygma Petri) (=Klemens von Alexandrien, *Teppiche* VI, 5, 41, 4)   22

Darum sollt auch ihr das, was wir euch überliefern, fromm und

---

1 Es handelt sich um einen Ausschnitt aus dem Vorwort der 5 Bücher „Auslegung der Herrnworte", nach Eusebius, Kirchengesch. III, 39,1-2 (J. Kürzinger, BZ, N.F. 23, 1979, 178 f., möchte den Titel mit „Sammlung von Geschichten über den Herrn" wiedergeben). Über die schwierige Frage, wie die „Jünger des Herrn" und die „Presbyter" zu unterscheiden sind, siehe G.G. Blum, Tradition, 73 ff.   20
2 Wenn man die Beispiele der mündlichen Tradition, die Papias aufbewahrt hat, durchliest (vgl. die Edition K. Bihlmeyers, 133-140), dann versteht man, warum die Kirche kurz nach Papias den Schriften den Vorzug gab. Vgl. allerdings H. Karpp, in Mullus, Festschrift Th. Klauser, 1964, 190-198; und J.B. Bauer, Kairos 20, 1978, 195 ff.
1 Die Analogie zu 1. Kor. 15,3 (= Text Nr. 7) ist bestimmt gewollt.   21
2 Der Autor ist ein Didaskalos; vgl. R.A. Kraft, The Apostolic Fathers, III, 1965, 20 f.
3 Die Ausdrucksweise „vollkommene Erkenntnis" kehrt an vielen anderen Stellen wieder: 2,3; 5,4; 6,9; 9,8; 10,10; 13,7; 18,1; 19,1; 21,5. γνῶσις meint hier die Interpretation, die der Verf. vom Alten Testament gibt; vgl. P. Prigent-R.A. Kraft, SC 172, 1971, 34 f.; R.A. Kraft, op.cit., 22 ff.

23 ARISTIDES, *Apologia* (ca. 117-138 uel 138-161) 15,2

ed. E. J. Goodspeed, Die ältesten Apologeten, 1914, p. 19

Hic Iesus igitur de gente Hebraeorum natus est. Discipuli uero duodecim ei erant, ut dispensatio eius in aliquid conficeretur. Ipse ab Iudaeis crucifixus est, et mortuus et sepultus est, et dicunt post tres dies eum resurrexisse et ad caelos ascendisse. Deinde hi discipuli duodecim ierunt
5 εἰς τὰς ἐπαρχίας τῆς οἰκουμένης καὶ ἐδίδαξαν τὴν ἐκείνου μεγαλωσύνην ... ὅθεν οἱ εἰσέτι διακονοῦντες τῇ δικαιοσύνῃ τοῦ κηρύγματος αὐτῶν καλοῦνται Χριστιανοί ...

24 IUSTINUS MARTYR, *Apologia* (150-155) I, 6, 2

ed. E. J. Goodspeed (= nr. 23) p. 29

Ἀλλ' ἐκεῖνόν τε καὶ τὸν παρ' αὐτοῦ υἱὸν ἐλθόντα καὶ διδάξαντα ἡμᾶς ταῦτα ... πνεῦμά τε τὸ προφητικὸν σεβόμεθα καὶ προσκυνοῦμεν, λόγῳ καὶ ἀληθείᾳ τιμῶντες καὶ παντὶ βουλομένῳ μαθεῖν, ὡς ἐδιδάχθημεν, ἀφθόνως παραδιδόντες.

25 *ibidem* I, 10, 1

ed. E. J. Goodspeed (= nr. 23), p. 31

Ἀλλ' οὐ δέεσθαι τῆς παρὰ ἀνθρώπων ὑλικῆς προσφορᾶς προσειλήφαμεν τὸν θεόν, αὐτὸν παρέχοντα πάντα ὁρῶντες · ἐκείνους δὲ προσδέχεσθαι αὐτὸν μόνον δεδιδάγμεθα καὶ πεπείσμεθα καὶ πιστεύομεν, τοὺς τὰ προσόντα αὐτῷ ἀγαθὰ μιμουμένους, σωφροσύνην
5 καὶ δικαιοσύνην καὶ φιλανθρωπίαν καὶ ὅσα οἰκεῖα θεῷ ἐστι ...

---

23   7 cf. Act. 11,26

25   2 προσειλήφαμεν: παρειλήφαμεν *edd. plur.*

gerecht erlernen und bewahren, indem ihr Gott durch Christus in neuer Weise[1] verehrt.

ARISTIDES, *Apologie* 15,2[1]   23

Dieser Jesus also ist aus dem Volk der Hebräer geboren. Er hatte aber zwölf Jünger, damit sein Heilsplan eine Form der Erfüllung fände.[2] Er selbst ist von den Juden gekreuzigt[3] worden und ist gestorben und begraben, und man sagt, er sei nach drei Tagen wieder auferstanden und zum Himmel aufgefahren.[4] Daraufhin gingen diese zwölf Jünger in die Provinzen des ganzen Erdkreises und lehrten seine Herrlichkeit...[5] Daher wurden diejenigen, die bis heute der Gerechtigkeit ihres Zeugnisses dienen, Christen genannt...

JUSTIN DER MÄRTYRER, *Apologie* I,6,2   24

Aber ihn (sc. Gott) und seinen Sohn, der von ihm gekommen ist und uns diese Dienge gelehrt hat...und den prophetischen Geist verehren wir und beten wir an, indem wir sie mit Vernunft und Wahrheit ehren und jedem, der bereit ist zu erfahren, wie wir gelehrt worden sind, (es) neidlos[1] mitteilen.

Ebenda I, 10, 1   25

Wir haben aber ferner empfangen, daß Gott, den wir selber ja alles gewähren sehen, keiner materiellen Opfergabe von seiten der Menschen bedarf. Wir sind gelehrt worden und sind überzeugt und glauben, daß er nur jene annimmt, welche die ihm eigentümlichen Guttaten nachahmen: Weisheit, Gerechtigkeit, Menschenliebe, und alle anderen Attribute Gottes...[1]

1   Neu ist der Gottesdienst der Christen gegenüber demjenigen der Heiden und Juden;   22
    zur Idee des tertium genus, das die Christen darstellen, siehe A. Schneider, Le pre-
    mier livre *Ad nationes* de Tertullien, 1968, 187 ff. – Zum Kerygma Petri im allge-
    meinen, vgl. H. Paulsen, ZKG 88, 1977,1-37.

1   Der lateinische Text ist eine Rückübersetzung aus dem Syrischen von Goodspeed.   23
    Das griechische Fragment am Schluß kommt aus dem Roman „Vita Barlaam et
    Joasaph", der sich unter den Schriften des Johannes von Damaskus findet. Vgl. J.
    Geffcken, Zwei griechische Apologeten, 1907, XXXIII ff.
2   Der griech. Text gibt folgende Umschreibung: καὶ τελέσας τὴν θαυμαστὴν αὐτοῦ
    οἰκονομίαν...
3   Auf syrisch wörtlich: „durchbohrt".
4   Ein Hinweis auf die „Glaubensregel" findet sich auch in der Epistula apostolorum
    1-3.
5   Vgl. Text Nr. 15; Kerygma Petri (Klemens v. Alex., Strom. VI, 6, 48); Justin, Apol.
    I, 39,3; 45,5; 49,5.

1   Vgl. W.C. van Unnik, ΑΦΘΟΝΩΣ ΜΕΤΑΛΛΑΩΜΙ, 1971.   24

1   Siehe auch Apol. I,12,1ff.; 13,1ff.; 14,4; 17,1; 21,6; 46,2; 61,2; Dial. 48,4; 133,6. 25
    Für Justin ist die Lehre Jesu und der Apostel hauptsächlich ethisch und steht im

26 *ibidem* I, 66, 1

ed. E. J. Goodspeed (= nr. 23), p. 74

Καὶ ἡ τροφὴ αὕτη καλεῖται παρ' ἡμῖν εὐχαριστία, ἧς οὐδενὶ ἄλλῳ μετασχεῖν ἐξόν ἐστιν ἢ τῷ πιστεύοντι ἀληθῆ εἶναι τὰ δεδιδαγμένα ὑφ' ἡμῶν, καὶ λουσαμένῳ τὸ ὑπὲρ ἀφέσεως ἁμαρτιῶν καὶ εἰς ἀναγέννησιν λουτρόν, καὶ οὕτως βιοῦντι ὡς ὁ Χριστὸς παρέδωκεν.

27 HEGESIPPUS, *Memorabilia* (ca. 180) (= EUSEBIUS, *Hist. eccl.* IV, 22, 2-3)

ed. Ed. Schwartz (= nr. 20), pp. 368–370

2. Καὶ ἐπέμενεν ἡ ἐκκλησία ἡ Κορινθίων ἐν τῷ ὀρθῷ λόγῳ μέχρι Πρίμου ἐπισκοπεύοντος ἐν Κορίνθῳ· οἷς συνέμιξα πλέων εἰς Ῥώμην καὶ συνδιέτριψα τοῖς Κορινθίοις ἡμέρας ἱκανάς, ἐν αἷς συνανεπάημεν τῷ ὀρθῷ λόγῳ· 3. γενόμενος δὲ ἐν Ῥώμῃ, διαδοχὴν ἐποιησάμην μέχρις
5 Ἀνικήτου· οὗ διάκονος ἦν Ἐλεύθερος, καὶ παρὰ Ἀνικήτου διαδέχεται Σωτήρ, μεθ' ὃν Ἐλεύθερος. Ἐν ἑκάστῃ δὲ διαδοχῇ καὶ ἐν ἑκάστῃ πόλει οὕτως ἔχει ὡς ὁ νόμος κηρύσσει καὶ οἱ προφῆται καὶ ὁ κύριος.

28 PTOLEMAEUS, *Epistula ad Floram* (ca. 180) (= EPIPHANIUS, *Panarion* 33, 7, 9)

ed. K. Holl, GCS 25, 1915, p. 457

Μαθήσῃ γάρ, θεοῦ διδόντος, ἑξῆς καὶ τὴν τούτων ἀρχήν τε καὶ γέννησιν, ἀξιουμένη τῆς ἀποστολικῆς παραδόσεως ἣν ἐκ διαδοχῆς καὶ

---

27 2 οἷς: ᾧ *uar.*
3 τοῖς Κορινθίοις: *glossam esse suspicatus est Schwartz*
3 συνανεπάημεν: συνανεπαύθημεν, συνανεσπάρημεν *uarr.*

28 1 τούτων *Stieren:* τούτου *codd.*

Ebenda I, 66, 1   **26**

Und diese Speise wird bei uns Eucharistie genannt. Niemand
anderes darf daran teilnehmen, als wer glaubt, daß das von uns Gelehrte wahr ist[1], wer gewaschen ist mit dem Bad zur Vergebung
der Sünden und zur Wiedergeburt und wer so lebt, wie Christus es
überliefert hat.[2]

HEGESIPP, *Erinnerungen* (= EUSEBIUS, *Kirchengeschichte* IV,22,2-3)   **27**

2. Die Gemeinde in Korinth ist bei der rechten Lehre[1] geblieben, bis Primus Bischof von Korinth wurde. Als ich nach Rom
segelte, kam ich mit den Korinthern zusammen und weilte eine
Reihe von Tagen bei ihnen, während welcher wir uns gegenseitig
durch die rechte Lehre[1] erquickt haben. 3. In Rom angekommen,
stellte ich eine (Bischofs-)Liste bis auf Anicetus[2] auf, dessen Dia-
kon Eleutherus war. Auf Anicet folgt Soter, auf diesen Eleutherus.
In jeder (bischöflichen) Nachfolge und in jeder Stadt verhält es
sich so, wie das Gesetz und die Propheten und der Herr gebieten.[3]

PTOLEMÄUS, *Brief an Flora* (= EPIPHANIUS, *Arzneikasten* 33,7,9)   **28**

Denn — wenn Gott es zuläßt — wirst du in der Folge auch deren[1] Ursprung und Genesis erfahren, falls du der apostolischen

---

Zusammenhang mit der Taufkatechese; vgl. Apol. I, 66, 1 (= Text Nr. 26), und   **25**
schon Matth. 28, 19 f. (= Text Nr. 1).

1   J.N. Bakhuizen van den Brink, Traditio, 74, bemerkt mit Recht, daß die Vorstel-   **26**
lung der „Wahrheit" der Lehre deren Offenbarungscharakter voraussetzt.
2   Vgl. Apol. I, 61. Zur Geschichte des Katechumenats, siehe G. Kretschmar, Die Geschichte des Taufgottesdienstes in der alten Kirche, 1970, 63 ff.; J. Daniélou, La
catéchèse aux premiers siècles, 1968.

1   L. Abramowski, ZKG 82, 1976, 321-327, vermutet, unter Hinweis auf Philo, daß   **27**
ὀρθὸς λόγος die Schrift bezeichnet; vgl. aber Hippolyt, Ref. I, Praef. (= Text Nr.
68).
2   Dieser Satz galt lange als textverdorben; man fand es unwahrscheinlich, daß vor
Hegesipp keine römische Bischofsliste bestand. Andererseits hat H. Kemler, VigChr
25, 1971, 182-196, die Bedeutung, die die Sukzession der Kirche Jerusalems für
Hegesipp hat, unterstrichen (vgl. B. Altaner-A. Stuiber, Patrologie, 1978[8], 110).
3   Eine wichtige Information, die zeigt, daß der Altes und Neues Testament umfas-
sende Kanon im Entstehen begriffen ist; vgl. H. v. Campenhausen, Die Entstehung
der christlichen Bibel, 1968, der die Frage stellt, ob der neutestamentliche Kanon
der Judenchristen nur die vier Evangelien enthielt (S. 196, Anm. 90).

1   Es handelt sich um den Teufel und den Demiurgen.   **28**

ἡμεῖς παρειλήφαμεν μετὰ καὶ τοῦ κανονίσαι πάντας τοὺς λόγους τῇ τοῦ σωτῆρος ἡμῶν διδασκαλίᾳ.

29 IRENAEUS, *Aduersus haereses* I, 8, 1 (180-185)

ed. A. Rousseau - L. Doutreleau, SC 264, 1979, p. 112

Τοιαύτης δὲ τῆς ὑποθέσεως αὐτῶν οὔσης, ἣν οὔτε προφῆται ἐκήρυξαν οὔτε ὁ κύριος ἐδίδαξεν οὔτε ἀπόστολοι παρέδωκαν, ἣν περισσοτέρως αὐχοῦσιν πλεῖον τῶν ἄλλων ἐγνωκέναι, ἐξ ἀγράφων ἀναγινώσκοντες . . .

30 *ibidem* I, 10, 1-3

ed- A. Rousseau - L. Doutreleau (= nr.29), pp. 155 sqq.

1. Ἡ μὲν γὰρ ἐκκλησία, καίπερ καθ᾽ ὅλης τῆς οἰκουμένης ἕως περάτων τῆς γῆς διεσπαρμένη, παρά τε τῶν ἀποστόλων καὶ τῶν ἐκείνων μαθητῶν παραλαβοῦσα τὴν εἰς ἕνα θεὸν πατέρα παντοκράτορα, τὸν πεποιηκότα «τὸν οὐρανὸν καὶ τὴν γῆν καὶ τὴν
5 θάλασσαν καὶ πάντα τὰ ἐν αὐτοῖς» πίστιν, καὶ εἰς ἕνα Χριστὸν Ἰησοῦν τὸν υἱὸν τοῦ θεοῦ τὸν σαρκωθέντα ὑπὲρ τῆς ἡμετέρας σωτηρίας, καὶ εἰς πνεῦμα ἅγιον τὸ διὰ τῶν προφητῶν κεκηρυχὸς τὰς οἰκονομίας καὶ τὴν ἔλευσιν καὶ τὴν ἐκ τῆς παρθένου γέννησιν καὶ τὸ πάθος καὶ τὴν ἔγερσιν ἐκ νεκρῶν καὶ τὴν ἔνσαρκον εἰς τοὺς οὐρανοὺς ἀνάληψιν τοῦ
10 ἠγαπημένου Χριστοῦ Ἰησοῦ τοῦ κυρίου ἡμῶν, καὶ τὴν ἐκ τῶν οὐρανῶν ἐν τῇ δόξῃ τοῦ πατρὸς παρουσίαν αὐτοῦ ἐπὶ τὸ «ἀνακεφαλαιώσασθαι

---

29 2 περισσοτέρως *Holl Rousseau-Doutreleau (cf. uers. lat.):* περὶ τῶν ὅλων *codd.*

30 4 sq. Ps. 145,6; Act. 4,24

Tradition gewürdigt wirst, die auch wir aufgrund einer Sukzession empfangen haben.[2] Gleichzeitig messen wir alle unsere Äußerungen an der Richtschnur der Lehre unseres Erlösers.

IRENÄUS, *Gegen die Häresien* I, 8, 1   29

Sie haben aber eine solche Lehre[1], welche weder die Propheten verkündigten, noch der Herr lehrte, noch die Apostel überlieferten[2], und die sie besser als alle andern zu verstehen sich rühmen, indem sie aus unkanonischen Schriften vorlesen...[3]

Ebenda I, 10, 1-3   30

1. Die Kirche nämlich, obschon in der ganzen Welt bis zu den Grenzen der Erde zerstreut, hat von den Aposteln sowohl als deren Schülern den Glauben[1] an den einen Gott, den allmächtigen Vater, der *den Himmel und die Erde und das Meer und alles, was darin ist*, gemacht hat, empfangen; und an den einen Christus Jesus, den Sohn Gottes, der Mensch geworden ist für unser Heil[2]; und an den Heiligen Geist, der durch die Propheten die Heilsveranstaltungen verkündet hat: das Kommen, die Geburt aus der Jungfrau, das Leiden, die Auferstehung von den Toten und die leibliche Himmelfahrt des geliebten Christus Jesus, unseres Herrn, und seine Wiederkunft vom Himmel in der Herrlichkeit des Vaters, um *alles zusammenzufassen* und alles Fleisch der ganzen Mensch-

---

2   Ptolemäus hat die apostolische Tradition von Valentin empfangen. Dieser sei der Schüler von Theudas, dem Sekretär des Apostels Paulus gewesen (Klemens v. Alex., Strom. VII, 106,4. Andere ähnliche Traditionslinien: Klemens Alex., Strom. VII, 108,1; Hippolyt, Ref. V, 7,1; VII, 20,1; Origenes, C. Cels. V, 62). Die Bemerkung „auch wir" zeigt, daß Ptolemäus hier gegen den Begriff der διαδοχή in der Großkirche reagieren muß; vgl. G.G. Blum, Tradition, 115 ff.   28

1   Irenäus spricht von den Valentinianern.   29
2   Die gleiche Aufzählung: Propheten – Herr – Apostel findet sich im Vorwort zum Buch V. Sie unterscheidet sich von derjenigen Hegesipps (vgl. Text Nr. 27).
3   Die Auffindung der Bibliothek von Nag Hammadi hat bewiesen, daß die Valentinianer auch eine schriftliche Tradition besaßen, wie z.B. das Evangelium der Wahrheit, von dem Irenäus übrigens spricht (Adv.haer. III, 11,9). Zum Begriff von Offenbarung und ihrer Tradition bei den Gnostikern, siehe G.G. Blum, Tradition, 98 ff.

1   Siehe auch Adv.haer. V, 20,1.   30
2   Das sind Eigentümlichkeiten des morgenländischen Glaubensbekenntnisses, die später zum nizäno-konstantinopolitanischen Symbol hinführen.

τὰ πάντα», καὶ ἀναστῆσαι πᾶσαν σάρκα πάσης ἀνθρωπότητος, ἵνα
Χριστῷ Ἰησοῦ τῷ κυρίῳ ἡμῶν καὶ θεῷ καὶ σωτῆρι καὶ βασιλεῖ κατὰ τὴν
εὐδοκίαν τοῦ πατρὸς τοῦ ἀοράτου «πᾶν γόνυ κάμψῃ ἐπουρανίων καὶ
15 ἐπιγείων καὶ καταχθονίων καὶ πᾶσα γλῶσσα ἐξομολογήσηται» αὐτῷ
καὶ κρίσιν δικαίαν ἐν τοῖς πᾶσι ποιήσηται, «τὰ» μὲν «πνευματικὰ τῆς
πονηρίας» καὶ ἀγγέλους τοὺς παραβεβηκότας καὶ ἐν ἀποστασίᾳ
γεγονότας καὶ τοὺς ἀσεβεῖς καὶ ἀδίκους καὶ ἀνόμους καὶ βλασφήμους
τῶν ἀνθρώπων εἰς τὸ αἰώνιον πῦρ πέμψῃ · τοῖς δὲ δικαίοις καὶ ὁσίοις καὶ
20 τὰς ἐντολὰς αὐτοῦ τετηρηκόσι καὶ ἐν τῇ ἀγάπῃ αὐτοῦ διαμεμενηκόσι
τοῖς ‹μὲν› ἀπ' ἀρχῆς, τοῖς δὲ ἐκ μετανοίας ζωὴν χαρισάμενος ἀφθαρσίαν
δωρήσηται καὶ δόξαν αἰωνίαν περιποίησῃ. 2. Τοῦτο τὸ κήρυγμα
παρειληφυῖα καὶ ταύτην τὴν πίστιν, ὡς προέφαμεν, ἡ ἐκκλησία, καίπερ
ἐν ὅλῳ τῷ κόσμῳ διεσπαρμένη, ἐπιμελῶς φυλάσσει ὡς ἕνα οἶκον
25 οἰκοῦσα, καὶ ὁμοίως πιστεύει τούτοις ὡς μίαν ψυχὴν καὶ τὴν αὐτὴν
ἔχουσα καρδίαν, καὶ συμφώνως ταῦτα κηρύσσει καὶ διδάσκει καὶ
παραδίδωσιν, ὡς ἓν στόμα κεκτημένη. Καὶ γὰρ ‹εἰ› αἱ κατὰ τὸν κόσμον
διάλεκτοι ἀνόμοιαι, ἀλλ' ἡ δύναμις τῆς παραδόσεως μία καὶ ἡ αὐτή. Καὶ
οὔτε αἱ ἐν Γερμανίαις ἱδρυμέναι ἐκκλησίαι ἄλλως πεπιστεύκασιν ἢ
30 ἄλλως παραδιδόασιν οὔτε ἐν ταῖς Ἰβηρίαις οὔτε ἐν Κελτοῖς οὔτε κατὰ
τὰς ἀνατολὰς οὔτε ἐν Αἰγύπτῳ οὔτε ἐν Λιβύῃ οὔτε αἱ κατὰ μέσα τοῦ
κόσμου ἱδρυμέναι · ἀλλ' ὥσπερ ὁ ἥλιος, τὸ κτίσμα τοῦ θεοῦ, ἐν ὅλῳ τῷ
κόσμῳ εἷς καὶ ὁ αὐτός, οὕτω καὶ τὸ φῶς, τὸ κήρυγμα τῆς ἀληθείας,
πανταχῇ φαίνει καὶ φωτίζει πάντας ἀνθρώπους τοὺς βουλομένους εἰς
35 ἐπίγνωσιν ἀληθείας ἐλθεῖν. Καὶ οὔτε ὁ πάνυ δυνατὸς ἐν λόγῳ τῶν ἐν
ταῖς ἐκκλησίαις προεστώτων ἕτερα τούτων ἐρεῖ (οὐδεὶς γὰρ ὑπὲρ τὸν
διδάσκαλον) οὔτε ὁ ἀσθενὴς ἐν τῷ λόγῳ ἐλαττώσει τὴν παράδοσιν · μιᾶς
γὰρ καὶ τῆς αὐτῆς πίστεως οὔσης, οὔτε ὁ ‹τὸ› πολὺ περὶ αὐτῆς δυνάμενος
εἰπεῖν ἐπλεόνασεν οὔτε ὁ τὸ ὀλίγον ἠλαττόνησεν. 3. Τὸ δὲ πλεῖον ἢ
40 ἔλαττον κατὰ σύνεσιν εἰδέναι τινὰς οὐκ ἐν τῷ τὴν ὑπόθεσιν αὐτὴν
ἀλλάσσειν γίνεται καὶ ἄλλον θεὸν παρεπινοεῖν παρὰ τὸν δημιουργὸν
καὶ ποιητὴν καὶ τροφέα τοῦδε τοῦ παντός, ὡς μὴ ἀρκουμένους τούτῳ,

---

11 sq. Eph. 1,10
14 sq. Phil. 2,10 sq.
16 sq. Eph. 6,12
25 sq. cf. Act. 4,32
36 sq. cf. Matth. 10,24

30   27 ‹εἰ› *Rousseau-Doutreleau*
38 ‹τὸ› *Rousseau-Doutreleau*

heit auferstehen zu lassen, damit vor Christus Jesus, unserem
Herrn und Gott und Heiland und König, nach dem Wohlgefallen
des unsichtbaren Vaters, *jegliches Knie sich beuge derer im Him-*
mel, auf der Erde und unter der Erde, und jegliche Zunge ihn be-
kenne, und er ein gerechtes Gericht halte über alle: *die Geister*
der Bosheit und die ungehorsamen und abtrünnig gewordenen
Engel, und die Gottlosen, Ungerechten, Übeltäter und Gottes-
lästerer unter den Menschen in das ewige Feuer schicke, den Gerechten aber und Frommen und denen, die seine Gebote gehalten haben und in seiner Liebe geblieben sind, teils von Anfang an,
teils seit ihrer Bekehrung, das Leben gewähre, Unsterblichkeit
schenke und ewige Herrlichkeit verleihe.[3] 2. Diese Botschaft, die
sie empfangen hat, und diesen Glauben, wie gesagt, bewahrt die
Kirche, obschon in der ganzen Welt zerstreut, sorgfältig, wie wenn
sie in e i n e m Hause wohnte; und ebenso glaubt sie daran, wie
wenn sie e i n Herz und e i n e Seele hätte; und einstimmig
verkündet und lehrt und überliefert[4] sie dieses, wie wenn sie e i -
n e n Mund hätte. Denn wenn auch die Sprachen in der Welt verschieden sind, so ist doch die Kraftausstrahlung der Tradition eine und dieselbe. Weder die in Germanien gegründeten Kirchen haben einen andern Glauben oder eine andere Tradition, noch die
in Spanien oder Gallien, noch die im Orient oder in Ägypten
oder in Libyen, noch die in der Mitte der Welt[5] gegründeten, sondern wie die Sonne, das Werk Gottes, in der ganzen Welt eine und
dieselbe ist, so scheint auch das Licht, die Botschaft der Wahrheit,
überall und erleuchtet alle Menschen, die zur Erkenntnis der Wahrheit kommen wollen. Und weder wird der im Reden sehr Ge-
wandte unter den Vorstehern in den Kirchen anderes sagen als dieses − denn keiner ist über den Meister −, noch wird der in der Rede Ungeübte die Tradition verringern. Denn da der Glaube einer
und derselbe ist, so vermehrt ihn weder, wer viel, noch verringert
ihn, wer wenig darüber sprechen kann.[6] 3. Die Tatsache, daß einige dem Verständnisse nach mehr oder weniger wissen, bedeutet
nicht, daß sie die Fundamente selbst ändern und neben dem Werk-
meister und Schöpfer und Erhalter dieses Alls noch einen andern

---

3   Zu diesem Credo siehe H. Lietzmann, Kleine Schriften III, 1962, 218 ff.; J.N.D.
    Kelly, Altchristliche Glaubensbekenntnisse, 1972, 80 ff.
4   Die Dreiheit: Verkündigung − Lehre − Tradition ist charakteristisch. Zur Verkün-
    digung und zur Lehre wird jetzt die Tradition hinzugefügt, die hauptsächlich durch
    die Bischöfe vermittelt ist. Vgl. Adv.haer. IV, 26,2 (= Text Nr. 35).
5   In Palästina.
6   Vgl. schon Did. 4,13 (= Text Nr. 12).

ἢ ἄλλον Χριστὸν ἢ ἄλλον Μονογενῆ, ἀλλὰ ἐν τῷ τὰ ὅσα ἐν παραβολαῖς
εἴρηται προσεπεξεργάζεσθαι καὶ συνοικειοῦν τῇ τῆς ἀληθείας
45 ὑποθέσει, καὶ ἐν τῷ τήν τε πραγματείαν καὶ τὴν οἰκονομίαν τοῦ θεοῦ τὴν
ἐπὶ τῇ ἀνθρωπότητι γενομένην, ἐκδιηγεῖσθαι · καὶ ὅτι ἐμακροθύμησεν
ὁ θεὸς ἐπί τε τῇ τῶν παραβεβηκότων ἀγγέλων ἀποστασίᾳ καὶ ἐπὶ τῇ
παρακοῇ τῶν ἀνθρώπων σαφηνίζειν · καὶ διὰ τί τὰ μὲν πρόσκαιρα τὰ
δὲ αἰώνια καὶ τὰ μὲν οὐράνια τὰ δὲ ἐπίγεια εἰς καὶ ὁ αὐτὸς θεὸς
50 πεποίηκεν ἀπαγγέλλειν · καὶ διὰ τί ἀόρατος ὢν ἐφάνη τοῖς προφήταις
ὁ θεὸς οὐκ ἐν μιᾷ ἰδέᾳ, ἀλλὰ ἄλλως ἄλλοις, συνιεῖν . . .

31   *ibidem* I, 22, 1
ed. A. Rousseau – L. Doutreleau (= nr. 29), pp. 308 sqq.

Cum teneamus autem nos regulam ueritatis, id est quia sit unus Deus
omnipotens qui omnia condidit per uerbum suum et aptauit et fecit ex
eo quod non erat ad hoc ut sint omnia . . . hanc ergo tenentes regulam,
licet ualde uaria et multa dicant, facile eos deuiasse a ueritate argui-
5 mus . . .

32   *ibidem* II,22,5
ed. W.W. Harvey, Cambridge 1857, t.I, p.33

. . . καὶ πάντες οἱ πρεσβύτεροι μαρτυροῦσιν, οἱ κατὰ τὴν Ἀσίαν
Ἰωάννῃ τῷ τοῦ κυρίου μαθητῇ συμβεβληκότες, παραδεδωκέναι ταῦτα
τὸν Ἰωάννην. Παρέμεινε γὰρ αὐτοῖς μέχρι τῶν Τραϊανοῦ χρόνων. Qui-

---

30   44 ἀληθείας *Rousseau-Doutreleau (cf. uers. lat.):* πίστεως *codd.*

32   2 ταῦτα *om. Eusebius*

Gott, als begnügten sie sich nicht mit diesem, oder einen anderen Christus, oder einen andern Eingeborenen hinzu ersinnen, sondern (es bedeutet), daß sie, soviel in Gleichnissen gesagt ist, noch weiter verarbeiten und dem Fundament des Glaubens anpassen, und daß sie die Tätigkeit und Heilsveranstaltung Gottes für die Menschheit erklären, und erläutern, daß Gott langmütig war beim Abfall der abtrünnigen Engel und beim Ungehorsam der Menschen, und angeben, warum ein und derselbe Gott die einen Dinge zeitlich, die andern ewig, die einen himmlisch, die andern irdisch gemacht hat, und verstehen, warum Gott, der Unsichtbare, den Propheten erschien, nicht in einer einzigen Gestalt, sondern den einen so, den andern anders...[7]

Ebenda I, 22, 1   31

Wir[1] aber halten die Regel der Wahrheit[2] fest, nämlich: daß ein allmächtiger Gott ist, der alles durch sein Wort geschaffen, geordnet und aus dem Nichtsein in das Sein gerufen hat...indem wir also diese Regel festhalten, werden wir, obwohl sie (sc. die Valentinianer) sehr Verschiedenes und vielerlei sagen, leicht dartun, daß sie von der Wahrheit abgewichen sind...

Ebenda II, 22, 5   32

...Alle Presbyter[1], die in Asien mit Johannes, dem Jünger des Herrn, zusammengekommen sind, bezeugen, daß Johannes dieses[2] überliefert habe. Dieser lebte aber mit ihnen bis in die Zeiten des Trajan.[3] Einige aber von ihnen haben nicht bloß den Johannes,

---

7   Für Irenäus ist also die systematische Theologie fundamental biblische Theologie.   30
    Die theol. Spekulation überschreitet nicht die Grenze, die ihr von der Schrift selber gesetzt ist; dadurch unterscheidet sie sich gerade von den Gnostikern (vgl. Adv. haer. II,28,1); siehe W.C. van Unnik, VigChr 31, 1977, 196-228. Es ist interessant, diesem Zeugnis dasjenige von Origenes im Vorwort zu seinem Werk De principiis (= Text Nr. 61) an die Seite zu setzen!

1   Im Unterschied zu den Valentinianern hält sich Irenäus an die überkommene Tradition.   31

2   Vgl. I,9,4; II,28,1; III,2,1; 11,1; 12,6; 15,1; und G.G. Blum, Tradition, 171 ff.; B. Hägglund, Studia Theol. 12, 1958, 4 ff.

1   Was die Presbyter betrifft, siehe das Zeugnis des Papias (= Text Nr. 20). Sie spielen   32
    im Werk des Irenäus eine wichtige Rolle; vgl. D. van den Eynde, 163 ff.; G.G. Blum, Tradition, 188 ff.

2   Dieser Tradition gemäß hätte Jesus das Alter von 30 Jahren überschritten und alle Lebensalter gekannt.

3   Der griechische Text bei Eusebius, Kirchengeschichte III,23,4. Vgl. Adv.haer. III,3, 4 (= Text Nr. 33).

dam autem eorum non solum Iohannem, sed et alios apostolos uiderunt,
et haec eadem ab ipsis audierunt, et testantur de huiusmodi relatione.
5 Quibus magis oportet credi? Vtrumne his talibus, an Ptolemaeo, qui
apostolos nunquam uidit, uestigium autem apostoli ne in somniis quidem assecutus est?

33 *ibidem* III, praefatio; 1,1; 2,1–2; 3,1–4,1.

ed. A. Rousseau – L. Doutreleau SC 211, 1974, pp. 18–44

. . . ac instantissime resistes eis (scil. haereticis) pro sola uera et uiuifica
fide quam ab apostolis ecclesia percepit et distribuit filiis suis. Etenim
dominus omnium dedit apostolis suis potestatem euangelii per quos et
ueritatem, hoc est dei filii doctrinam, cognouimus. Quibus et dixit domi-
5 nus: *Qui uos audit, me audit; et qui uos contemnit, me contemnit et eum
qui me misit.*
1,1. Non enim per alios dispositionem salutis nostrae cognouimus,
quam per eos per quos euangelium peruenit ad nos: quod quidem tunc
praeconauerunt, postea uero per dei uoluntatem in scripturis nobis tra-
10 diderunt, fundamentum et columnam fidei nostrae futurum. Nec enim
fas est dicere quoniam ante praedicauerunt quam perfectam haberent
agnitionem, sicut quidam audent dicere, gloriantes se emendatores esse
apostolorum. Postea enim quam surrexit dominus noster a mortuis, et
induti sunt superueniente spiritu sancto uirtutem ex alto, de omnibus
15 adimpleti sunt et habuerunt perfectam agnitionem; exierunt in fines ter-
rae, ea quae a deo nobis bona sunt euangelizantes, et caelestem pacem
hominibus adnuntiantes, qui quidem et omnes pariter et singuli eorum
habentes euangelium dei . . .
2,1. Cum enim ex scripturis arguuntur (scil. haeretici), in accusatio-
20 nem conuertuntur ipsarum scripturarum, quasi non recte habeant neque

---

33   3 cf. Matth.28,19sq.
5sq. Luc. 10,16
10 cf. I Tim. 3,15

33   2 percepit: accepit *uar.*
14 superueniente spiritu sancto: superuenientis spiritus sancti *uar.*

sondern auch andere Apostel gesehen und das nämliche von ihnen gehört und geben Zeugnis von diesem Bericht. Welchen muß man mehr glauben? Solchen Zeugen oder Ptolemäus[4], der die Apostel niemals gesehen hat und nicht einmal im Traum der Spur eines Apostels gefolgt ist?

Ebenda III, Vorwort; 1, 1; 2, 1-2; 3, 1-4, 1   33

...und du wirst nachdrücklichst gegen sie (sc. die Häretiker) auftreten für den allein wahren und lebendigmachenden Glauben, den die Kirche von den Aposteln empfing und überliefert[1] ihren Kindern.[2] Denn der Herr aller gab seinen Aposteln die Vollmacht (der Predigt) des Evangeliums; durch sie haben wir auch die Wahrheit, das heißt die Lehre des Sohnes Gottes, kennengelernt; zu ihnen hat der Herr auch gesagt: *Wer euch hört, hört mich; und wer euch verachtet, verachtet mich und den, der mich gesandt hat.*

1,1. Denn nicht durch andere haben wir die Anordnung unseres Heils kennengelernt als durch die, durch welche das Evangelium zu uns gelangte, welches sie damals predigten, hernach aber nach Gottes Willen in Schriften uns überlieferten, als künftige Grundlage und Säule unseres Glaubens. Denn man darf nicht sagen, daß sie gepredigt haben, bevor sie eine vollkommene Erkenntnis hatten, wie einige zu sagen wagen, die sich rühmen, Verbesserer der Apostel zu sein. Denn nachdem unser Herr von den Toten auferstanden war und sie (sc. die Apostel) durch das Kommen des Heiligen Geistes mit Kraft von oben ausgerüstet wurden, da wurden sie mit Gewißheit über alles erfüllt[3] und erhielten vollkommene Erkenntnis; dann gingen sie aus bis an die Grenzen der Erde, die Guttaten, die uns von Gott kommen, predigend und den himmlischen Frieden den Menschen verkündend; und zwar waren alle zumal und jeder einzelne von ihnen im Besitze des Evangeliums Gottes...[4]

2,1. Wenn sie (sc. die Häretiker) nämlich aus den Schriften überführt werden, so erheben sie Anklage gegen die Schriften

---

4   Vgl. Text Nr. 28.   32

1   distribuit gibt wahrscheinlich ein διαδίδωσι im Griechischen wieder; vgl. A. Rousseau, SC 210, 1974, 212.   33

2   Vgl. Adv.haer. V, Vorwort.

3   Für die Übersetzung von de omnibus adimpleti sunt, das wahrscheinlich dem griechischen περὶ πάντων πληροφορηθέντες entspricht, siehe A. Rousseau, SC 210, 1974, 213 ff., wo auf die Verwandtschaft zwischen diesem Text und 1.Klem. 42,3 (= Text Nr. 15) aufmerksam gemacht wird.

4   Irenäus spricht hernach von der Entstehung der vier kanonischen Evangelien.

sint ex auctoritate, et quia uarie sint dictae, et quia non possit ex his inue-
niri ueritas ab his qui nesciant traditionem. Non enim per litteras traditam illam sed per uiuam uocem: ob quam causam et Paulum dixisse:
Sapientiam autem loquimur inter perfectos: sapientiam autem non
25 *mundi huius.* Et hanc sapientiam unusquisque eorum esse dicit quam a
semetipso adinuenerit, fictionem uidelicet ut digne secundum eos sit
ueritas aliquando quidem in Valentino, aliquando autem in Marcione,
aliquando in Cerintho, postea deinde in Basilide fuit aut et in illo qui
contra disputat, qui nihil salutare loqui potuit. Unusquisque enim ipso-
30 rum omnimodo peruersus semetipsum regulam ueritatis deprauans
praedicare non confunditur. 2. Cum autem iterum ad eam traditionem, quae est ab apostolis, quae per successiones presbyterorum in
ecclesiis custoditur, prouocamus eos, aduersantur traditioni, dicentes se
non solum presbyteris sed etiam apostolis exsistentes sapientiores since-
35 ram inuenisse ueritatem: apostolos enim admiscuisse ea quae sunt lega-
lia saluatoris uerbis: et non solum apostolos, sed etiam ipsum dominum,
modo quidem a demiurgo, modo autem a medietate, interdum autem a
summitate fecisse sermones; et se uero indubitate, et intaminate, et sin-
cere absconditum scire mysterium: quod quidem est impudentissime
40 blasphemare suum factorem. Euenit itaque, neque scripturis iam, neque
traditioni consentire eos.

---

24 sq. I Cor. 2,6

28 fuit *fort. delendum (Rousseau-Doutreleau)*
28 illo: *fort. legendum* alio *(Rousseau-Doutreleau)*

selbst, als seien sie nicht richtig[5] und nicht maßgebend, teils weil
sie Verschiedenheiten in der Formulierung böten[6], teils weil man
aus ihnen die Wahrheit nicht finden könne, wenn man die Tradition nicht kenne. Denn diese sei nicht schriftlich überliefert worden, sondern mündlich, weshalb auch Paulus gesagt habe: *Weisheit
aber reden wir unter den Vollkommenen, doch nicht Weisheit dieser Welt.* Und als diese Weisheit erklärt ein jeder von ihnen die von
ihm selbst gefundene − eine bloße Erdichtung, versteht sich −, so
daß, wie billig nach ihnen, die Wahrheit sich bald bei Valentin,
bald bei Marcion, bald bei Kerinth[7] finden kann; hernach bei Basilides[8] oder auch bei irgendeinem andern Disputanten, der nichts
Heilsames zu sagen vermochte. Denn ein jeder von ihnen ist so
gänzlich verkehrt, daß er sich nicht schämt, unter Verdrehung
der Regel der Wahrheit[9] sich selbst zu predigen. 2. Wenn wir sie
aber wiederum auf die Tradition, die von den Aposteln kommt
und die durch die Sukzession der Presbyter in den Kirchen bewahrt wird, verweisen, dann widersetzen sie sich der Tradition[10],
indem sie sagen, sie, weiser nicht bloß als die Presbyter, sondern
auch als die Apostel, hätten die reine Wahrheit gefunden. Die
Apostel nämlich hätten den Worten des Heilands Gesetzesvor-
schriften beigemischt[11]; und nicht nur die Apostel, sondern auch
der Heiland selbst habe bald vom Demiurgen her, bald von der
Mitte, bisweilen vom Pleroma her[12] seine Aussprüche getan; sie
aber wüßten unzweifelhaft und unverfälscht und lauter das verborgene Geheimnis, was doch aufs unverschämteste seinen Schöpfer
lästern heißt. Es trifft sich also, daß sie weder mit den Schriften,
noch mit der Tradition übereinstimmen.[13]

---

5 Das ist eine Anspielung auf Marcion, der das Lukasevangelium und die 10 Paulus-
   briefe, die in seinem Kanon standen, von den darin enthaltenen judenchristlichen
   Elementen gereinigt hat; vgl. Adv.haer. I,27,2-3; III,2,2; 11,9; 12,6. 12; 13,1; 14,4.
   Zur marcionitischen Vorstellung von der apostolischen Tradition siehe G.G. Blum,
   Tradition, 144 ff.
6 Vgl. H. Merkel, Widersprüche zwischen den Evangelien (Traditio Christiana 3),
   1972, 42 f.
7 Zur Häresie des Kerinth vgl. Adv.haer. III,11,1, und A. Hilgenfeld, Die Ketzerge-
   schichte des Urchristentums (1884), 1963, 411 ff.
8 Vgl. G.G. Blum, Tradition, 120 ff., und H.-D. Hauschild, ZNW 68, 1977, 67-92.
9 Vgl. A. Rousseau, SC 210, 1974, 220 f., und die von uns zitierten Parallelen (= Texte Nr. 31 und 39).
10 Zur Bedeutung von παράδοσις und παραδιδόναι bei Irenäus siehe B. Reynders,
   RThAM 5, 1933, 173-187.
11 Das war vor allem die Meinung Marcions.
12 Vgl. Adv.haer. I,7,3; IV, 35,1.
13 Zu diesem wichtigen Text siehe A. Benoît, RHPR 40, 1960, 32 ff.

3,1. Traditionem itaque apostolorum in toto mundo manifestatam in
omni ecclesia adest perspicere omnibus qui uera uelint uidere, et habemus adnumerare eos qui ab apostolis instituti sunt episcopi in ecclesiis
45 et successores eorum usque ad nos, qui nihil tale docuerunt neque
cognouerunt quale ab his deliratur. Etenim, si recondita mysteria scis-
sent apostoli, quae seorsum et latenter ab reliquis perfectos docebant, his
uel maxime traderent ea quibus etiam ipsas ecclesias committebant.
Valde enim perfectos et irreprehensibiles in omnibus eos uolebant esse
50 quos et successores relinquebant, suum ipsorum locum magisterii tra-
dentes: quibus emendate agentibus fieret magna utilitas, lapsis autem
summa calamitas.   2. Sed quoniam ualde longum est in hoc tali uolu-
mine omnium ecclesiarum enumerare successiones, maximae et anti-
quissimae et omnibus cognitae, a gloriosissimis duobus apostolis Petro
55 et Paulo Romae fundatae et constitutae ecclesiae, eam quam habet ab
apostolis traditionem et adnuntiatam hominibus fidem per successiones
episcoporum peruenientem usque ad nos indicantes, confundimus
omnes eos qui quoquo modo, uel per sibiplacentiam uel uanam gloriam
uel per caecitatem et sententiam malam, praeterquam oportet colligunt:
60 ad hanc enim ecclesiam propter potentiorem principalitatem necesse est
omnem conuenire ecclesiam, hoc est eos qui sunt undique fideles, in qua
semper ab his qui sunt undique conseruata est ea quae est ab apostolis
traditio.

49 cf. I Tim. 3,2
56 cf. Rom. 1,8

43 perspicere: respicere *uar.*
45 successores: successiones *uar.*
54 sq. Petro et Paulo: Paulo et Petro *uar.*
55 habet: habebat *uar.*
60 *potentiorem: pontiorem uar.*(n *expunct.*)
61 eos *om. unus e codd.*

3,1. Die Tradition der Apostel, in der ganzen Welt offenbar, ist folglich in jeder Kirche ersichtlich für alle, die die Wahrheit sehen wollen[14], und wir können die von den Aposteln als Bischöfe in den Kirchen Eingesetzten und deren Nachfolger bis auf uns aufzählen; sie haben nichts gelehrt und gewußt, was dem gleicht, was von diesen gefaselt wird. Und in der Tat, wenn die Apostel verborgene Geheimnisse gewußt hätten, die sie eigens und vor den Übrigen verborgen den Vollkommenen lehrten, so hätten sie diese gewiß zuallererst denen übergeben, welchen sie auch die Kirchen selbst anvertrauten. Denn überaus vollkommen und tadellos in allem wollten sie, daß diejenigen seien, die sie auch als Nachfolger hinterließen und denen sie ihr eigenes Lehramt übergaben: aus deren guter Amtsführung würde ein großer Nutzen entstehen, aus deren Fall aber das größte Unheil. 2. Aber weil es viel zu lang wäre, in einem solchen Werke wie diesem von allen Kirchen die Sukzessionen aufzuzählen, so erwähnen wir nur von der größten, ältesten und allbekannten, von den beiden überaus ruhmreichen[15] Aposteln Petrus und Paulus in Rom gegründeten[16] und aufgerichteten Kirche die von den Aposteln stammende Tradition, die sie hat, und den (von ihr) den Menschen verkündeten Glauben, der durch die Sukzessionen der Bischöfe bis auf uns gelangt ist, und beschämen so alle, welche auf irgendeine Weise, sei es aus Selbstgefälligkeit oder aus eitler Ruhmsucht oder aus Verblendung und Mißverstand sich illegitim versammeln. Denn mit dieser Kirche muß wegen der größeren Besonderheit ihres Ursprungs notwendig jede Kirche übereinstimmen — das heißt die Gläubigen von überall —, in welcher immer die von den Aposteln überkommene Überlieferung

---

14 J.N. Bakhuizen van den Brink, Traditio, 75: „In diesen Worten tritt die Überlegenheit der *traditio*, die sie ihrem Offenbarungs- und Wahrheitscharakter verdankt, ganz deutlich hervor".

15 Dieses Adjektiv scheint eine Anspielung auf die Martyrien von Petrus und Paulus zu sein; vgl. E. Lanne, Irénikon 49, 1976, 275-322.

16 Die „Gründung" der Kirche Roms durch die Apostel Petrus und Paulus (vgl. III,1, 1; 3,3) ist nicht in einem chronologischen Sinn zu verstehen, sondern in einem theologischen: durch ihre mündliche Predigt und durch ihre Schriften (vgl. Römerbrief, 1. Petrusbrief) haben sie aus dieser Kirche eine apostolische Gründung gemacht; vgl. W. Rordorf, in: Unterwegs zur Einheit. Festschrift für Heinrich Stirnimann, 1980, 609-616.

3. Θεμελιώσαντες οὖν καὶ οἰκοδομήσαντες οἱ μακάριοι ἀπόστολοι τὴν
65 ἐκκλησίαν, Λίνῳ τὴν τῆς ἐπισκοπῆς λειτουργίαν ἐνεχείρισαν. Τούτου
τοῦ Λίνου Παῦλος ἐν ταῖς πρὸς Τιμόθεον ἐπιστολαῖς μέμνηται.
Διαδέχεται δὲ αὐτὸν Ἀνέγκλητος · μετὰ τοῦτον δὲ τρίτῳ τόπῳ ἀπὸ τῶν
ἀποστόλων τὴν ἐπισκοπὴν κληροῦται Κλήμης, ὁ καὶ ἑωρακὼς τοὺς
μακαρίους ἀποστόλους, καὶ συμβεβληκὼς αὐτοῖς, καὶ ἔτι ἔναυλον τὸ
70 κήρυγμα τῶν ἀποστόλων καὶ τὴν παράδοσιν πρὸ ὀφθαλμῶν ἔχων, οὐ
μόνος · ἔτι γὰρ πολλοὶ ὑπελείποντο τότε ὑπὸ τῶν ἀποστόλων
δεδιδαγμένοι. Ἐπὶ τούτου οὖν τοῦ Κλήμεντος στάσεως οὐκ ὀλίγης τοῖς
ἐν Κορίνθῳ γενομένης ἀδελφοῖς, ἐπέστειλεν ἡ ἐν Ῥώμῃ ἐκκλησία
ἱκανωτάτην γραφὴν τοῖς Κορινθίοις, εἰς εἰρήνην συμβιβάζουσα αὐτούς,
75 καὶ ἀνανεοῦσα τὴν πίστιν αὐτῶν, καὶ ἣν νεωστὶ ἀπὸ τῶν ἀποστόλων
παράδοσιν εἰλήφει καταγγέλλουσα...Τὸν δὲ Κλήμεντα τοῦτον
διαδέχεται Εὐάρεστος · καὶ τὸν Εὐάρεστον Ἀλέξανδρος, εἶθ' οὕτως
ἕκτος ἀπὸ τῶν ἀποστόλων καθίσταται Ξύστος, μετὰ δὲ τοῦτον
Τελεσφόρος, ὃς καὶ ἐνδόξως ἐμαρτύρησεν · ἔπειτα Ὑγῖνος, εἶτα Πίος ·
80 μεθ' ὃν Ἀνίκητος · διαδεξαμένου τὸν Ἀνίκητον Σωτῆρος, νῦν δωδεκάτῳ
τόπῳ τὸν τῆς ἐπισκοπῆς ἀπὸ τῶν ἀποστόλων κατέχει κλῆρον
Ἐλεύθερος. Τῇ αὐτῇ τάξει καὶ τῇ αὐτῇ διαδοχῇ ἥ τε ἀπὸ τῶν ἀποστόλων
ἐν τῇ ἐκκλησίᾳ παράδοσις καὶ τὸ τῆς ἀληθείας κήρυγμα κατήντηκεν
εἰς ἡμᾶς.... 4. Καὶ Πολύκαρπος δὲ οὐ μόνον ὑπὸ ἀποστόλων
85 μαθητευθεὶς καὶ συναναστραφεὶς πολλοῖς τοῖς τὸν κύριον ἑωρακόσιν,
ἀλλὰ καὶ ὑπὸ ἀποστόλων κατασταθεὶς εἰς τὴν Ἀσίαν ἐν τῇ ἐν Σμύρνῃ
ἐκκλησίᾳ ἐπίσκοπος, ὃν καὶ ἡμεῖς ἑωράκαμεν ἐν τῇ πρώτῃ ἡμῶν
ἡλικίᾳ, - ἐπὶ πολὺ γὰρ παρέμεινε καὶ πανὺ γηραλέος ἐνδόξως καὶ
ἐπιφανέστατα μαρτυρήσας ἐξῆλθεν τοῦ βίου -, ταῦτα διδάξας ἀεὶ ἃ καὶ

---

65 cf. II Tim. 4,21

76 καταγγέλλουσα *Rousseau-Doutreleau (alii aliter)*: om. *Eusebius*, adnuntians *uers. lat.*
82 διαδοχῇ *Rousseau-Doutreleau*: διδαχῇ *Eusebius*, successione *uers. lat.*

von diesen Leuten von überall bewahrt worden ist.[17] 3[18]. Nachdem also die seligen Apostel die Kirche gegründet[16] und auferbaut hatten, gaben sie die Verwaltung des Bischofsamtes Linus in die Hand. Dieses Linus gedenkt Paulus in den Briefen an Timotheus. Sein Nachfolger aber ist Anacletus. Nach diesem erhält an dritter Stelle nach den Aposteln Klemens[19] das Bischofsamt, der die seligen Apostel selbst noch gesehen und mit ihnen verkehrt hatte und die Predigt der Apostel noch in den Ohren und ihre Tradition vor Augen hatte[20], (und zwar) nicht er allein; denn es waren damals viele von den Aposteln Unterrichtete noch am Leben. Als unter diesem Klemens nun ein nicht geringer Zwiespalt unter den Brüdern in Korinth ausbrach, sandte die Kirche in Rom ein sehr wichtiges Schreiben an die Korinther, um sie zum Frieden zusammenzuführen, ihren Glauben zu erneuern und die Tradition zu verkünden, die sie jüngst von den Aposteln empfangen hatte...[21] Diesem Klemens aber folgt Evaristus und dem Evaristus Alexander; und sodann als sechster von den Aposteln an wird Xystus eingesetzt; nach ihm Telesphorus, der auch ruhmvoll Blutzeugnis leistete; hernach Hyginus, dann Pius und nach diesem Anicetus. Da Anicetus Soter nachfolgte, so hat jetzt an zwölfter Stelle das Bischofsamt seit den Aposteln Eleutherus inne.[22] In dieser Ordnung und Abfolge ist die Tradition, die von den Aposteln an in der Kirche ist, und die Botschaft der Wahrheit auf uns gekommen...[23] 4.[24] Auch Polykarp, der nicht bloß von den Aposteln unterrichtet war und mit vielen, die Christus gesehen hatten, verkehrte, sondern auch von den Aposteln in der Kirche zu Smyrna, als Bischof für Asien, eingesetzt wurde, den auch wir in unserer frühesten Jugend gesehen haben — denn er lebte lange und schied hochbejahrt als ruhmreicher und glänzender Blutzeuge

---

17 A. Rousseau, SC 211, 1974, 33, übersetzt: „au bénéfice de ces gens de partout", indem er in den Worten ab his, qui sunt undique eine falsche Wiedergabe eines Datif des Interesses im griechischen Text, der als Datif auctoris mißdeutet wurde, vermutet; vgl. aber L. Abramowski, JTS 28, 1977, 101-104. Zur Diskussion dieser berühmten Stelle siehe A. Rousseau, SC 210, 1974, 223 ff.; G.G. Blum, Tradition, 208 ff.,; E. Lanne, art.cit.; N. Brox, AHC 7, 1975, 42-78; ders. Kairos 18, 1976, 81-99.
18 Der griechische Text aus der Kirchengeschichte des Eusebius V,6,1-2.
19 Nach Tertullian wäre Klemens der erste Bischof nach den Aposteln gewesen; vgl. De praescr. 32,2 (= Text Nr. 42).
20 Vgl. W.C. van Unnik, VigChr 30, 1976, 209-213.
21 Vgl. Texte Nr. 14-16.
22 Vgl. Text Nr. 20.
23 Vgl. Adv.haer. II,35,4.
24 Der griechische Text aus der Kirchengeschichte des Eusebius IV,14,3-8.

90 παρὰ τῶν ἀποστόλων ἔμαθεν, ἃ καὶ ἡ ἐκκλησία παραδίδωσιν, ἃ καὶ
μόνα ἐστὶν ἀληθῆ. Μαρτυροῦσι τούτοις αἱ κατὰ τὴν Ἀσίαν ἐκκλησίαι
πᾶσαι καὶ οἱ μέχρι νῦν διαδεδεγμένοι τὸν Πολύκαρπον, πολλῷ
ἀξιοπιστότερον καὶ βεβαιότερον ἀληθείας μάρτυρα ὄντα Οὐαλεντίνου
καὶ Μαρκίωνος καὶ τῶν λοιπῶν κακογνωμόνων. Ὃς καὶ ἐπὶ Ἀνικήτου
95 ἐπιδημήσας τῇ Ῥώμῃ, πολλοὺς ἀπὸ τῶν προειρημένων αἱρετικῶν
ἐπέστρεψεν εἰς τὴν ἐκκλησίαν τοῦ θεοῦ, μίαν καὶ μόνην ταύτην
ἀλήθειαν κηρύξας ὑπὸ τῶν ἀποστόλων παρειληφέναι τὴν ὑπὸ τῆς
ἐκκλησίας παραδεδομένην... Ἔστι δὲ καὶ ἐπιστολὴ Πολυκάρπου πρὸς
Φιλιππησίους γεγραμμένη ἱκανωτάτη, ἐξ ἧς καὶ τὸν χαρακτῆρα τῆς
100 πίστεως αὐτοῦ καὶ τὸ κήρυγμα τῆς ἀληθείας, οἱ βουλόμενοι καὶ
φροντίζοντες τῆς ἑαυτῶν σωτηρίας δύνανται μαθεῖν. Ἀλλὰ καὶ ἡ ἐν
Ἐφέσῳ ἐκκλησία ὑπὸ Παύλου μὲν τεθεμελιωμένη, Ἰωάννου δὲ
παραμείναντος αὐτοῖς μέχρι τῶν Τραϊανοῦ χρόνων, μάρτυς ἀληθής
ἐστιν τῆς τῶν ἀποστόλων παραδόσεως.
105 4,1. Tantae igitur ostensiones cum sint, non oportet adhuc quaerere
apud alios ueritatem quam facile est ab ecclesia sumere, cum apostoli
quasi in depositorium diues plenissime in eam contulerint omnia quae
sint ueritatis, uti omnis quicumque velit sumat ex ea potum uitae. Haec
est enim uitae introitus; *omnes* autem reliqui *fures sunt et latrones.* Prop-
110 ter quod oportet deuitare quidem illos, quae autem sunt ecclesiae cum
summa diligentia diligere et adprehendere ueritatis traditionem. Quid
enim? Et si de modica aliqua quaestione disceptatio esset, nonne opor-
teret in antiquissimas recurrere ecclesias in quibus apostoli conuersati
sunt et ab eis de praesenti quaestione sumere quod certum et uere liqui-
115 dum est? Quid autem si nec apostoli quidem scripturas reliquissent
nobis, nonne oportebat ordinem sequi traditionis quam tradiderunt his
quibus conmittebant ecclesias?

---

109 cf. Ioh. 10,8

90 ἃ καὶ ἡ ἐκκλησία παραδίδωσιν: quae et ecclesiae tradidit (Polycarpus) *uers. lat.*
97sq. τὴν ὑπὸ τῆς ἐκκλησίας παραδεδομένην: quam et ecclesiae tradidit (Polycarpus)
uers. lat.
114 uere *Rousseau-Doutreleau:* re *codd.*

aus dem Leben —, auch er hat immer dies gelehrt, was er auch von den Aposteln gelernt hat, was auch die Kirche überlieferte[25], was auch allein wahr ist. Zeugnis dafür geben in Asien alle Kirchen und die bisherigen Nachfolger des Polykarp, der ein viel glaubwürdigerer und verläßlicherer Zeuge der Wahrheit ist als Valentin und Marcion und die übrigen Verkehrtgesinnten. Er hat auch unter Anicetus bei einem Besuch in Rom viele von den vorgenannten Häretikern zur Kirche Gottes bekehrt, indem er verkündigte, einzig und allein diese Wahrheit von den Aposteln empfangen zu haben, die von der Kirche überliefert worden sei...[26] Es existiert aber auch ein sehr wichtiger Brief von Polykarp an die Philipper, woraus die Bereitwilligen und auf ihr Heil Bedachten sowohl den Charakter seines Glaubens als auch die Botschaft der Wahrheit ersehen können.[27] Aber[28] auch die Kirche in Ephesus, die Paulus gegründet hat und wo Johannes unter ihnen gelebt hat bis in die Zeiten des Trajan, ist ein wahrhaftiger Zeuge der apostolischen Tradition.

4,1. Wo nun die Nachweise so stark sind, braucht man nicht erst bei andern die Wahrheit zu suchen, die leicht von der Kirche zu erhalten ist, da ja die Apostel wie in ein reiches Magazin ausgiebigst alles zur Wahrheit Gehörige in sie niedergelegt haben, so daß jeder, der es will, aus ihr den Trank des Lebens erhalten kann. Denn sie ist der Eingang zum Leben; *alle* übrigen aber *sind Diebe und Räuber.* Daher muß man jene meiden; was aber der Kirche gehört, soll man mit höchstem Eifer lieben und die Tradition der Wahrheit erfassen. Denn wie? Auch wenn über eine unbedeutende Frage ein Streit entstünde[29], müßte man (dann) nicht auf die ältesten Kirchen rekurrieren, in denen die Apostel gelebt haben, und von ihnen über die betreffende Frage entgegennehmen, was sicher und ganz klar ist? Wie aber, wenn die Apostel uns überhaupt keine Schriften hinterlassen hätten, müßte man nicht der Ordnung der Tradition folgen, die sie denen übergeben haben, welchen sie die Kirchen anvertrauten?[30]

---

25 Hier verdient der griechische Text den Vorzug; vgl. A. Rousseau, SC 210, 1974, 238 f.
26 Vgl. Anm. 25.
27 Vgl. Texte Nr. 18-19.
28 Der griechische Text aus der Kirchengeschichte des Eusebius III,23,4.
29 E. Lanne, art.cit., 306 ff., sieht hier eine Anspielung auf den Osterfeststreit (vgl. Texte Nr. 36-37).
30 Dieser Text wird für die Entwicklung des Traditionsbegriffs wichtig werden; vgl. Vincentius v. Lerinum (= Text Nr. 145).

34   *ibidem* III, 24,1

ed. A. Rousseau – L. Doutreleau (=nr. 33), pp. 470–474

... praedicatione autem ecclesiae undique constante et aequaliter perseuerante et testimonium habente a prophetis et ab apostolis et ab omnibus discipulis, quemadmodum ostendimus, per initia et medietates et finem et per uniuersam dei dispositionem et eam quae secundum salu-
5 tem hominis est solidam operationem quae est in fide nostra, – quam perceptam ab ecclesia custodimus et quae semper a spiritu dei quasi in uaso bono eximium quoddam depositum iuuenescens et iuuenescere faciens ipsum uas in quo est. Hoc enim ecclesiae creditum est dei munus quemadmodum aspiratio plasmationi ad hoc ut omnia membra perci-
10 pientia uiuificentur; et in eo deposita est communicatio Christi, id est spiritus sanctus, arrha incorruptelae et confirmatio fidei nostrae et scala ascensionis ad deum. *In ecclesia* enim, inquit, *posuit deus apostolos, prophetas, doctores* et uniuersam reliquam operationem spiritus, cuius non sunt participes omnes qui non concurrunt ad ecclesiam sed semetipsos
15 fraudant a uita per sententiam malam et operationem pessimam. Vbi enim ecclesia, ibi et spiritus dei; et ubi spiritus dei, illic ecclesia et omnis gratia: spiritus autem ueritas.

35   *ibidem* IV, 26,2

ed. A. Rousseau, SC 100, 1965, p. 718

Quapropter eis qui in ecclesia sunt presbyteris obaudire oportet, his qui successionem habent ab apostolis, sicut ostendimus; qui cum episcopatus successione charisma ueritatis certum secundum placitum

---

34   12 sq. I Cor. 12,28

34   1 sq. praedicatione . . . constante . . . persuerante . . . habente *Rousseau-Doutreleau:* - em . . .-em . . .-em . . .-em *codd.*
     5 solidam: solitam *uar.*
     7 depositum *Rousseau-Doutreleau:* dispositum *codd.*
     9 aspiratio: adinspirationem *uel* ab inspiratione *uar.*
     10 deposita *Rousseau-Doutreleau:* disposita *uel* disposito *codd.*
     10 communicatio: commutatio *uar.*

Ebenda III, 24, 1 34

...Die Verkündigung der Kirche aber steht überall fest, bleibt sich gleich und hat das Zeugnis von den Propheten, Aposteln und allen Jüngern, wie wir nachgewiesen haben, durch Anfang, Mitte und Ende hindurch und durch die gesamte Heilsordnung Gottes[1] und seine für das Heil des Menschen sichere Wirksamkeit, die in unserem Glauben enthalten ist: diese Verkündigung, die wir von der Kirche empfangen haben, hüten wir, sie, die immerfort durch den Geist Gottes, wie in einem guten Gefäß eine kostbare Einlage, sich verjüngt, und auch das Gefäß, worin sie ist, jung erhält.[2] Denn dieses Geschenk Gottes ist der Kirche anvertraut, so wie der Atem dem Geschöpf, damit alle daran teilnehmenden Glieder belebt werden; und in ihm ist die Gemeinschaft Christi enthalten, nämlich der Heilige Geist, das Pfand der Unsterblichkeit, die Bekräftigung unseres Glaubens und die Leiter des Aufstiegs zu Gott. *In der Kirche* nämlich, heißt es, *hat Gott eingesetzt Apostel, Propheten, Lehrer* und die ganze übrige Wirksamkeit des Geistes, an der alle diejenigen, die sich der Kirche nicht anschließen, nicht teilhaben, sondern sich selbst durch ihren Unverstand und ihr abscheuliches Betragen des Lebens berauben. Denn wo die Kirche ist, da ist auch der Geist Gottes; und wo der Geist Gottes ist, da ist die Kirche und alle Gnade: der Geist aber ist die Wahrheit.[3]

Ebenda IV, 26, 2 35

Deswegen muß man den Presbytern in der Kirche gehorchen, welche wie gezeigt, die Sukzession von den Aposteln her[1] haben, welche mit der Sukzession des Bischofsamts nach dem Wohlge-

---

1 Irenäus erläutert das Plato-Zitat (Gesetze IV,715e) durch das ihm wichtige theologische Konzept der Heilsgeschichte.   34

2 Das depositum (nämlich die apostolische Verkündigung; vgl. 1. Tim. 6,20 = Text Nr. 10) verändert sich also nicht, man muß es treu weitergeben; vgl. A. Benoît, art. cit., 39, und Adv.haer. I,10 (= Text Nr. 30). Aber das „Gefäß" (die Kirche) muß sich durch die apostolische Verkündigung verjüngen. Später wird man die Bedingungen einer Lehrentwicklung präzisieren; vgl. Vincentius von Lerinum, Commonitorium (= Text Nr. 147).

3 Vgl. W. Schmidt, Die Kirche bei Irenäus, 1934, 114 ff.; G.G. Blum, Tradition, 219 ff.

1 Vgl. G.G. Blum, Tradition, 196 ff.   35

patris acceperunt: reliquos uero qui absistunt a principali successione,
5 et quocumque loco colligunt, suspectos habere, uel quasi haereticos et
malae sententiae, uel quasi scindentes et elatos et sibi placentes, aut rursus ut hypocritas, quaestus gratia et uanae gloriae hoc operantes. Omnes
autem hi deciderunt a ueritate...

36 IRENAEUS, *Epistula ad Victorem* (ca. 195) (= EUSEBIUS, *Hist. eccl.*
V,24,13)

ed. Ed. Schwartz (= nr. 20), p. 494

Καὶ τοιαύτη μὲν ποικιλία τῶν ἐπιτηρούντων οὐ νῦν ἐφ᾽ ἡμῶν
γεγονυῖα, ἀλλὰ καὶ πολὺ πρότερον ἐπὶ τῶν πρὸ ἡμῶν, τῶν παρὰ τὸ
ἀκριβές, ὡς εἰκός, κρατούντων τὴν καθ᾽ ἁπλότητα καὶ ἰδιωτισμὸν
συνήθειαν εἰς τὸ μετέπειτα πεποιηκότων, καὶ οὐδὲν ἔλαττον πάντες
5 οὗτοι εἰρήνευσάν τε καὶ εἰρηνεύομεν πρὸς ἀλλήλους, καὶ ἡ διαφωνία
τῆς νηστείας τὴν ὁμόνοιαν τῆς πίστεως συνίστησιν.

37 POLYCRATES EPHESENUS, *Epistula ad Victorem* (ca. 195) (= EUSEBIUS,
Hist. eccl. V, 24,2-6)

ed. Ed. Schwartz (= nr. 20), pp. 490–492

2. Ἡμεῖς οὖν ἀραδιούργητον ἄγομεν τὴν ἡμέραν, μήτε προστιθέντες
μήτε ἀφαιρούμενοι. Καὶ γὰρ κατὰ τὴν Ἀσίαν μεγάλα στοιχεῖα

---

35 5 colligunt: colliguntur *uel* se colligunt *uar.*

44

fallen des Vaters die zuverlässige Gnadengabe der Wahrheit[2] empfangen haben; die übrigen aber, welche von der ursprünglichen
Sukzession abweichen und sich an einem beliebigen Ort versammeln, (muß man) für verdächtig halten, entweder als Ketzer und
Leute falscher Lehre, oder als hochmütige und selbstgefällige
Schismatiker, oder endlich als Heuchler, die für Gewinn und eit-
len Ruhm dies tun. Alle diese aber sind von der Wahrheit abge-
fallen...[3]

IRENÄUS, *Brief an Viktor* (= EUSEBIUS, *Kirchengeschichte* V, 24, 13)   36

Eine solche Differenz in der Beobachtung (sc. des Fastens) ist
nicht erst in unserer Zeit entstanden, sondern viel früher bei unseren Vorgängern[1], welche, wie es scheint, ohne genau darauf zu
achten, an der Gewohnheit in ihrer Einfachheit und Besonderheit
festhielten und sie auf die Folgezeit vererbten. Nichtsdestoweni-
ger haben diese alle im Frieden gelebt und halten auch wir Frieden untereinander[2]; die Verschiedenheit des Fastens erweist die
Einheit des Glaubens.[3]

POLYKRATES VON EPHESUS, *Brief an Viktor* (= EUSEBIUS, *Kirchengeschichte* V, 24, 2-6)   37

2. Wir begehen den Tag (sc. von Ostern) gewissenhaft, wir tun
nichts dazu und nichts davon.[1] Denn auch in Asien ruhen große

---

2   Vgl. W. Schmidt, op.cit. 70 ff.; N. Brox, ZKG 75, 1964, 327-331; G.G. Blum, Tra-   35
    dition, 204 ff.; K. Stalder, IKZ 62, 1972, 239 ff.; J.D. Quinn, ThSt 39, 1978, 520-
    525. Es kann sich nur um das anvertraute Gut der apostolischen Predigt handeln,
    und nicht etwa um ein spezielles Amtscharisma, das die Bischöfe bei ihrer Ordina-
    tion erhalten hätten und das sie befähigen würde, der apostolischen Predigt etwas
    beizufügen.
3   Vgl. Adv.haer. III,3,2 (= Text Nr. 33). Die gleiche Ansicht in Adv.haer. V,20,1:
    man soll auf die Bischöfe hören, denen die Apostel die Kirchen anvertraut haben;
    die Häretiker suchen immer etwas Neues. Siehe noch Adv.haer. IV,32,1. Zum gan-
    zen Zusammenhang siehe D. van den Eynde, Les Normes, 180 ff.

1   Es handelt sich um die Differenz zwischen dem quartadecimanischen und dem   36
    römischen Brauch. Zum Osterfeststreit siehe R. Cantalamessa, La Pasqua della
    nostra salvezza, 1972, 116 ff., und seine Textsammlung Ostern in der Alten Kirche,
    Traditio Christiana 4, Bern-Frankfurt 1980, XIX ff.; 18 ff.
2   Irenäus unterscheidet also zwischen Lehrtradition und kirchlichen Traditionen; in
    bezug auf die erstere muß in den Kirchen Übereinstimmung herrschen, in bezug auf
    die letzteren kann man die Unterschiede in den Gebräuchen tolerieren.
3   Zur Bedeutung der Fastenfrage im Osterfeststreit siehe H. v. Campenhausen, VigChr
    28, 1974, 114-138.

1   Vgl. Text Nr. 12.   37

κεκοίμηται · ἅτινα ἀναστήσεται τῇ ἡμέρᾳ τῆς παρουσίας τοῦ κυρίου, ἐν
ᾗ ἔρχεται μετὰ δόξης ἐξ οὐρανῶν καὶ ἀναζητήσει πάντας τοὺς ἁγίους,
5 Φίλιππον τῶν δώδεκα ἀποστόλων, ὃς κεκοίμηται ἐν Ἱεραπόλει καὶ δύο
θυγατέρες αὐτοῦ γεγηρακυῖαι παρθένοι καὶ ἡ ἑτέρα αὐτοῦ θυγάτηρ ἐν
ἁγίῳ πνεύματι πολιτευσαμένη ἐν Ἐφέσῳ ἀναπαύεται · 3. ἔτι δὲ καὶ
Ἰωάννης ὁ «ἐπὶ τὸ στῆθος» τοῦ κυρίου ἀναπεσών, ὃς ἐγενήθη ἱερεὺς τὸ
πέταλον πεφορεκὼς καὶ μάρτυς καὶ διδάσκαλος · 4. οὗτος ἐν Ἐφέσῳ
10 κεκοίμηται, ἔτι δὲ καὶ Πολύκαρπος ἐν Σμύρνῃ, καὶ ἐπίσκοπος καὶ
μάρτυς · καὶ Θρασέας καὶ ἐπίσκοπος καὶ μάρτυς ἀπὸ Εὐμενείας, ὃς ἐν
Σμύρνῃ κεκοίμηται. 5. Τί δὲ δεῖ λέγειν Σάγαριν ἐπίσκοπον καὶ
μάρτυρα, ὃς ἐν Λαοδικείᾳ κεκοίμηται, ἔτι δὲ καὶ Παπίριον τὸν
μακάριον καὶ Μελίτωνα τὸν εὐνοῦχον, τὸν ἐν ἁγίῳ πνεύματι πάντα
15 πολιτευσάμενον, ὃς κεῖται ἐν Σάρδεσιν περιμένων τὴν ἀπὸ τῶν
οὐρανῶν ἐπισκοπὴν ἐν ᾗ ἐκ νεκρῶν ἀναστήσεται; 6. Οὗτοι πάντες
ἐτήρησαν τὴν ἡμέραν τῆς τεσσαρεσκαιδεκάτης τοῦ πάσχα κατὰ τὸ
εὐαγγέλιον, μηδὲν παρεκβαίνοντες, ἀλλὰ κατὰ τὸν κανόνα τῆς πίστεως
ἀκολουθοῦντες · ἔτι δὲ κἀγὼ ὁ μικρότερος πάντων ὑμῶν Πολυκράτης,
20 κατὰ παράδοσιν τῶν συγγενῶν μου, οἷς καὶ παρηκολούθησά τισιν
αὐτῶν . . .

38 SERAPION ANTIOCHENUS, *Epistula de Euangelio quod secundum Petrum
dicitur* (ca.200) (= EUSEBIUS, *Hist. eccl.* VI,12,3)

ed. Ed. Schwartz (= nr. 20), p. 544

Ἡμεῖς γάρ, ἀδελφοί, καὶ Πέτρον καὶ τοὺς ἄλλους ἀποστόλους
ἀποδεχόμεθα ὡς Χριστόν, τὰ δὲ ὀνόματι αὐτῶν ψευδεπίγραφα ὡς
ἔμπειροι παραιτούμεθα, γινώσκοντες ὅτι τὰ τοιαῦτα οὐ παρελάβομεν.

---

37   8 Ioh. 21,20

37   4 ἀναζητήσει: ἀναστήσει *uar.*

Sterne, welche am Tage, da der Herr erscheinen wird, auferstehen werden, wenn der Herr in Herrlichkeit vom Himmel kommen und alle Heiligen aufsuchen wird: Philippus, einer der zwölf Apostel[2], welcher in Hierapolis begraben liegt samt seinen beiden Töchtern, die als Jungfrauen alt geworden sind, während eine andere Tochter, die im Heiligen Geist wandelte, in Ephesus ruht. 3. Weiterhin auch Johannes, der *an der Brust* des Herrn lag, der Priester war und das Stirnschild trug und Märtyrer[3] und Lehrer war: 4. dieser ruht in Ephesus; ferner Polykarp in Smyrna[4], Bischof und Märtyrer, sowie der Bischof und Märtyrer Trasea von Eumeneia[5], der in Smyrna begraben ist. 5. Soll ich noch Sagaris, den Bischof und Märtyrer nennen, der in Laodizäa entschlafen ist, und den seligen Papirius und den Eunuchen Melito[6], der stets im Heiligen Geiste wandelte und nun in Sardes begraben liegt und die Heimsuchung vom Himmel erwartet, da er von den Toten auferstehen soll?[7] 6. Diese alle haben nach dem Evangelium das Passa am 14. Tage beobachtet; sie sind keine eigenen Wege gegangen, sondern der Richtschnur des Glaubens gefolgt. Schließlich halte auch ich, Polykrates, der Geringste von euch allen, mich an die Tradition meiner Verwandten; ich bin der Nachfolger von einigen von ihnen...

SERAPION VON ANTIOCHIEN, *Brief über das nach Petrus genannte Evangelium* (= EUSEBIUS, *Kirchengeschichte* VI,12,3)   38

Denn wir, Brüder, nehmen Petrus und die übrigen Apostel wie Christus auf, aber als erfahrene Männer verwerfen wir die unter ihrem Namen umlaufenden Pseudepigraphen[1], da wir wissen, daß wir nichts Derartiges empfangen haben.

---

2   In Wirklichkeit handelt es sich um den Evangelisten Philippus; vgl. Apg. 21,8 f.   37
3   Tertullian, De praescr.haer. 36,3, behauptet, daß Johannes zum Bekenner wurde (= Text Nr. 43,15 ff.); vgl. die Prophetie in Mark. 10,39 par.
4   Vgl. Texte Nr. 18-19.
5   Vgl. Eusebius, Kirchengeschichte V,18,14.
6   Die erhaltenen Schriften Melitos sind von O. Perler in SC 123, 1966, herausgegeben worden.
7   Zu dieser Liste siehe Th. Klauser, in JbAuC 1974, 221-229.

1   Es handelt sich um das Petrusevangelium. Es ist interessant festzustellen, daß es   38
    offensichtlich der *Inhalt* dieses Evangeliums war, der es in den Augen des Bischofs
    in Mißkredit gebracht hat; vgl. N. Brox, Falsche Verfasserangaben. Zur Erklärung
    der frühchristlichen Pseudepigraphie, 1975, 126 f.

39   Tertullianus, *De praescriptione haereticorum* (ca. 200), 12–13

ed. F. Refoulé, CCL 1, Turnhout 1954 (cf. SC 46, 1957), pp. 197 sq.

12.1 Nobis etsi quaerendum est adhuc et semper, ubi tamen quaeri oportet? Apud haereticos, ubi omnia extranea et aduersaria nostrae ueritatis, ad quos uetamur accedere? 2. Quis seruus cibaria ab extraneo, ne dicam ab inimico domini sui sperat? Quis miles ab infoederatis, ne
5 dicam ab hostibus regibus, donatiuum et stipendium captat nisi plane desertor et transfuga et rebellis? 3. Etiam anus illa intra tectum suum dragmam requirebat, etiam pulsator ille uicini ianuam tundebat, etiam uidua illa non inimicum licet durum iudicem interpellabat. 4. Nemo inde instrui potest unde destruitur; nemo ab eo inluminatur a quo conte-
10 nebratur. 5. Quaeramus ergo in nostro et a nostris et de nostro: idque dumtaxat quod salua regula fidei potest in quaestionem deuenire.

13,1. Regula est autem fidei ut iam hinc quid defendamus profiteamur, illa scilicet qua creditur. 2. Vnum omnino deum esse nec alium praeter mundi conditorem qui uniuersa de nihilo produxerit per uerbum
15 suum primo omnium emissum. 3. Id uerbum filium eius appellatum in nomine dei uarie uisum a patriarchis, in prophetis semper auditum, postremo delatum ex spiritu patris dei et uirtute in uirginem Mariam, carnem factum in utero eius et ex ea natum egisse Iesum Christum. 4. exinde praedicasse nouam legem et nouam promissionem regni caelo-
20 rum, uirtutes fecisse, cruci fixum, tertia die resurrexisse, in caelos ereptum sedisse ad dexteram patris, 5. misisse uicariam uim spiritus sancti qui credentes agat, uenturum cum claritate ad sumendos sanctos in uitae aeternae et promissorum caelestium fructum et ad profanos iudicandos igni perpetuo, facta utriusque partis resuscitatione cum carnis restitu-
25 tione. 6. Haec regula a Christo, ut probabitur, instituta nullas habet apud nos quaestiones nisi quas haereses inferunt et quae haereticos faciunt.

39   1 nobis etsi *edd.:* nobis et *codd.*
           2sq. ueritatis: ueritati *uar.*
           10 idque *edd.:* in quo *codd.*
           15 emissum: demissum *uar.*

12,1. Gesetzt, wir müßten auch jetzt noch und immerfort das Suchen fortsetzen: aber wo sollen wir denn suchen? Etwa bei den Häretikern, wo alles unserer Wahrheit fremd, ja feindlich gegenübersteht, und zu welchen zu gehen uns verboten ist? 2. Welcher Knecht wird von einem Fremden, um nicht zu sagen von einem Feind seines Herrn seinen Unterhalt erwarten? Welcher Soldat wird von nicht verbündeten, um nicht zu sagen feindlichen Königen ein Geschenk oder den Sold annehmen, er sei denn geradezu ein Deserteur, Überläufer oder Rebelle? 3. Auch jene alte Frau suchte die Drachme in ihrem eigenen Hause, auch jener Bittsteller klopfte an die Tür seines Nachbarn, auch jene Witwe bestürmte einen zwar harten, aber doch keinen feindlichen Richter. 4. Niemand kann dort erbaut werden, von wo ihm die Zerstörung droht; niemand von dem erleuchtet werden, von dem er verfinstert wird. 5. Forschen wir also in dem, was unser ist, bei den Unsrigen, in betreff des Unsrigen, und auch nur nach dem, was ohne Verletzung der Glaubensregel untersucht werden kann.

13,1. Die Glaubensregel[1] aber — um schon gleich das, was wir verteidigen, anzugeben — ist nämlich jene, wonach geglaubt wird, 2. daß es schlechthin nur einen Gott und keinen andern neben dem Weltschöpfer gebe, der alles aus nichts[2] hervorgebracht hat durch sein vor allem hervorgegangenes Wort; 3. daß dieses Wort, sein Sohn genannt, unter dem Namen Gottes verschiedentlich von den Patriarchen geschaut, von den Propheten beständig vernommen, zuletzt aus dem Geiste und durch die Kraft Gottes des Vaters in die Jungfrau Maria herabgestiegen, in ihrem Mutterschoße Fleisch geworden und von ihr geboren Jesus Christus geworden ist; 4. daß er, ans Kreuz geschlagen, am dritten Tage wieder auferstanden sei; daß er in den Himmel entrückt zur Rechten des Vaters sitze; 5. daß er die ihn vertretende Kraft des Heiligen Geistes gesendet habe, welcher die Gläubigen bewegen soll; daß er wiederkommen werde mit Herrlichkeit, um die Heiligen in den Genuß des ewigen Lebens und der himmlischen Verheißungen zu bringen und die Unheiligen zum ewigen Feuer zu verurteilen, nachdem die mit Wiederherstellung des Fleisches verbundene Auferweckung beider (Gruppen) geschehen ist.[3]. 6.

---

1   Zur Glaubensregel bei Tertullian siehe B. Hägglund, Studia Theol. 12, 1958, 19-29;   **39**
     E. Flesseman-van Leer, Tradition, 161 ff.
2   Das ist einer der ersten Texte, wo die Schöpfung ex nihilo deutlich bezeugt ist (vgl.
     aber auch Text Nr. 31,3); dazu G. May, Schöpfung aus Nichts, 1978.
3   Zu den Besonderheiten des Glaubensbekenntnisses bei Tertullian siehe J.N.D. Kelly, Altchristliche Glaubensbekenntnisse, 1972, 84 ff.

40 *ibidem* 19,1–3; 20,5–22,6

ed. F. Refoulé (= Nr. 39), pp. 201–203

19.1. Ergo non ad scripturas prouocandum est nec in his constituen-
dum certamen in quibus aut nulla aut incerta uictoria est aut parum
certa. 2. Nam etsi non ita euaderet conlatio scripturarum ut utramque
partem parem sisteret, ordo rerum desiderabat illud prius proponi quod
5 nunc solum disputandum est: quibus competat fides ipsa, cuius sunt
scripturae, a quo et per quos et quando et quibus sit tradita disciplina,
qua fiunt Christiani. 3. Vbi enim apparuerit esse ueritatem disciplinae
et fidei Christianae, illic erit ueritas scripturarum et expositionum et
omnium traditionum Christianarum.
10 20.5. Et perinde ecclesias apud unamquamque ciuitatem condiderunt,
a quibus traducem fidei et semina doctrinae ceterae exinde ecclesiae
mutuatae sunt et cottidie mutuantur ut ecclesiae fiant. 6. Ac per hoc
et ipsae apostolicae deputabuntur ut suboles apostolicarum ecclesiarum. 7. Omne genus ad originem suam censeatur necesse est. Itaque tot
15 ac tantae ecclesiae una est illa ab apostolis prima ex qua omnes. 8. Sic
omnes primae et omnes apostolicae, dum una omnes. Probant unitatem
communicatio pacis et appellatio fraternitatis et contesseratio hospita-
litatis. 9. Quae iura non alia ratio regit quam eiusdem sacramenti una
traditio.
20 21.1. Hinc igitur dirigimus praescriptionem: si dominus Christus Iesus
apostolos misit ad praedicandum, alios non esse recipiendos praedica-

---

40 5 sunt: sint *edd.*
9 Christianarum: Christianorum *uar.*
17 contesseratio: contestatio *uar.*
20 dominus *edd.*: deus *codd.*

Diese, wie wir beweisen werden, von Christus gelehrte Regel wird bei uns keinerlei Untersuchungen unterworfen, außer solchen, die durch die Häresien angeregt werden und wodurch man zum Häretiker wird.

Ebenda 19, 1-3; 20, 5-22, 6   **40**

19,1. Also nicht auf die Schrift hat man sich zu berufen und den Streit nicht auf ein Gebiet zu verlegen, wo entweder gar kein Sieg zu hoffen ist, oder ein unentschiedener oder ein zu wenig sicherer.[1] 2. Denn selbst wenn die Konfrontation mit der Schrift nicht dazu führen würde, beide Parteien gleichzustellen, so würde es doch die logische Ordnung der Dinge erheischen, zuvor die Frage aufzuwerfen, welche jetzt allein zu besprechen ist: Wem der Glaube zusteht, dem die Schrift als Eigentum gehört?; von wem, durch wen, wann und wem die Lehre übergeben worden ist, wodurch man zum Christen wird?[2] 3. Denn da, wo sich herausstellen wird, daß sich die Wahrheit der Lehre und des christlichen Glaubens befindet, da werden auch die wahre Schrift, die wahre Erklärung derselben und sämtliche wahren christlichen Traditionen sein.[3]

20,5. Und so gründeten sie (sc. die Apostel) in jeder Stadt Kirchen, von welchen die späteren Kirchen nachher einen Ableger des Glaubens und die Samenkörner der Lehre entliehen haben und noch jeden Tag entliehen, um Kirchen zu werden. 6. Eben dadurch dürfen auch sie selbst wie apostolische angesehen werden, weil sie die Abkömmlinge apostolischer Kirchen sind. 7. Jede Art muß nach ihrem Ursprung eingeschätzt werden.[4] So sind denn die vielen und zahlreichen Kirchen doch nur eine, jene apostolische, ursprüngliche, aus der sie alle stammen. 8. Sie sind alle in dieser Weise ursprünglich und apostolisch, insofern alle zusammen eine sind. Die Einheit beweisen: das gegenseitige Gewähren des Friedens, die Benennung 'Bruderschaft' und der Austausch der Gastfreundschaft[5], 9. alles Rechte, welche kein anderer Grund bestimmt als die eine Tradition des einen Sakraments.

---

1 Zur Funktion der Schrift bei Tertullian siehe E. Flesseman-van Leer, Tradition, 180 ff.   40
2 Tertullian kündigt hier den Inhalt der Kap. 20-36 an. Dazu Ch. Munier, L'Année canonique 23, 1979, 175-192.
3 Zu den Traditionen siehe De corona 3-4 (= Text Nr. 44). Tertullian spricht dann am Anfang des Kap. 20 davon, wie Jesus gelehrt und seine Jünger berufen hat und wie diese die Lehre auf der ganzen Welt verbreitet und Gemeinden gegründet haben.
4 D. Michaelides, Foi, Ecritures et tradition ou les praescriptiones chez Tertullien, 1969, 79 ff., betont mit Recht die Tatsache, daß die apostolischen Kirchen als direkte oder indirekte apostolische Gründungen sich durch lehrmäßige Blutsverwandtschaft untereinander auszeichnen; vgl. De praescr. 32,6 (= Text Nr. 42,27 ff.).
5 Siehe dazu R.F. Refoulé, in SC 46,113 f., Anm. 2-4.

tores quam Christus instituit.   2. quia *nec alius patrem nouit nisi filius et cui filius reuelauit,* nec aliis uidetur reuelasse filius quam apostolis quos misit ad praedicandum utique quod illis reuelauit.   3. Quid autem
25 praedicauerint, id est quid illis Christus reuelauerit, et hic praescribam non aliter probari debere, nisi per easdem ecclesias quas ipsi apostoli condiderunt, ipsi eis praedicando tam uiua, quod aiunt, uoce quam per epistulas postea.   4. Si haec ita sunt, constat perinde omnem doctrinam, quae cum illis ecclesiis apostolicis matricibus et originalibus fidei cons-
30 piret, ueritati deputandam, id sine dubio tenentem, quod ecclesiae ab apostolis, apostoli a Christo, Christus a deo accepit;   5. omnem uero doctrinam de mendacio praeiudicandam quae sapiat contra ueritatem ecclesiarum et apostolorum, Christi et Dei.   6. Superest ergo, uti demonstremus, an haec nostra doctrina cuius regulam supra edidimus
35 de apostolorum traditione censeatur et ex hoc ipso ceterae de mendacio ueniant.   7. Communicamus cum ecclesiis apostolicis: quod nulla doc-trina diuersa, hoc est testimonium ueritatis.

    22.1. Sed quoniam tam expedita probatio est, ut, si statim proferatur, nihil iam sit retractandum, ac si prolata non sit a nobis, locum interim
40 demus diuersae parti, si quid putant ad infirmandam hanc praescriptio-

---

22 sq. Matth. 11,27

31 accepit: suscepit *uar.*
33 Christi: et Christi *uar., fort. recte*
35 ceterae: an ceterae *uar., Refoulé*

21,1. Aufgrund dessen erheben wir also Prozeßeinrede: wenn Christus Jesus, der Herr, Apostel zum Predigen ausgesandt hat, so dürfen andere Prediger als die, welche Christus eingesetzt hat, nicht aufgenommen werden. 2. Denn *es kennt kein anderer den Vater als der Sohn, und wem es der Sohn geoffenbart hat*, und offensichtlich hat es der Sohn keinen andern als den Aposteln geoffenbart, die er zur Predigt aussandte, nämlich zur Predigt dessen, was er ihnen offenbarte. 3. Was aber den Inhalt ihrer Verkündigung oder mit andern Worten das, was Christus ihnen offenbarte, betrifft, da werde ich auch hier die Prozeßeinrede[6] erheben, daß auf keinem andern Wege etwas gutgeheißen werden darf als durch eben dieselben Kirchen, welche die Apostel selbst gegründet haben, indem sie selbst ihnen predigten, sowohl durch das lebendige Wort[7], wie man zu sagen pflegt, als auch nachher durch Briefe. 4. Wenn dem so ist, so steht es folglich fest, daß jede Lehre, welche mit jenen apostolischen Kirchen, den Mutter- und Stammkirchen des Glaubens, in Übereinstimmung steht, für Wahrheit anzusehen sei, indem sie ohne Zweifel dasjenige besitzt, was die Kirchen von den Aposteln empfangen haben, die Apostel von Christus und Christus von Gott[8], 5. daß dagegen von vornherein jede Lehre als von der Lüge herkommend zu halten sei, welche der Wahrheit der Kirchen und der Apostel, Christi und Gottes zuwiderläuft. 6. Es ist uns also möglich, den Beweis zu liefern[9], daß diese unsere Lehre, deren Regel wir oben[10] aufgestellt haben, von der apostolischen Tradition abstamme und, was sich damit von selbst ergibt, daß die übrigen Lehren aus der Lüge herkommen. 7. Wir stehen mit den apostolischen Kirchen in Gemeinschaft: die Tatsache, daß bei uns kein Lehrunterschied besteht, ist der Beweis der Wahrheit.[11]

---

6 Siehe dazu J.K. Stirnimann, Die Praescriptio Tertullians im Lichte des römischen Rechts und der Theologie, 1949, spez. 50 ff.; 82 ff.; 96 ff.; und D. Michaelides, op. cit., 71-86.

7 Vgl. Texte Nr. 9 und 20, und H. Karpp, in Mullus. Festschrift Th. Klauser, 1964, 190-198.

8 Vgl. De praescr. 37,1, und bereits 1. Klem. 42,1-2 (= Text Nr. 15).

9 Wir folgen hier der von A.A.R. Bastiaensen, VigChr 31, 1977, 40 f., vorgeschlagenen Interpretation.

10 Vgl. De praescr. 13 (= Text Nr. 39).

11 Im § 4 hat Tertullian das Prinzip aufgestellt, daß eine Lehre, die in Übereinstimmung mit der apostolischen Tradition in den von den Aposteln gegründeten Kirchen überliefert wird, notwendigerweise als authentisch betrachtet werden müsse. Im § 7 gibt er jetzt die Anwendung: weil die in seiner Kirche überlieferte Lehre mit der Tradition der Apostel übereinstimmt, ist der Beweis erbracht, daß sie effektiv mit den apostolischen Kirchen in Gemeinschaft steht. Die Interpunktion, die wir gewählt haben, entspricht dieser Interpretation.

nem mouere se posse.   2. Solent dicere, non omnia apostolos scisse,
eadem agitati dementia qua susum rursus conuertunt omnia quidem
apostolos scisse, sed non omnia omnibus tradidisse, in utroque Christum
reprehensioni inicientes, qui aut minus instructos aut parum simplices
45 apostolos miserit.   3. Quis igitur integrae mentis credere potest, aliquid
eos ignorasse, quos magistros dominus dedit, indiuiduos habens in comi-
tatu, in discipulatu, in conuictu; quibus obscura quaeque seorsum dis-
serebat, illis dicens datum esse cognoscere arcana, quae populo intelle-
gere non liceret?   4. Latuit aliquid Petrum aedificandae ecclesiae
50 petram dictum, claues regni caelorum consecutum et soluendi et alli-
gandi in caelis et in terris potestatem?   5. Latuit et Iohannem aliquid,
dilectissimum domino, pectori eius incubantem, cui soli dominus Iudam
traditorem praemonstrauit, quem loco suo filium Mariae deman-
dauit?   6. Quid eos ignorasse uoluit, quibus etiam gloriam suam exhi-
55 buit et Moysen et Eliam et insuper de caelo patris uocem? non quasi
ceteros reprobans, sed quoniam *in tribus testibus stabit omne uerbum.*

41   *ibidem* 27,1–2. 5–6; 28,1.3–4

ed. F. Refoulé (= nr. 39), pp. 208–209

  27.1. Si ergo incredibile est uel ignorasse apostolos plenitudinem praedicationis uel non omnem ordinem regulae omnibus edidisse, uideamus
ne forte apostoli quidem simpliciter et plene, ecclesiae autem suo uitio
aliter acceperint quam apostoli proferebant.   2. Omnia ista scrupulosi-
5 tatis incitamenta inuenias praetendi ab haereticis.
  5. Cum correptas ecclesias opponunt, credant et emendatas.   6. Sed
et illas recognoscant de quarum fide et scientia et conuersatione apos-

---

40   49–51 cf. Matth. 16,18sq.
    51sq. cf. Ioh. 13,23.25sq.
    53sq. cf. Ioh. 19,26sq.
    54sq. cf. Matth. 17,1sqq.par.
    56 Deut. 19,15; II Cor. 13,1

40   42 qua susum rursus: qua susum iusum *coni. Rigaltius*
    44 qui aut: quia ut *uar.*
    45 integrae mentis: inter amentes *uar.*
    46 habens: habitos *uar.*
    53 praemonstrauit: demonstrauit *uar.*

41   6 et emendatas: emendatas *uar.*

22,1. Diese Beweisführung ist zwar so bündig, daß sofort, wenn sie vorgebracht wird, nichts mehr dagegen einzuwenden ist; wir wollen aber einstweilen, gerade als hätten wir sie noch nicht vorgebracht, der Gegenpartei Raum geben, wenn sie glaubt, irgendetwas entgegnen zu können, um diese Einrede zu entkräften. 2. Gewöhnlich sagen sie, die Apostel hätten nicht alles gewußt; (dann aber,) von derselben Verrücktheit getrieben, in der sie alles auf den Kopf stellen, sagen sie, die Apostel hätten zwar alles gewußt, aber nicht allen alles mitgeteilt, und hängen mit jeder der beiden Behauptungen Christus einen Tadel an: entweder, er habe zu wenig unterrichtete, oder er habe zu wenig aufrichtige Leute als Apostel ausgesandt. 3. Welcher Mensch von gesunden Sinnen kann nun glauben, irgendetwas sei denen unbekannt geblieben, welche uns der Herr zu Lehrern gegeben hat, die er als ständige Gefährten in seinem Gefolge, in seinem Unterricht, in seiner Lebensgemeinschaft hatte, welchen er alles Dunkle noch besonders zu erklären pflegte, indem er ihnen sagte, ihnen sei es gegeben, die Geheimnisse zu kennen, welche das Volk nicht verstehen dürfe? 4. War dem Petrus etwas verborgen, ihm, welcher der Fels zum Aufbau der Kirche genannt wurde, der die Schlüssel des Himmelreichs erhielt und die Gewalt, im Himmel und auf Erden zu binden und zu lösen? 5. War dem Johannes etwas verborgen, dem Lieblingsjünger des Herrn, der an seiner Brust lag, dem allein der Herr Judas als den Verräter vorher anzeigte, den er Maria an seiner Stelle als Sohn anvertraute? 6. Was hätte er denen verheimlichen wollen, welchen er gewährte, sogar seine Herrlichkeit zu schauen, und Moses und Elias, und die Stimme des Vaters vom Himmel herab (zu vernehmen)? Nicht, als ob er damit die übrigen zurückgesetzt hätte, sondern weil *jegliche Rechtssache sich auf die Aussage von drei Zeugen stützen soll.*

Ebenda 27, 1-2. 5-6; 28, 1. 3-4   41

27,1. Wenn es also unglaublich ist, daß die Apostel nicht die ganze Fülle der Verkündigung gekannt, oder daß sie nicht allen den ganzen Inhalt der Glaubensregel mitgeteilt hätten[1], so wollen wir nun sehen, ob nicht vielleicht die Apostel sie zwar lauter und vollständig verkündeten, die Kirchen sie aber durch ihre Schuld anders aufgefaßt haben, als die Apostel sie verkündeten? 2. Alle diese Gründe zu ängstlichen Zweifeln kannst du von den Häretikern vorgebracht finden.

---

1   Das ist der Inhalt der Kap. 22-26. Die Geheimlehren spielten bei den Gnostikern in   41
     der Tat eine große Rolle.

tolus gaudet et deo gratias agit; quae tamen hodie cum illis correptis
unius institutionis iura miscent.

10   28,1. Age nunc, omnes errauerint, deceptus sit et apostolus de testi-
monio reddendo quibusdam; nullam respexerit spiritus sanctus uti eam
in ueritatem deduceret . . .: ecquid uerisimile est, ut tot ac tantae in unam
fidem errauerint?   3. Ceterum quod apud multos unum inuenitur, non
est erratum sed traditum.   4. Audeat ergo aliquis dicere illos errasse qui
15 tradiderunt!

42   *ibidem* 31–32

  ed. F. Refoulé (= nr. 39), pp. 212–213

31,1. Sed ab excessu reuertar ad principalitatem ueritatis et posterita-
tem mendacitatis disputandam, ex illius quoque parabolae patrocinio
quae bonum semen frumenti a domino seminatum in primore consti-
tuit, auenarum autem sterilis faeni adulterium ab inimico diabolo postea
5 superducit.   2. Proprie enim doctrinarum distinctionem figurat quia et
alibi uerbum dei seminis similitudo est.   3. Ita ex ipso ordine manifes-
tatur id esse dominicum et uerum quod sit prius traditum, id autem
extraneum et falsum quod sit posterius inmissum.   4. Ea sententia
manebit aduersus posteriores quasque haereses, quibus nulla constantia
10 de conscientia competit ad defendendam sibi ueritatem.
32,1. Ceterum si quae audent interserere se aetati apostolicae ut ideo
uideantur ab apostolis traditae quia sub apostolis fuerunt, possumus
dicere: edant ergo origines ecclesiarum suarum, euoluant ordinem episcoporum suorum, ita per successionem ab initio decurrentem ut primus
15 ille episcopus aliquem ex apostolis uel apostolicis uiris, qui tamen cum
apostolis perseuerauerit, habuerit auctorem et antecessorem.   2. Hoc
enim modo ecclesiae apostolicae census suos deferunt, sicut Smyrnaeo-

41   11 quibusdam *om. unus e codd.*
       14 sed traditum *om. nonnulli codd.*

42   2 sqq. cf. Matth. 13,24
       6 cf. Marc. 4,3sqq.

42   2 mendacitatis disputandam: mendacitati deputandam *uar.*
       5 proprie: pro parte *uar.*
      10 de (*uel* ex) conscientia *edd.*: et conscientia *codd.*
         competit *edd.*: ‹ . . .›petit *cod. Agobardinus*, concepit *uel* concedit *rell.*

5. Wenn sie uns die Zurechtweisung von Kirchen entgegenhalten[2], so sollten sie auch annehmen, daß diese sich gebessert haben. 6. Dagegen mögen sie auch diejenigen anerkennen, über deren Glauben, Wissen und Wandel der Apostel sich freut und Gott dankt[3], und die dennoch heute mit jenen Zurechtgewiesenen in den Rechten einer einzigen Lehrgemeinschaft verbunden sind. 28,1. Aber gut, nehmen wir an, alle (sc. Kirchen) hätten geirrt, der Apostel habe sich im Zeugnis getäuscht, das er gewissen Kirchen auszustellen hatte, und der Heilige Geist habe sich um keine Kirche bekümmert, um sie in die Wahrheit einzuführen: Ist es dann auch nur wahrscheinlich, daß so viele und so große Kirchen sich zu demselben Glauben verirrt hätten? 3. Übrigens: was sich bei einer großen Zahl als eines und dasselbe vorfindet, das ist nicht Folge eines Irrtums, sondern Tradition.[4] 4. Man habe folglich den Mut zu behaupten, diejenigen hätten geirrt, welche die Lehre überlieferten!

Ebenda 31-32

31,1. Ich will nun von diesem Exkurs zurückkehren[1], um die Priorität der Wahrheit und die Posteriorität der Irrlehre noch mit Zuhilfenahme jener Parabel zu erörtern, welche den guten Samen des Getreides, als vom Herrn ausgesät, an die erste Stelle setzt, die korrumpierende Zugabe des sterilen Strohs aber nachher vom Teufel, dem Feind, darübergestreut werden läßt. 2. Denn sie versinnbildet recht eigentlich die Verschiedenheit der Lehren, da ja auch sonst das Wort Gottes mit dem Samen verglichen wird. 3. Somit wird durch die Zeitfolge selbst schon angedeutet, daß nur das vom Herrn ausgegangen und echt sei, was zuerst überliefert, dasjenige aber, was später hereingebracht worden, fremdartig und unecht sei. 4. Dieser Satz wird gegen alle späteren Häresien in Geltung bleiben, die keinen unerschütterlichen Standpunkt für ihre Überzeugung besitzen, um die Wahrheit für sich in Anspruch nehmen zu können.

32,1. Ferner: Wenn einige (sc. Häresien) die Kühnheit haben, sich in das apostolische Zeitalter einzudrängen und deswegen als von den Aposteln überliefert erscheinen wollen, weil sie zur Zeit der Apostel existierten, so können wir erwidern: Sie sollen also die Ursprünge ihrer Kirchen angeben, die Reihenfolge ihrer Bischöfe

---

2 Vgl. Gal. 1,6; 3,1; 5,7; 1. Kor. 3,1 f.; 8,2.
3 Vgl. Röm. 1,8; 1. Kor. 1,4 f.; Phil. 1,3; Kol. 1,3 ff.; 1. Thess. 1,2 ff.; 2. Thess. 1,3.
4 J.N. Bakhuizen van den Brink, Traditio, 70, sagt mit Recht, daß Tradition hier dem Begriff Wahrheit entspricht. Wir werden die gleiche Anschauung bei Vincentius von Lerinum finden (Vgl. Text Nr. 147).
1 Das Thema wird in Kap. 29-30 behandelt.

rum ecclesia Polycarpum ab Iohanne collocatum refert, sicut Romanorum Clementem a Petro ordinatum est. 3. Perinde utique et ceterae
20 exhibent quos ab apostolis in episcopatum constitutos apostolici seminis
traduces habeant. 4. Confingant tale aliquid haeretici. Quid enim illis
post blasphemiam inlicitum est? 5. Sed etsi confinxerint, nihil pro-
mouebunt. Ipsa enim doctrina eorum cum apostolica comparata ex diuersitate et contrarietate sua pronuntiabit neque apostoli alicuius auc-
25 toris esse neque apostolici quia, sicut apostoli non diuersa inter se
docuissent, ita et apostolici non contraria apostolis edidissent. Nisi
<si> illi, qui ab apostolis didicerunt, aliter praedicauerunt. 6. Ad
hanc itaque formam prouocabuntur ab illis ecclesiis quae, licet nullum
ex apostolis uel apostolicis auctorem suum proferant, ut multo posterio-
30 res, quae denique cottidie instituuntur, tamen in eadem fide conspirantes non minus apostolicae deputantur pro consanguinitate doctrinae. 7. Ita omnes haereses ad utramque formam a nostris ecclesiis
prouocatae probent se quaqua putant apostolicas. 8. Sed adeo nec sunt
nec probare possunt quod non sunt, nec recipiuntur in pacem et com-
35 municationem ab ecclesiis quoquo modo apostolicis, scilicet ob diuer-
sitatem sacramenti nullo modo apostolicae.

43   *ibidem* 35,3–37,1

ed. F. Refoulé (= nr. 39), pp. 216–217

35,3. Posterior nostra res non est, immo omnibus prior est. Hoc erit
testimonium ueritatis ubique occupantis principatum. 4. Apostolis
non damnatur, immo defenditur: hoc erit indicium proprietatis; 5.

---

28   prouocabuntur: probabuntur *uar.*

---

42   2   Plastische Anspielung auf die Bischofslisten.
     3   Vgl. R.F. Refoulé, SC 46, 1957, 131 f., Anm. 2.

entrollen², die sich von Anfang an durch Sukzession so fortsetzt, daß der erste Bischof einen aus den Aposteln oder den apostolischen Männern, jedoch einen solchen, der bei den Aposteln ausharrte, zum Gewährsmann und Vorgänger hat. 2. Denn das ist die Weise, wie die apostolischen Kirchen ihren Ursprung nachweisen: wie z.b. die Kirche von Smyrna berichtet, daß Polykarp von Johannes eingesetzt, die römische, daß Klemens von Petrus³ ordiniert worden sei. 3. In entsprechender Weise geben auch die übrigen Kirchen die Männer an, welche, von den Aposteln ins Bischofsamt eingesetzt, ihnen als Ableger des apostolischen Samens dienten. 4. Die Häretiker sollten sich doch auch etwas der Art ausdenken! Was sollte ihnen denn nach ihrer Gotteslästerung noch unerlaubt sein? 5. Allein, auch wenn sie sich so etwas ausdächten, so würden sie damit doch nicht weiterkommen. Denn gerade ihre Lehre wird, mit der apostolischen verglichen, durch Abweichungen und Verschiedenheiten Zeugnis davon ablegen, daß sie weder einen Apostel noch einen apostolischen Mann zum Gründer haben; denn wie die Apostel nichts Widersprüchliches gelehrt haben, so wenig können auch die apostolischen Männer eine Lehre vorgebracht haben, welche zu jener der Apostel im Widerspruch stand. Es müßten denn diejenigen, die von den Aposteln unterrichtet wurden, anders gepredigt haben. 6. Zu dieser Form (des Verfahrens), also werden sie von jenen Kirchen herausgefordert werden, welche, obwohl sie, weil viel späteren Ursprungs, keinen von den Aposteln oder apostolischen Männern als ihren Gründer anzugeben vermögen, und welche täglich neu gegründet werden, dennoch, einmütig mit ihnen in demselben Glauben, für nicht weniger apostolisch gelten wegen der Blutsverwandtschaft der Lehre. 7. So mögen also die Häresien, von unsern Kirchen zu beiden Arten des Rechtsverfahrens herausgefordert, beweisen, aus welchen Gründen sie sich als apostolisch betrachten. 8. Allein sie sind es eben nicht und können nicht beweisen, was sie nicht sind, und werden auch von den Kirchen, die auf die eine oder andere Weise apostolisch sind, nicht zum Frieden und zur Gemeinschaft zugelassen; denn sie sind auf keine Weise apostolisch wegen der Verschiedenheit des Religionswesens.

Ebenda 35, 3-37, 1   43

35,3. Später entstanden ist unsere Lehre nicht, sondern sie ist vielmehr älter als alle andern; das wird als Zeugnis der Wahrheit dienen, die überall die erste Stelle einnimmt. 4. Von den Aposteln wird sie keineswegs verworfen, im Gegenteil in Schutz genommen;

quam enim non damnant qui extraneam quamque damnarunt, suam
5 ostendunt, ideoque et defendunt.
   36,1. Age iam, qui uoles curiositatem melius exercere in negotio salutis tuae, percurre ecclesias apostolicas apud quas ipsae adhuc cathedrae
apostolorum suis locis praesident, apud quas ipsae authenticae litterae
eorum recitantur sonantes uocem et repraesentantes faciem uniuscuius-
10 que. 2. Proxima est tibi Achaia, habes Corinthum. Si non longe es a
Macedonia, habes Philippos; si potes in Asiam tendere, habes Ephesum;
si autem Italiae adiaces, habes Roman unde nobis quoque auctoritas
praesto est. 3. Ista quam felix ecclesia cui totam doctrinam apostoli
cum sanguine suo profuderunt, ubi Petrus passioni dominicae adaequa-
15 tur, ubi Paulus Iohannis exitu coronatur, ubi apostolus Iohannes postea-
quam in oleum igneum demersus nihil passus est, in insulam relega-
tur; 4. uideamus quid didicerit, quid docuerit: cum Africanis quoque
ecclesiis contesseratis, 5. unum deum dominum nouit, creatorem
uniuersitatis, et Christum Iesum ex uirgine Maria filium dei creatoris, et
20 carnis resurrectionem; legem et prophetas cum euangelicis et apostolicis
litteris miscet, inde potat fidem; eam aqua signat, sancto spiritu uestit,
eucharistia pascit, martyrium exhortatur, et ita aduersus hanc institutio-
nem neminem recipit. 6. Haec est institutio, non dico iam quae futuras
haereses praenuntiabat sed de qua haereses prodierunt. Sed non sunt ex
25 illa, ex quo factae sunt aduersus illam. 7. Etiam de oliuae nucleo mitis
et opimae et necessariae asper oleaster oritur; etiam de papauere ficus
gratissimae et suauissimae uentosa et uana caprificus exsurgit. Ita et haereses de nostro frutice, non nostro genere, ueritatis grano, sed mendacio
siluestres.

---

43   18 contesseratis *Kroymann, Refoulé: alii aliter*, contesser «....» *cod. Agobardinus*, conte-
statur *uar.*
20 resurrectionem: resurrectorem *uar.*
26 necessariae *edd.*: necessarie *cod. Agobardinus, om. rell.*
28 frutice: fructificauerunt *uar.*
28 non nostro - sed: non nostrae degeneres ueritatis (*uel* uarietatis) grano et *uar.*

---

1 Vgl. die Anm. von R.F. Refoulé, SC 46, 1957, 137 f.
2 Die Kirche von Karthago war seit jeher eng mit Rom verbunden; vgl. A. Harnack,
  Mission und Ausbreitung des Christentums in den ersten drei Jahrhunderten,
  1924[4], I,487 ff.; II,891.
3 Die Martyrien der Apostel Petrus und Paulus machen die potentior principalitas der
  Kirche Roms aus; vgl. E. Lanne, Irénikon 49, 1976, 275-322, spez. 314 ff.
4 Vgl. Scorpiace 15; Adv. Marc. IV,5.

das wird als Kennzeichen des rechtmäßigen Besitzes dienen. 5. Denn wenn die, welche jede fremdartige (Lehre) verdammt haben, eine (Lehre) nicht verdammen, so geben sie dadurch zu erkennen, sie sei die ihrige, und nehmen sie darum in ihren Schutz.

36,1. Wohlan denn! Willst du die Neugier besser im Geschäft deines Heils betätigen, so halte eine Rundreise durch die apostolischen Kirchen, in welchen sogar noch die Lehrstühle der Apostel auf ihrer Stelle stehen[1], in welchen ihre Briefe aus den Originalen vorgelesen werden, die uns ihre Stimme vernehmen lassen und das Antlitz eines jeden in Erinnerung rufen. 2. Ist dir Achaja das Nächste, so hast du Korinth. Wohnst du nicht weit von Mazedonien, so hast du Philippi. Wenn du nach Asien gelangen kannst, so hast du Ephesus. Ist aber Italien in deiner Nachbarschaft, so hast du Rom, von wo auch für uns die Lehrautorität bereit steht.[2] O wie glücklich ist doch diese Kirche, in welche die Apostel die Fülle der Lehre mit ihrem Blut überströmen ließen[3], wo Petrus in der Art des Leidens dem Herrn gleich gemacht[4], wo Paulus mit der Todesart des Johannes (sc. des Täufers) gekrönt, wo der Apostel Johannes, nachdem er, in siedendes Öl getaucht, keinen Schaden gelitten[5], auf eine Insel verbannt wird! 4. Sehen wir, was sie gelernt, was sie gelehrt hat: Zugleich auch mit den afrikanischen Kirchen, die mit ihr in Gemeinschaft stehen, 5. kennt sie (nur) einen Gott und Herrn, den Schöpfer des Weltalls, und Christus Jesus, den aus der Jungfrau Maria (geborenen) Sohn Gottes des Schöpfers, und die Auferstehung des Fleisches; das Gesetz und die Propheten setzt sie mit den Evangelien und den Briefen der Apostel in Verbindung; daraus schöpft sie ihren Glauben; sie besiegelt ihn mit Wasser, bekleidet ihn mit dem Heiligen Geist, nährt ihn durch die Eucharistie, ermahnt zum Martyrium und verweigert jedem die Aufnahme, der im Widerspruch mit dieser Lehre steht. 6. Das ist die Lehre, welche — ich sage jetzt nicht mehr — zum voraus verkündete, daß es Häresien geben würde, sondern die, aus welcher die Häresien hervorgingen. Aber sie sind nicht aus ihr, seitdem sie sich gegen sie gerichtet haben. 7. Entsteht ja aus dem Stein der Olive, die mild, ölig und unentbehrlich ist, doch auch der rauhe, wilde Ölbaum, und aus dem Kern der so angenehmen und süßen Feige erwächst der leere und unnütze Feigenbaum. 8. So sind auch die Häresien von unserem Stamm, aber nicht von unserer Art, zwar vom Samenkorn der Wahrheit, aber durch die Lüge Wildlinge geworden.

---

5 Tertullian ist der einzige, der diese Episode berichtet.

30   37,1. Si haec ita se habent, ut ueritas nobis adiudicetur, quicumque in
ea regula incedimus, quam ecclesiae ab apostolis, apostoli a Christo,
Christus a deo tradidit, constat ratio propositi nostri definientis non esse
admittendos haereticos ad ineundam de scripturis prouocationem quos
sine scripturis probamus ad scripturas non pertinere.

44   TERTULLIANUS, *De corona* (211) 3–4, 1.3–7

ed. J. Fontaine, Paris 1966, pp. 62–78

    3,1. Et quamdiu per hanc lineam serram reciprocabimus, habentes
obseruationem inueteratam, quae praeueniendo statum fecit? Hanc si
nulla scriptura determinauit, certe consuetudo corroborauit, quae sine
dubio de traditione manauit. Quomodo enim usurpari quid potest, si tra-
5 ditum prius non est? Etiam in traditionis obtentu exigenda est, inquis,
auctoritas scripta.   2. Ergo quaeramus an et traditio nisi scripta non
debeat recipi. Plane negabimus recipiendam, si nulla exempla praeiudi-
cent aliarum obseruationum, quas sine ullius scripturae instrumento,
solius traditionis titulo et exinde consuetudinis patrocinio uindicamus.
10 Denique, ut a baptismate ingrediar, aquam adituri ibidem, sed et aliquanto prius in ecclesia, sub antistitis manu, contestamur nos renuntiare
diabolo et pompae et angelis eius.   3. Dehinc ter mergitamur amplius

---

44   6 traditio nisi: traditionis *uel* traditio non *uarr.*

37,1. Wenn sich das so verhält, daß die Wahrheit uns zuerkannt werden muß, die wir in derjenigen Glaubensregel wandeln, welche die Kirchen von den Aposteln, die Apostel von Christus, Christus von Gott empfangen hat[6], so steht auch unser Satz als begründet fest (cf. Kap. 19), welcher besagt, daß die Häretiker zur Eröffnung einer Debatte über die Heilige Schrift gar nicht zugelassen werden dürfen, da wir ohne die Schrift beweisen, daß die Schrift sie gar nichts angeht.

TERTULLIAN, *Über den Kranz 3-4, 1.3-7*[1]   44

3,1. Wie lange sollen wir denn die Säge immer in der nämlichen Kerbe hin- und herziehen, da wir es doch mit einem eingebürgerten Brauch zu tun haben, welcher durch sein Bestehen ein „fait accompli" geschaffen hat? Wenn auch keine Schrift ihn vorgeschrieben hat, so ist er doch sicher durch die Gewohnheit gefestigt, und diese ist ohne Zweifel aus der Tradition geflossen. Wie könnte etwas in allgemeinen Gebrauch kommen, wenn es sich nicht zuvor in der Tradition vorfindet? „Auch bei der Berufung auf die Tradition muß man", wendest du ein, „die Autorität der Schrift verlangen".[2] 2. Untersuchen wir also auch, ob eine Tradition nur dann angenommen werden darf, wenn sie geschrieben steht. Wir werden selbstverständlich in Abrede stellen, daß sie beobachtet werden solle, wenn keine Beispiele von anderen Gebräuchen als Präzedenzfall vorliegen, welche wir ohne das Hilfsmittel irgendeiner Schriftstelle, auf bloße Tradition hin und aufgrund der darauf gestützten Gewohnheit zu den unsern machen. Um von der Taufe auszugehen: Wenn wir daran sind, ins Wasser hinabzusteigen, so bezeugen wir zu gleicher Zeit, aber auch schon einige Zeit vorher in der Kirche, unter der Hand des Vorstehers, daß wir dem Teufel, seiner Pracht und seinen Engeln absagen.[3] 3. Sodann werden wir dreimal unter-

---

6   Vgl. De praescr. 21,4 (= Text Nr. 40,28 ff.). J.N. Bakhuizen van den Brink, Traditio 72, bemerkt mit Recht, daß diese Traditionskette, die mit Gott beginnt, den Begriff der Offenbarung miteinschließt; vgl. 1. Klem. 42,1 (= Text Nr. 15,1 f.).   43

1   Ist es erlaubt, einen Kranz zu tragen? Das ist die in dieser Schrift verhandelte Frage. Die Antwort Tertullians lautet negativ. In Friedenszeiten setzt sich kein Christ einen Kranz auf. Die Tatsache, daß sich das Problem, ob das Kranztragen erlaubt oder unerlaubt ist, nur in Verfolgungszeiten stellt, beweist, daß das Kranztragen verboten ist. Vgl. J. Speigl, in Pietas, Festschrift für B. Kötting, Münster, 1980, 165-178.   44

2   Die Heilige Schrift ist gemeint.

3   Vgl. De spect. 4,1; 13,1; De paen. 6,1. Die zweimalige Absage an Satan ist nur von Tertullian bezeugt, aber ein Versprechen des Katechumenen vor seiner Taufe begegnet auch in Rom; vgl. Justin, Apol. I,61,2; Hippolyt, Apost.Trad. 15 ff. Zum ganzen Problem siehe H. Kirsten, Die Taufabsage, 1960.

aliquid respondentes quam dominus in euangelio determinauit. Inde
suscepti, lactis et mellis concordiam praegustamus, exque ea die lauacro
15 quotidiano per totam ebdomadem abstinemus. Eucharistiae sacramentum, et in tempore uictus et omnibus mandatum a domino, etiam ante-
lucanis coetibus nec de aliorum manu quam praesidentium sumimus.
Oblationes pro defunctis, pro nataliciis, annua die facimus. 4. Die
dominico ieiunium nefas ducimus, uel de geniculis adorare. Eadem
20 immunitate a die Paschae in Pentecosten usque gaudemus. Calicis aut
panis etiam nostri aliquid decuti in terram anxie patimur. Ad omnem
progressum atque promotum, ad omnem aditum et exitum, ad uestitum,
ad calciatum, ad lauacra, ad mensas, ad lumina, ad cubilia, ad sedilia,
quacumque nos conuersatio exercet, frontem signaculo terimus.
25   4,1. Harum et aliarum eiusmodi disciplinarum si legem expostules,
scripturarum nullam leges. Traditio tibi praetendetur auctrix et consuetudo confirmatrix et fides obseruatrix. Rationem traditioni et consuetudini et fidei patrocinaturam aut ipse perspicies aut ab aliquo qui per-
spexerit disces. Interim non nullam esse credes cui debeatur obsequium.

getaucht, wobei wir etwas mehr geloben, als der Herr im Evangelium bestimmt hat.[4] Herausgestiegen, genießen wir zuerst eine Mischung von Milch und Honig[5] und enthalten uns von jenem Tage an eine ganze Woche hindurch des täglichen Bades.[6] Das Sakrament der Eucharistie, welches vom Herrn zur Essenszeit und allen anvertraut wurde, empfangen wir auch in frühmorgendlichen Versammlungen[7], und zwar aus der Hand keiner andern als der Vorsteher.[8] Die Opfergaben für die Verstorbenen bringen wir am Jahrestage als ihrem Geburtstage dar.[9] 4. Am Sonntag halten wir es für unerlaubt, zu fasten oder auf den Knien zu beten. Desselben Vorrechtes erfreuen wir uns in der Zeit vom Ostertag bis Pfingsten.[10] Auch erregt es uns Ängste, daß uns etwas von dem uns eigentümlichen Kelch und Brot zu Boden fallen könnte.[11] Bei jedem Schritt und Tritt, bei jedem Hinein- und Hinausgehen, beim Anlegen der Kleider und Schuhe, beim Waschen, Essen, Lichtanzünden, Schlafengehen, beim Absitzen und bei jeder Tätigkeit, die uns das tägliche Leben auferlegt, drücken wir auf unsere Stirn das kleine Zeichen.[12]

4,1. Wolltest du für diese und andere ähnliche Punkte der Kirchenzucht eine ausdrückliche Vorschrift aus der Schrift verlangen, so würdest du keine auftreiben. Die Tradition wird sich dir als die Urheberin, die Gewohnheit als die Bestätigung und der Glaube als der Befolger derselben darstellen. Den Vernunftgrund aber, der für die Tradition, die Gewohnheit und den Glauben spricht, wirst du entweder selbst erkennen oder von einem erfahren, der ihn erkannt hat. Bis dahin wirst du im Glauben annehmen, daß ein solcher vorhanden ist, dem man Gehorsam schuldet.[13]

4 Handelt es sich um das Glaubensbekenntnis im allgemeinen, oder um dessen afrikanische Ausprägung, die auf die Erwähnung der Kirche speziellen Wert legt (vgl. Tertullian, De bapt. 6,2; Cyprian, Brief 69,7; 70,2)?
5 Vgl. Hippolyt, Apost. Trad. 21 (Anspielung auf 4. Mose 16,14).
6 Vgl. De bapt. 20. Für die Zeit Augustins siehe dessen Osterpredigten, SC 111, 1966, 85 ff.
7 Vgl. Plinius d. Jüngere, Brief X,96,7 (Tertullian, Apol. 2,6); Justin, Apol. I,67,3-6.
8 Vgl. Exhort.cast. 7,6; De bapt. 17; De praescr. 41.
9 Vgl. Exhort.cast. 11,1; De mon. 10,4.
10 Vgl. De orat. 23,2. Ps.-Justin, Quaest. et resp. ad orth. 115, bezeichnet diesen Brauch als apostolische Tradition und verweist auf Irenäus, De pascha, eine Schrift, die leider verloren ist.
11 Da die eucharistischen Elemente konsekriert sind; vgl. Justin, Apol. I,66; Hippolyt, Apost. Trad. 37 f.
12 Vgl. Hippolyt, Apost.Trad. 24; F.J. Dölger, JAC I, 1959, 5-13.
13 Tertullian verweist auf ein Beispiel aus dem Alten Testament: die israelitischen Frauen hatten die Gewohnheit, sich zu verschleiern. Das Alte Testament enthält aber keinerlei Vorschrift in dieser Beziehung.

30   3 ... in ipsa quoque legem habitus requiro uel in quacumque alia.   4.
Si legem nusquam reperio, sequitur ut traditio consuetudini morem
hunc dederit, habiturum quandoque apostoli auctoritatem ex interpre-
tatione rationis. His igitur exemplis renuntiatum erit posse etiam non
scriptam traditionem in obseruatione defendi, confirmatam consuetu-
35 dine, idonea teste probatae tunc traditionis ex perseuerantia obseruatio-
nis. 5. Consuetudo autem etiam in ciuilibus rebus pro lege suscipitur,
cum deficit lex, nec differt scriptura an ratione consistat, quando et
legem ratio commendet. Porro si ratione lex constat, lex erit omne iam
quod ratione constiterit a quocumque productum. An non putas omni
40 fideli licere concipere et constituere, dumtaxat quod deo congruat, quod
disciplinae conducat, quod saluti proficiat, dicente domino: *Cur autem
non et a uobis ipsis quod iustum iudicatis?* 6. Et non de iudicio tantum,
sed de omni sententia rerum examinandarum dicit et apostolus: *Si quid
ignoratis, deus uobis reuelabit,* solitus et ipse consilium subministrare,
45 cum praeceptum domini non habebat, et edicere a semetipso, spiritum
dei habens deductorem omnis ueritatis. Itaque consilium eius diuini iam
praecepti instar obtinuit de rationis diuinae patrocinio. 7. Hanc nunc
expostula saluo traditionis respectu, quocumque traditore censetur, nec
auctorem respicias, sed auctoritatem, et in primis consuetudinis ipsius
50 quae propterea colenda est ne non sit rationis interpres, ut, si et hanc
deus dederit, tunc discas non an obseruanda sit tibi consuetudo, sed cur.

---

44   41 sq. Luc. 12,57
43 sq. Phil. 3,15
44-46 cf. I Cor. 7, 25.40

1 legem habitus: lege habitum *uar.*
45 et edicere *Marra*: et dicere *uel* et quaedam ed. *uel* et quod ed. *codd.*

---

14 Vgl. 1. Kor. 11,3 ff.; De orat. 22; De virg.vel. (Vgl. Text Nr. 45).
15 Es handelt sich hier um die christliche Version der stoischen Theorie der rationes
seminales; vgl. M. Spanneut, Le stoïcisme des Pères de l'Eglise, 1957, 316 ff.
16 Der Apostel Paulus hat in 1. Kor. 7 sicher nicht *das* sagen wollen (vgl. Text Nr. 5)!
17 Diese rigoristische Verhärtung inbezug auf die Beobachtung von Traditionen
scheint ein montanistischer Zug zu sein; aber gewisse Wortführer der Großkirche
werden später den gleichen Standpunkt vertreten; vgl. z.B. Basilius von Cäsarea
(= Text Nr. 110).

66

3. ...Ich frage in ihrem Fall (sc. von Susanna), sowie in jedem beliebigen andern Fall nach der Vorschrift für diese Kleidungsweise (sc. der Verschleierung). 4. Wenn ich nirgends eine solche Vorschrift entdecke, so folgt daraus, daß die Tradition es war, welche der Gewohnheit dieses Sittengepräge gegeben hat, welche später aufgrund einer rationalen Erklärung die Autorität des Apostels für sich haben sollte.[14] Mit diesen Beispielen wird klar geworden sein, daß auch eine ungeschriebene Tradition sich wegen ihrer Beobachtung rechtfertigen lasse, wenn sie bestätigt wird durch die Gewohnheit; denn diese ist ein hinlänglicher Zeuge zugunsten der Tradition, die dann aufgrund der Permanenz ihrer Befolgung gutgeheißen wird. 5. Man läßt ja die Gewohnheit auch in bürgerlichen Angelegenheiten, wenn kein Gesetz vorhanden ist, statt eines Gesetzes gelten, und es macht keinen Unterschied, ob sie auf etwas Geschriebenem oder auf einem Vernunftgrund beruht, da ja auch das Gesetz seine Vernunftgemäßheit empfiehlt. Noch mehr: Wenn das Gesetz seinen Bestand in der Begründung durch die Vernunft hat, so wird alles, was durch eine vernünftige Begründung Bestand hat, Gesetz sein, mag es von wem auch immer eingeführt worden sein.[15] Oder bist du nicht der Ansicht, daß jeder Gläubige die Freiheit habe, (einen Gebrauch) zu konzipieren und festzusetzen, solange er Gott angemessen, der Kirchenzucht förderlich und dem Seelenheil dienlich ist, da der Herr sagt: *Warum urteilt ihr nicht auch von euch selbst, was Recht ist?*. 6. Auch der Apostel sagt nicht bloß inbezug auf das Richten, sondern auch inbezug auf jeden Urteilsspruch über zu prüfende Sachen: *Wenn ihr etwas nicht wißt, so wird Gott es euch offenbaren*; er selbst pflegte, wenn er eine Vorschrift des Herrn nicht besaß, einen Rat zu geben und aus eigener Initiative vorzuschreiben, da er im Besitz des Geistes Gottes war, der in alle Wahrheit einführt. So erhielt denn sein Rat bereits den Rang einer göttlichen Vorschrift infolge davon, daß er sich auf die göttliche Vernunft stützte.[16] 7. Nach dieser letzteren frage jetzt, wobei die Hochachtung vor der Tradition unangetastet bleibt, von welchem Überlieferer sie sich auch immer herleiten möge: du hast nicht auf den Urheber zu sehen, sondern auf das Ansehen, insbesondere auch der Gewohnheit selber, die deswegen zu halten ist, weil zu befürchten ist, daß ein Interpret der vernünftigen Begründung nicht zur Stelle ist; in der Folge, wenn Gott auch diese verleiht, magst du dann lernen, nicht, ob die Gewohnheit zu beobachten sei, sondern vielmehr, warum sie es sei.[17]

45 TERTULLIANUS, *De uirginibus uelandis* (ca. 208–212) 1,1–2
ed. E. Dekkers, CCL 2, 1954, p. 1209

1 ... Dominus noster Christus ueritatem se, non consuetudinem, cognominauit. 2. Si semper Christus, et prior omnibus, aeque ueritas sempiterna et antiqua res. Viderint ergo quibus nouum est quod sibi uetus est. Haereseis non tam nouitas quam ueritas reuincit. Quodcum-
5 que aduersus ueritatem sapit, hoc erit haeresis, etiam uetus consuetudo.

46 TERTULLIANUS, *De monogamia* (ca. 217) 2,1–4
ed. V. Bulhart, CSEL 76, 1957, pp. 45 sq.

1 ... ut iam de hoc primum consistendum sit in generali retractatu, an capiat paracletum aliquid tale docuisse quod aut nouum deputari possit aduersus catholicam traditionem aut onerosum aduersus leuem sarcinam. 2. De utroque autem ipse dominus pronuntiauit. Dicens
5 enim: *Adhuc multa habeo quae loquar ad uos, sed nondum potestis portare ea, cum uenerit spiritus sanctus, ille uos ducet in omnem ueritatem,* satis utique praetendit edocturum illum quae et noua existimari possint, ut nunquam retro edita, et aliquanto onerosa, ut idcirco non edita. 3. Ergo, inquis, hac argumentatione quiduis nouum et onerosum paracleto
10 adscribi poterit, etsi ab aduersario spiritu fuerit. Non utique. Aduersarius enim spiritus ex diuersitate praedicationis appareret, primo regulam adulterans fidei, et ita ordinem adulterans disciplinae, quia cuius gradus prior est, eius corruptela antecedit, id est fidei, quae prior est disciplina.

---

45   4 haereseis *edd.*: haeresis *uel* haeresibus *codd.*

46   6 sq. Ioh. 16,12

46   4 sarcinam: sarcinam domini *uar.*
7 edocturum *Kroymann, Bulhart*: et docturum *uel* ea acturum *codd. et. edd.*
8 aliquanto: aliquando *uar.*

TERTULLIAN, *Über die Gründe für die Verschleierung der Jung-frauen* 1, 1-2[1]

1. ...Unser Herr Christus hat sich als Wahrheit, nicht als Ge-wohnheit bezeichnet. 2. Wenn Christus immer und vor allen Din-gen ist, dann ist ebenso auch die Wahrheit eine ewige und alte An-gelegenheit. Das sollen diejenigen bedenken, denen etwas neu ist, was doch für sich selber alt ist. Häresien überführt nicht so sehr ihre Neuheit als die Wahrheit. Alles, was gegen die Wahrheit weise sein will, das wird sich als Häresie erweisen, auch wenn es eine alte Gewohnheit ist.[2]

TERTULLIAN, *Über die einmalige Ehe* 2, 1-4[1]

1. ...Daher müssen wir uns schon bei diesem Punkt mit einer allgemeinen Auseinandersetzung aufhalten: kann angenommen werden, daß der Paraklet etwas gelehrt hat, was entweder gegen-über der katholischen Tradition neu oder gegenüber der leichten Bürde als eine drückende Last angesehen werden könnte? 2. In beiderlei Hinsicht hat indes der Herr selbst sich geäußert. Wenn er nämlich sagt: *Ich habe euch noch vieles zu sagen, aber ihr könnt es noch nicht tragen; wenn aber der Heilige Geist kommt, der wird euch in alle Wahrheit einführen*, so gibt er hinlänglich zum voraus zu verstehen, daß derselbe manches lehren werde, was, weil früher noch nicht bekanntgegeben, für neu und als etwas drücken-de Last — eben darum war es noch nicht bekanntgegeben worden — würde gelten können. 3. Bei dieser Art der Argumentation wirst du sagen, wird man also jedes beliebige Neue und Schwere dem Paraklet zuschreiben können, selbst wenn es vom bösen Geist her-rühren sollte? Gewiß nicht. Der böse Geist würde sich durch eine Abweichung in der Lehre verraten, zuerst die Glaubensregel fäl-schen und damit die Ordnung der Kirchendisziplin, weil das, was der Stufenfolge nach das erste ist, in der Verderbnis vorangeht, d.h. der Glaube, welcher den Vorrang vor der Disziplin hat. Erst

---

1 Tertullian spricht von der Pflicht der Jungfrauen, sich zu verschleiern, eine Pflicht, die offensichtlich in der Kirche nicht allgemein war.   **45**

2 Hier nimmt der Montanist Tertullian eine radikal prophetische Haltung ein, die den Traditionsbegriff, den er selber früher vertreten hat (= Text Nr. 44), über den Hau-fen wirft; vgl. E. Schulz-Flügel, Quinti Septimi Florentis Tertulliani De virginibus velandis, Göttingen 1977, 19.

1 Tertullian schreibt die Einmaligkeit der Ehe vor, indem er sich auf die Anweisungen des Parakleten beruft. Aber diese werden von der Großkirche als neu und als „drük-kende Last" verworfen. Vgl. C. Rambaux, REAug 22, 1976, 3-28; 201-217; und spez. 23, 1977, 18-55.   **46**

Ante quis de deo haereticus sit necesse est, et tunc de instituto. 4. Para-
15 cletus autem multa habens edocere quae in illum distulit dominus,
secundum praefinitionem, ipsum primo Christum contestabitur qualem
credimus, cum toto ordine dei creatoris et ipsum glorificabit, et de ipso
commemorabit, et sic de principali regula illa multa quae sunt disciplinarum reuelabit, fidem dicente pro eis integritate praedicationis...

47   PSEUDO-CLEMENS, *Epistula Petri ad Iacobum* (ca. 200?) 3,1-2

ed. B. Rehm - F. Paschke, GCS 42, 1969², p. 2

1. Ἵνα οὖν μὴ τοιοῦτόν τι γένηται, τούτου ἕνεκα ἠξίωσα καὶ ἐδεήθην
τῶν ἐμῶν κηρυγμάτων ἃς ἔπεμψά σοι βίβλους μηδενὶ μεταδοῦναι μήτε
ὁμοφύλῳ μήτε ἀλλοφύλῳ πρὸ πείρας, ἀλλ᾽ ἐάν τις δοκιμασθεὶς ἄξιος
εὑρεθῇ, τότε αὐτῷ κατὰ τὴν Μωϋσέως ἀγωγὴν παραδοῦναι, 2. καθ᾽ ἣν
5 τοῖς ἑβδομήκοντα παρέδωκεν τοῖς τὴν καθέδραν αὐτοῦ παρειληφόσιν,
ἵνα οὕτως τὰς πίστεις φυλάξωσιν καὶ πανταχῆ τὸν τῆς ἀληθείας κανόνα
παραδῶσιν, ἑρμηνεύοντες τὰ πάντα πρὸς τὴν παράδοσιν ἡμῶν, καὶ μὴ
αὐτοὶ ὑπὸ ἀμαθείας κτασπώμενοι, ὑπὸ τῶν κατὰ τὴν ψυχὴν στοχασμῶν
εἰς πλάνην ἑλκόμενοι, ἄλλους εἰς τὸν ὅμοιον τῆς ἀπωλείας ἐνέγκωσιν
10 βόθυνον.

---

46   18 regula illa *codd.*: regula agnitus illa *Gelenius, Dekkers*

muß jemand inbezug auf Gott ein Häretiker sein, dann erst kann er es sein inbezug auf seine Anordnungen. 4. Der Paraklet aber, der vieles zu lehren hat, was gemäß seiner Vorherbestimmung der Herr für ihn aufgespart hat, wird zuerst für Christus selbst das Zeugnis ablegen, daß er der sei, als den wir ihn bekennen, gemäß der Gesamtordnung, die der Schöpfergott getroffen hat; ihn wird er verherrlichen, an ihn erinnern, und so, aufgrund der fundamentalen Glaubensregel, wird er all das viele noch offenbaren, was zur Kirchendisziplin gehört, wobei die Reinheit der Glaubenspredigt für diese Dinge bürgt...[2]

PSEUDO-KLEMENS, *Brief des Petrus an Jakobus* 3, 1-2   47

1. Damit nun nichts Derartiges geschehe[1], habe ich es für richtig befunden und darum gebeten, daß die Bücher meiner Predigten[2], die ich dir geschickt habe, keinem Menschen, weder einem Stammesgenossen noch einem Fremden, vor einer Probezeit übergeben werden. Wenn aber einer nach der Prüfung als würdig erfunden worden ist, dann möge man sie ihm übergeben, wie es Mose gemacht hat, 2. als er den Siebzig sein Lehramt übergab: auf daß sie so die Glaubenslehren bewahren[3] und überall die Richtschnur der Wahrheit[4] überliefern, indem sie alles im Blick auf unsere Tradition interpretieren und sich nicht selbst durch Unwissenheit zu Fall bringen lassen und, durch den Wissensdurst ihres (eigenen) Herzens in den Irrtum gezogen, andere in einen ähnlichen Abgrund des Verderbens hineinführen.

---

2 Das montanistische Argument besteht darin, zu beteuern, daß die Neuerung nicht die Lehre, sondern nur die disziplinarischen Traditionen betrifft.   46

1 In Kap. 2 beschwert sich Petrus darüber, daß gewisse Heidenchristen (der paulinischen Mission) seine Predigt verfälscht hätten, als ob er die Aufhebung des Gesetzes lehre.   47

2 Κηρύγματα Πέτρου ist der Titel der Schrift, die den Kern des pseudoklementinischen Romans ausmacht; vgl. G. Strecker, Das Judenchristentum in den Pseudo-Klementinen, 1981[2].

3 Der Wechsel vom Singular zum Plural ist auffallend (er ist wohl auf die Erwähnung der 70 Presbyter zurückzuführen); es ist aber klar, daß in der Folge von den *christlichen* Amtsträgern die Rede ist.

4 Siehe zum philonischen Hintergrund dieser Formulierung E. Lanne, in: Studia Anselmiana 79, 1980, 57-70.

48 *Epistula ad Diognetum* (190-200) 7,1; 11,1.5-6

ed. K. Bihlmeyer - W. Schneemelcher (= nr. 12), pp. 145, 148-149

7,1. Οὐ γὰρ ἐπίγειον, ὡς ἔφην, εὕρημα τοῦτ᾽ αὐτοῖς παρεδόθη, οὐδὲ θνητὴν ἐπίνοιαν φυλάσσειν οὕτως ἀξιοῦσιν ἐπιμελῶς, οὐδὲ ἀνθρωπίνων οἰκονομίαν μυστηρίων πεπίστευνται. 11,1. Οὐ ξένα ὁμιλῶ οὐδὲ παραλόγως ζητῶ, ἀλλὰ ἀποστόλων
5 γενόμενος μαθητὴς γίνομαι διδάσκαλος ἐθνῶν · τὰ παραδοθέντα ἀξίως ὑπηρετῶ γινομένοις ἀληθείας μαθηταῖς. 5....δι᾽ οὗ πλουτίζεται ἡ ἐκκλησία καὶ χάρις ἁπλουμένη ἐν ἁγίοις πληθύνεται, παρέχουσα νοῦν, φανεροῦσα μυστήρια, διαγγέλλουσα καιρούς, χαίρουσα ἐπὶ πιστοῖς, ἐπιζητοῦσι δωρουμένη, οἷς ὅρια πίστεως
10 οὐ θραύεται οὐδὲ ὅρια πατέρων παρορίζεται. 6.Εἶτα φόβος νόμου ᾄδεται, καὶ προφητῶν χάρις γινώσκεται καὶ εὐαγγελίων πίστις ἵδρυται καὶ ἀποστόλων παράδοσις φυλάσσεται καὶ ἐκκλησίας χάρις σκιρτᾷ.

49 CLEMENS ALEXANDRINUS, *Stromata* (ante 202/203?) I,1,11,3-12,1

ed. O. Stählin - L. Früchtel, GCS 52³, 1960, p. 9

11,3. Ἀλλ᾽ οἳ μὲν τὴν ἀληθῆ τῆς μακαρίας σῴζοντες διδασκαλίας παράδοσιν εὐθὺς ἀπὸ Πέτρου τε καὶ Ἰακώβου Ἰωάννου τε καὶ Παύλου τῶν ἁγίων ἀποστόλων, παῖς παρὰ πατρὸς ἐκδεχόμενος (ὀλίγοι δὲ οἱ πατράσιν ὅμοιοι), ἧκον δὴ σὺν θεῷ καὶ εἰς ἡμᾶς τὰ προγονικὰ ἐκεῖνα
5 καὶ ἀποστολικὰ καταθησόμενοι σπέρματα. 12,1. Καὶ εὖ οἶδ᾽ ὅτι ἀγαλλιάσονται, οὐχὶ τῇ ἐκφράσει ἡσθέντες λέγω τῇδε, μόνῃ δὲ τῇ κατὰ τὴν ὑποσημείωσιν τηρήσει · ποθούσης γὰρ οἶμαι ψυχῆς τὴν μακαρίαν

---

48 5 ἀξίως Hollenberg: ἀξίοις *cod.*
9 ὅρια: ὅρκια *Lachmann, Bihlmeyer, Marrou*

Brief an Diognet 7, 1; 11, 1.5-6   48

7,1. Denn, wie ich sagte[1], nicht als irdische Erfindung wurde ihnen dies überliefert, und nicht einen sterblichen Gedanken halten sie so sorgfältiger Bewahrung wert, auch sind sie nicht mit der Verwaltung menschlicher Geheimnisse betraut.[2]

11,1. Nichts Fremdartiges predige ich und suche nicht das Unvernünftige, sondern zum Schüler der Apostel geworden mache ich mich zum Lehrer der Nationen.[3] Ich biete das Überlieferte in rechter Weise denen dar, die Schüler der Wahrheit werden.

5. ...Durch ihn[4] wird die Kirche bereichert und die Gnade, die sich in den Heiligen entfaltet, vermehrt; sie gewährt Verständnis, erschließt Geheimnisse, kündet Zeiten an, erfreut sich an den Gläubigen, teilt sich den Suchenden mit, durch welche die Grenzen des Glaubens nicht verletzt und diejenigen der Väter nicht überschritten werden. 6. Dann wird die Gesetzesfurcht gepriesen, die den Propheten gegebene Gnade anerkannt, der Glaube der Evangelien gefestigt, die Tradition der Apostel bewahrt, und die Gnade der Kirche frohlockt.[5]

KLEMENS VON ALEXANDRIEN, *Teppiche* 1, 1, 11, 3-12, 1 (übers. O. Stählin, BdK, 2. Reihe 17, 1936, S. 19-20)   49

11,3. Jene Lehrer[1] aber, die die wahre, unmittelbar von den heiligen Aposteln Petrus und Jakobus, Johannes und Paulus[2] stammende Tradition der seligen Lehre unversehrt bewahrten, indem immer ein Sohn sie von seinem Vater übernahm (nur wenige sind es, die ihren Vätern ähnlich sind[3]), kamen in der Tat mit Gottes Hilfe auch zu uns, um jene von den Vätern ererbten und apostolischen Samenkörner (in uns) niederzulegen. 12,1. Und ich weiß gewiß, daß sie frohlocken werden, nicht, meine ich, weil sie über diese meine Darstellung erfreut wären, sondern nur weil die Tradition durch die Aufzeichnung erhalten wurde. Denn eine derartige

---

1   Vgl. 5,3.   48
2   Vgl. R. Brändle, Die Ethik der „Schrift an Diognet", 1975, 111 ff.
3   Vgl. 1. Tim. 2,7. Zum Paulinismus des Diognetbriefes siehe R. Brändle, op.cit., 207 ff.; K. Wengst, ZKG 90, 1979, 41-62.
4   Den Logos, der sich offenbart hat.
5   Die Vorstellung der „gnostischen" Tradition, die in diesem Text entwickelt wird, ist derjenigen von Klemens von Alexandrien (vgl. Texte Nr. 50 ff.) so verwandt, daß H.-I. Marrou, SC 33 bis, 1965, 241 ff., vermutlich recht hat, die Schrift im alexandrinischen Milieu anzusiedeln und sie Pantänus, dem Lehrer des Klemens, zuzuschreiben. Zur Frage, ob dieser Teil des Briefes echt ist, siehe ebenda, 219 ff.

1   Klemens spricht von seinen Lehrern.   49
2   Vgl. Text Nr. 60, und Strom. VI,8,68,2.
3   Vgl. Homer, Odyssee 2,276.

παράδοσιν ἀδιάδραστον φυλάττειν ἡ τοιάδε ὑποτύπωσις · «ἀνδρὸς δὲ φιλοῦντος σοφίαν εὐφρανθήσεται πατήρ.»

50　ibidem I,1,15,1-2
ed. O. Stählin - L. Früchtel (= nr.49), p. 11

1. Ἔστι δὲ ἃ καὶ αἰνίξεταί μοι γραφή, καὶ τοῖς μὲν παραστήσεται, τὰ δὲ μόνον ἐρεῖ, πειράσεται δὲ καὶ λανθάνουσα εἰπεῖν καὶ ἐπικρυπτομένη ἐκφῆναι καὶ δεῖξαι σιωπῶσα. 2. Τά τε παρὰ τῶν ἐπισήμων δογματιζόμενα αἱρέσεων παραθήσεται, καὶ τούτοις ἀντερεῖ πάνθ᾽ ὅσα
5 προοικονομηθῆναι καθήκει τῆς κατὰ τὴν ἐποπτικὴν θεωρίαν γνώσεως, ἢ προβήσεται ἡμῖν κατὰ τὸν εὐκλεῆ καὶ σεμνὸν τῆς παραδόσεως κανόνα ...

51　ibidem I,12,55,1-3
ed. O. Stählin - L. Früchtel (= nr.49), p. 35

1. Ἐπεὶ δὲ μὴ κοινὴ ἡ παράδοσις καὶ πάνδημος τῷ γε αἰσθομένῳ τῆς μεγαλειότητος τοῦ λόγου, ἐπικρυπτέον οὖν - τὴν «ἐν μυστηρίῳ» λαλουμένην «σοφίαν» -, ἣν ἐδίδαξεν ὁ υἱὸς τοῦ θεοῦ. 2. Ἤδη γοῦν καὶ Ἠσαΐας ὁ προφήτης πυρὶ καθαίρεται τὴν γλῶσσαν, ὡς εἰπεῖν δυνηθῆναι
5 τὴν ὅρασιν, καὶ οὐδὲ τὴν γλῶσσαν μόνον, ἀλλὰ καὶ τὰς ἀκοὰς ἁγνίζεσθαι προσήκει ἡμῖν, εἴ γε τῆς ἀληθείας μεθεκτικοὶ εἶναι πειρώμεθα. 3. Ταῦτα ἦν ἐμποδὼν τοῦ γράφειν ἐμοί, καὶ νῦν ἔτι εὐλαβῶς ἔχω, ᾗ φησιν «ἔμπροσθεν τῶν χοίρων τοὺς μαργαρίτας

49　8sq. Prou. 29,3

51　2sq. 1 Cor. 2,7
　　4 cf. Is.6,6 sq.
　　8-10 Matth. 7,6

51　6 μεθεκτικοὶ Potter, Früchtel: μεθεκτοὶ cod.

Darstellung ist, wie ich glaube, das Werk einer Seele, die das Verlangen in sich trägt, die selige Tradition unverlierbar zu bewahren.[4] *Wenn aber ein Mann Weisheit liebt, so wird sich sein Vater freuen.*

Ebenda I, 1, 15, 1-2 (übers. O. Stählin, vgl. Nr. 49, S. 22-23) 50

1. Manches wird meine Schrift auch nur andeuten, und bei dem einen Punkt wird sie länger verweilen, den anderen nur kurz erwähnen; sie wird auch versuchen, etwas verborgen zu sagen und verhüllt auszusprechen und schweigend deutlich zu machen.[1] 2. Meine Schrift wird auch die Lehrmeinungen der hervorragendsten Sekten vortragen und wird ihnen all das entgegenhalten, was vor der durch das höchste unmittelbare[2] Schauen vermittelten Erkenntnis[3] sichergestellt sein muß. Deshalb wird sie entsprechend der berühmten und erhabenen Richtschnur der Tradition[4] fortschreiten...

Ebenda I, 12, 55, 1-3 (übers. O. Stählin, vgl. Nr. 49, S. 54-55) 51

1. Da die Tradition wenigstens nach dem Urteil dessen, der eine Vorstellung von der Erhabenheit der Lehre bekommen hat, kein Gemeingut und nicht allen ohne Unterschied zugänglich ist, muß man also die *in der Form eines Geheimnisses* verkündete *Weisheit*, die der Sohn Gottes lehrte, verbergen.[1] 2. So muß ja der Prophet Jesaias seine Zunge mit einem Feuerbrand reinigen lassen, damit er das Gesicht verkündigen könne, und auch bei uns muß nicht nur erst die Zunge, sondern auch das Gehör geheiligt werden, wenn wir versuchen wollen, Teilhaber der Wahrheit zu sein.[2] 3. Dieser Gedanke hemmte mich beim Schreiben, und noch jetzt scheue ich mich, *die Perlen,* wie es heißt, *vor die Schweine zu*

---

4 Vgl. Text Nr. 57. Klemens kennt also eine ungeschriebene Tradition, die von Lehrer zu Lehrer überliefert ist und die Erkenntnis betrifft; vgl. P.Th. Camelot, Foi et Gnose, 1945, 90 ff. 49

1 Zum Programm des Klemens siehe A. Méhat, Etude sur les „Stromates" de Clément d'Alexandrie, 1966, 148 ff. 50

2 Ein Terminus aus der Mysteriensprache.

3 Der Begriff „Gnosis", hier und im folgenden mit „Erkenntnis" übersetzt, hat bei Klemens vielfache Bedeutungen; vgl. A. Méhat, op.cit., 421 ff.

4 Zitat von 1. Klem. 7,2 (= Text Nr. 14,2); vgl. Strom. IV,1,3,2. Die Übereinstimmung der „gnostischen" Lehre mit der Regel der kirchlichen Tradition wird von Klemens (vgl. Strom. VI,16,146,3; VII,15,90,2; 16,95,1-4; 97; 99,5; 103; 104; 105,1) wie auch Origenes (vgl. Text Nr. 61) unterstrichen.

1 Klemens kennt also eine esoterische christliche Tradition, die den „Gnostikern" vorbehalten bleibt; vgl. auch Strom. V,10,64,4-66,1. 51

2 Vgl. auch Strom. VII,4,27,6.

βάλλειν, μή ποτε καταπατήσωσι τοῖς ποσὶ καὶ στραφέντες ῥήξωσιν ὑμᾶς».

52 ibidem IV,1,3,2-3

ed. O. Stählin - L. Früchtel (= nr.49), p. 249

2. Ἡ γοῦν κατὰ τὸν τῆς ἀληθείας κανόνα γνωστικῆς παραδόσεως φυσιολογία, μᾶλλον δὲ ἐποπτεία, ἐκ τοῦ περὶ κοσμογονίας ἤρτηται λόγου, ἐνθένδε ἀναβαίνουσα ἐπὶ τὸ θεολογικὸν εἶδος. 3. Ὅθεν εἰκότως τὴν ἀρχὴν τῆς παραδόσεως ἀπὸ τῆς προφητευθείσης ποιησόμεθα
5 γενέσεως. Ἐν μέρει καὶ τὰ τῶν ἑτεροδόξων παρατιθέμενοι καὶ ὡς οἷόν τε ἡμῖν διαλύεσθαι πειρώμενοι.

53 ibidem V,10,64,5

ed. O. Stählin - L. Früchtel (= nr.49), p. 369

«Οἶδα ὅτι ἐρχόμενος» φησὶ «πρὸς ὑμᾶς» ὁ ἀπόστολος «ἐν πληρώματι εὐλογίας Χριστοῦ ἐλεύσομαι», τὸ «πνευματικὸν χάρισμα» καὶ τὴν γνωστικὴν παράδοσιν, ἣν μεταδοῦναι αὐτοῖς παρὼν παροῦσι ποθεῖ - οὐ γὰρ δι᾽ ἐπιστολῆς οἷά τε ἦν ταῦτα μηνύεσθαι -, «πλήρωμα Χριστοῦ»
5 καλέσας.

54 ibidem VI,7,61,1-3

ed. O. Stählin - L. Früchtel (= nr.49), p. 462

1. Εἰ τοίνυν αὐτόν τε τὸν Χριστὸν σοφίαν φαμὲν καὶ τὴν ἐνέργειαν αὐτοῦ τὴν διὰ τῶν προφητῶν, δι᾽ ἧς ἔστι τὴν γνωστικὴν παράδοσιν

53　1 sq. Rom. 15,29; 1,11

werfen, damit sie sie nicht mit ihren Füßen zertreten und sich gegen euch wenden und euch zerreißen.[3]

Ebenda IV, 1, 3, 2-3 (übers. O. Stählin, BdK 2. Reihe 19, 1937, S. 12)   52

2. Nun hängt aber die Wesenslehre oder richtiger gesagt Wesensschau, die dem wahrheitsgetreuen Maßstab[1] gnostischer Tradition[2] entspricht, von der Lehre über die Weltentstehung[3] ab und steigt von hier aus zu dem Wissenschaftsgebiet der Lehre von Gott auf. 3. Daher werden wir mit Recht den Anfang der Darbietung mit der von der Weissagung berichteten Schöpfung[4] machen, wobei wir der Reihe nach auch die Ansichten der Häretiker vorführen und sie, soweit es uns möglich ist, zu widerlegen versuchen wollen.

Ebenda V, 10, 64, 5 (übers. O. Stählin, vgl. Nr. 52, S. 175)   53

Ich weiß, sagt der Apostel, *daß ich, wenn ich zu euch komme, mit der Fülle des Segens Christi kommen werde,* wobei er die *geistliche Gnadengabe* und die Tradition der Erkenntnis, die er ihnen mündlich Auge in Auge mitteilen möchte – denn brieflich konnte dies nicht mitgeteilt werden – *Fülle Christi* nennt.[1]

Ebenda VI, 7, 61, 1-3 (übers. O. Stählin, vgl. Nr. 52, S. 278-279)   54

1. Wenn wir also sowohl Christus selbst Weisheit nennen als auch seine Wirksamkeit durch die Propheten, durch die man die gnostische Tradition erlernen kann, wie er selbst zur Zeit seiner

---

3   Zur Art und Weise, wie Klemens das Neue Testament zitiert, siehe M. Mees, Die   51
     Zitate aus dem Neuen Testament bei Clemens von Alexandrien, 1970.

1   Vgl. Irenäus (= Texte Nr. 31 und 33) und Tertullian (= Text Nr. 39).   52
2   Vgl. Strom. VI,7,61,1 (= Text Nr. 54). Zum Konzept der „gnostischen Tradition"
     siehe J. Daniélou, in Studia Ephemeridis „Augustinianum" 10, 1972, 6 f.; 9 f.
3   Klemens entwickelt hier seine Vorstellung der natürlichen Theologie. Die Beobachtung des Universums bereitet den Menschen auf Christus vor. Vgl. Strom. I,1,15,3.
4   Vgl. Strom. I,1,15,2; VI,1,3,1-2; 16,142,2-4; 145,4-6. A. Méhat, op.cit., 442 ff.,
     vermutet zu Recht, daß man in diesen Texten Anspielungen auf einen verlorenen
     Genesis-Kommentar des Klemens finden kann.

1   Vgl. Strom. VI,15,131,4-5 (= Text Nr. 57). Man gewinnt den Eindruck, daß die   53
     „gnostische" Tradition über der Schrift steht.

ἐκμανθάνειν, ὡς αὐτὸς κατὰ τὴν παρουσίαν τοὺς ἁγίους ἐδίδαξεν
ἀποστόλους, σοφία εἴη ἂν ἡ γνῶσις, ἐπιστήμη οὖσα καὶ κατάληψις τῶν
5 ὄντων τε καὶ ἐσομένων καὶ παρῳχηκότων βεβαία καὶ ἀσφαλής, ὡς ἂν
παρὰ τοῦ υἱοῦ τοῦ θεοῦ παραδοθεῖσα καὶ ἀποκαλυφθεῖσα. 2. Καὶ δὴ
καὶ εἰ ἔστι τέλος τοῦ σοφοῦ ἡ θεωρία, ὀρέγεται μὲν ὁ [μὲν] ἔτι
φιλοσοφῶν τῆς θείας ἐπιστήμης, οὐδέπω δὲ τυγχάνει, ἢν μὴ μαθήσει
παραλάβῃ σαφηνισθεῖσαν αὐτῷ τὴν προφητικὴν φωνήν, δι' ἧς τά
10 τ' ἐόντα τά τ' ἐσόμενα πρό τ' ἐόντα, ὅπως ἔχει τε καὶ ἔσχεν καὶ ἔξει,
παραλαμβάνει. 3. Ἡ γνῶσις δὲ αὕτη [ἡ] κατὰ διαδοχὰς εἰς ὀλίγους ἐκ
τῶν ἀποστόλων ἀγράφως παραδοθεῖσα κατελήλυθεν . . .

55   *ibidem* VI,8,70,2-3
ed. O. Stählin - L. Früchtel (= nr. 49), p. 466–467

2. . . .ὁ γνωστικὸς δὲ ἐκεῖνος, περὶ οὗ λέγω, τὰ δοκοῦντα ἀκατάληπτα
εἶναι τοῖς ἄλλοις αὐτὸς καταλαμβάνει, πιστεύσας ὅτι οὐδὲν
ἀκατάληπτον τῷ υἱῷ τοῦ θεοῦ, ὅθεν οὐδὲ ἀδίδακτον · ὁ γὰρ δι' ἀγάπην
τὴν πρὸς ἡμᾶς παθὼν οὐδὲν ἂν ὑποστείλαιτο εἰς διδασκαλίαν τῆς
5 γνώσεως. 3. Γίνεται τοίνυν αὕτη ἡ πίστις ἀπόδειξις βεβαία, ἐπεὶ τοῖς
ὑπὸ τοῦ θεοῦ παραδοθεῖσιν ἀλήθεια ἔπεται.

56   *ibidem* VI,15,124,4-5; 125,2-3
ed. O. Stählin - L. Früchtel (= nr. 49), p. 494–495

124,4. Παραθήκη γὰρ ἀποδιδομένη θεῷ ἡ κατὰ τὴν τοῦ κυρίου
διδασκαλίαν διὰ τῶν ἀποστόλων αὐτοῦ τῆς θεοσεβοῦς παραδόσεως
σύνεσίς τε καὶ συνάσκησις · 5. «ὃ δὲ ἀκούετε εἰς τὸ οὖς»
(ἐπικεκρυμμένως δηλονότι καὶ ἐν μυστηρίῳ, τὰ τοιαῦτα γὰρ εἰς τὸ οὖς

---

54   7 ὁ [μὲν] ἔτι φιλοσοφῶν *Stählin*: ἡ μὲν ἔτι φιλοσόφων *cod.*
11 αὕτη [ἡ] *Stählin* : αὐτὴ ἡ *cod.*

55   4 ὑποστείλαιτο *Wilamowitz, Stählin*: ὑπεστείλατο *cod.*

56   3.5 Matth. 10,27

Erscheinung die heiligen Apostel lehrte, so dürfte Weisheit wohl
die Erkenntnis sein, die ein Wissen und Verstehen des Gegenwärti-
gen, Zukünftigen und Vergangenen ist, das nicht wankend gemacht
oder erschüttert werden kann, da es von dem Sohne Gottes überliefert und geoffenbart worden ist.[1] 2. Und wirklich, wenn höchstes
Ziel des Weisen das unmittelbare Schauen ist[2], so strebt zwar der
noch Philosophierende nach dem göttlichen Wissen, erlangt es aber
noch nicht[3], wenn er nicht durch Unterricht die Erklärung des
prophetischen Wortes erhält, wodurch er erfährt, wie sich die Gegenwart, die Zukunft und die Vergangenheit verhält und verhielt
und verhalten wird. 3. Diese Erkenntnis ist aber seit der Zeit der
Apostel in ununterbrochener Folge von einem zum andern mündlich ohne Verwendung schriftlicher Aufzeichnung an wenige weitergegeben worden...[4]

Ebenda VI, 8, 70, 2-3 (übers. O. Stählin, vgl. Nr. 52, S. 284)   55

2. ...Jener Gnostiker aber, von dem ich spreche, begreift selbst
das, was den übrigen unbegreiflich zu sein scheint, weil er glaubt,
daß dem Sohne Gottes nichts unbegreiflich ist und daher auch
nicht von seiner Lehre ausgeschlossen bleibt. Denn derjenige, der
aus Liebe zu uns litt, dürfte uns doch nichts von dem vorenthal-
ten, was zur Lehre der Erkenntnis gehört. 3. Dieser Glaube wird
also zu einem unerschütterlichen Beweis[1], da von dem durch
Gott Überlieferten die Wahrheit nicht zu trennen ist.

Ebenda VI, 15, 124, 4-5; 125, 2-3 (übers. O. Stählin, vgl. Nr. 52,
S. 322-323)   56

124,4. Denn ein anvertrautes, Gott zurückzugebendes Gut ist
das Verständnis und die sorgfältige Pflege der frommen Tradition
entsprechend der durch die Apostel des Herrn vermittelten Lehre
des Herrn. 5. *Was ihr aber in euer Ohr hört* (nämlich in verborge-
ner Weise und in Form eines Geheimnisses; denn von solchem wird
bildlich gesagt, daß es ins Ohr gesagt werde), *das predigt*, so heißt

---

1 Christus selbst hat die Erkenntnis offenbart und überliefert sie, in Vergangenheit und   54
   Gegenwart. Vgl. die Anschauung des Apostels Paulus über diesen Punkt (= Text Nr. 6).
2 Vgl. Strom. II,130,2.
3 Die Philosophie hat nur Zugang zu einer Teilwahrheit; vgl. Strom. VI,8,68,1, und
   schon Justin, Apol. II,10.
4 Die durch Sukzession übermittelte „gnostische" Tradition besteht demnach hauptsächlich in einer geistlichen Auslegung der Schriften des Alten und Neuen Testaments.

1 Vgl. Strom. II,11,48-49; VIII,3,7,6. Zum Problem der Erkenntnis als „Beweis" für den   55
   Glauben siehe P.Th. Camelot, op.cit., 58 ff., und J. Daniélou, NRTh 104, 1972, 454 ff.

5 λέγεσθαι ἀλληγορεῖται), «ἐπὶ τῶν δωμάτων» φησί,«κηρύξατε»,
μεγαλοφρόνως τε ἐκδεξάμενοι καὶ ὑψηγόρως παραδιδόντες καὶ κατὰ
τὸν τῆς ἀληθείας κανόνα διασαφοῦντες τὰς γραφάς.
125,2.... πλὴν «ἅπαντα ὀρθὰ ἐνώπιον τῶν συνιέντων» φησὶν ἡ
γραφή, τουτέστι τῶν ὅσοι ὑπ' αὐτοῦ σαφηνισθεῖσαν ‹τὴν› τῶν γραφῶν
10 ἐξήγησιν κατὰ τὸν ἐκκλησιαστικὸν κανόνα ἐκδεχόμενοι διασῴζουσι ·
3. κανὼν δὲ ἐκκλησιαστικὸς ἡ συνῳδία καὶ ἡ συμφωνία νόμου τε καὶ
προφητῶν τῇ κατὰ τὴν τοῦ κυρίου παρουσίαν παραδιδομένῃ διαθήκῃ.

57 *ibidem* VI,15,131,4-5

ed. O. Stählin - L. Früchtel (= nr.49), p. 498

4. Ἀλλὰ καὶ Ἡσαΐας ὁ προφήτης βιβλίον καινὸν κελεύεται λαβὼν
ἐγγράψαι τινά, τὴν γνῶσιν τὴν ἁγίαν διὰ τῆς τῶν γραφῶν ἐξηγήσεως
ὕστερον ἔσεσθαι προφητεύοντος τοῦ πνεύματος τὴν ἔτι κατ' ἐκεῖνον
τὸν καιρὸν ἄγραφον τυγχάνουσαν διὰ τὸ μηδέπω γινώσκεσθαι · εἴρητο
5 γὰρ ἀπ' ἀρχῆς μόνοις τοῖς νοοῦσιν. 5. Αὐτίκα διδάξαντος τοῦ σωτῆρος
τοὺς ἀποστόλους ἡ τῆς ἐγγράφου ἄγραφος ἤδη καὶ εἰς ἡμᾶς διαδίδοται
παράδοσις, καρδίαις καιναῖς κατὰ τὴν ἀνακαίνωσιν τοῦ βιβλίου τῇ
δυνάμει τοῦ θεοῦ ἐγγεγραμμένη.

58 *ibidem*, VII,16,103,5; 104,1-2

ed. O. Stählin - L. Früchtel, GCS 17², 1970, p. 73

103,5. Δόξης δὲ ἐπιθυμοῦσιν ὅσοι τὰ προσφυῆ τοῖς θεοπνεύστοις
λόγοις ὑπὸ τῶν μακαρίων ἀποστόλων τε καὶ διδασκάλων παραδιδόμενα
ἑκόντες εἶναι σοφίζονται δι' ἑτέρων παρεγχειρήσεων, ἀνθρωπείαις

---

56   8 Prou. 8,9

57   1 sq. cf. Is. 8,1

58   1 sq. cf. II Tim. 3,16

es, *auf den Dächern*![1] . Dies geschieht, wenn man die Heilige
Schrift mit hochsinnigem Verständnis auffaßt und mit erhabenen Worten weiter überliefert und entsprechend der Richtschnur
der Wahrheit ausdeutet.

125,2. ...Indessen ist, wie die Schrift sagt, *alles richtig vor den
Verständigen*, daß heißt vor denen, die die von ihm (sc. dem
Herrn) klar vorgetragene Auslegung der Heiligen Schrift entsprechend der kirchlichen Richtschnur aufnehmen und bewahren.[2]
3. Die kirchliche Richtschnur besteht aber in dem Zusammenhang
und der Übereinstimmung des Gesetzes und der Propheten mit
dem bei der Anwesenheit des Herrn geschlossenen Neuen Bund.

Ebenda VI, 15, 131, 4-5 (übers. O. Stählin, vgl. Nr. 52, S. 328)   57

4. Aber auch der Prophet Jesaias erhält die Weisung, ein neues
Buch zu nehmen und einiges hineinzuschreiben, wobei der Geist
weissagte, daß das heilige Verständnis erst später durch die Auslegung der Heiligen Schrift erfolgen werde, während es zu jenem
Zeitpunkt noch nicht schriftlich niedergelegt war, weil es noch
nicht verstanden wurde. Denn sie war zuerst nur denen gesagt
worden, die sie verstehen konnten. 5. Dementsprechend wird,
nachdem der Heiland die Apostel unterrichtet hat, die ungeschriebene Tradition der geschriebenen Worte nunmehr auch an uns
weitergegeben, indem sie durch die Macht Gottes entsprechend
der Erneuerung des Buches in neue Herzen eingeschrieben ist.[1]

Ebenda VII, 16, 103, 5; 104, 1-2 (übers. O. Stählin, BdK, 2. Reihe
20, 1938, S. 107)   58

103,5. Ehrgeizig aber sind diejenigen, die die von den seligen
Aposteln und Lehrern in Übereinstimmung mit den von Gott ein-
gegebenen Worten überlieferten Lehren absichtlich durch andere

---

1   Dieses Zitat ist für Klemens wichtig; vgl. Strom. I,12,56,2; VI,15,115,1.   56
2   Die orthodoxe „Gnosis" ist die allegorische oder geistliche Interpretation der
    Schriften gemäß der Offenbarung Christi; vgl. C. Mondésert, Clément d'Alexandrie.
    Introduction à l'étude de sa pensée religieuse à partir de l'Écriture, 1944, 131 ff.;
    P.Th. Camelot, op.cit., 71 ff

1   Man könnte im Blick auf diesen Text J. Daniélou (art.cit., 10) zitieren: „Wahr   57
    bleibt, daß Klemens der Tradition einen privilegierten Wert beilegt: sie hat ihn auf
    dem Gebiet der Fülle des Verständnisses. Die Schriften äußern sich verhüllt. Das ist
    der Ausdruck einer Pädagogik. Das Mysterium kann nicht auf einmal in seinem gan-
    zen Glanz enthüllt werden. Der erste Schritt ist der Glaube, der dem Buchstaben der
    Schrift entspricht. Der zweite Schritt ist die Erkenntnis, die das volle Verständnis
    des Schriftbuchstabens bringt".

διδασκαλίαις ἐνιστάμενοι θείᾳ παραδόσει ὑπὲρ τοῦ τὴν αἵρεσιν
5 συστήσασθαι. 104,1. Ὁ γνωστικὸς ἄρα ἡμῖν μόνος ἐν αὐταῖς καταγηράσας ταῖς
γραφαῖς, τὴν ἀποστολικὴν καὶ ἐκκλησιαστικὴν σῴζων ὀρθοτομίαν
τῶν δογμάτων, κατὰ τὸ εὐαγγέλιον ὀρθότατα βιοῖ, τὰς ἀποδείξεις ἃς ἂν
ἐπιζητήσῃ ἀνευρίσκειν ἀναπεμπόμενος ὑπὸ τοῦ κυρίου ἀπό τε νόμου
10 καὶ προφητῶν. 2. Ὁ βίος γάρ, οἶμαι, τοῦ γνωστικοῦ οὐδὲν ἄλλο ἐστὶν
ἢ ἔργα καὶ λόγοι τῇ τοῦ κυρίου ἀκόλουθοι παραδόσει.

59 CLEMENS ALEXANDRINUS, *Eclogae propheticae* 27,1-4
     ed. O. Stählin - L. Früchtel (= nr. 58), pp. 144–145

   1. Οὐκ ἔγραφον δὲ οἱ πρεσβύτεροι μήτε ἀπασχολεῖν βουλόμενοι τὴν
διδασκαλικὴν τῆς παραδόσεως φροντίδα τῇ περὶ τὸ γράφειν ἄλλῃ
φροντίδι, μηδὲ μὴν τὸν τοῦ προσκέπτεσθαι τὰ λεχθησόμενα καιρὸν
καταναλίσκοντες εἰς γραφήν. 2. Τάχα δὲ οὐδὲ τῆς αὐτῆς φύσεως
5 κατόρθωμα τὸ συντακτικὸν καὶ διδασκαλικὸν εἶδος εἶναι πεπεισμένοι
τοῖς εἰς τοῦτο πεφυκόσι συνεχώρουν. 3. ... καὶ ἔστιν οἷον εἰπεῖν
ἔγγραφος διδασκαλίας βεβαίωσις, καὶ εἰς τοὺς ὀψιγόνους οὕτως διὰ τῆς
συντάξεως παραπεμπομένης τῆς φωνῆς. 4. Ἡ γὰρ τῶν πρεσβυτέρων
παρακαταθήκη διὰ τῆς γραφῆς λαλοῦσα ὑπουργῷ χρῆται τῷ γράφοντι
10 πρὸς τὴν παράδοσιν ‹εἰς σωτηρίαν› τῶν ἐντευξομένων.

60 CLEMENS ALEXANDRINUS, *Hypotyposes* (= EUSEBIUS, *Hist. eccl.* II,1,4)
     ed. Ed. Schwartz (= nr. 20), p. 104

   ... Ἰακώβῳ τῷ δικαίῳ καὶ Ἰωάννῃ καὶ Πέτρῳ μετὰ τὴν ἀνάστασιν
παρέδωκεν τὴν γνῶσιν ὁ κύριος, οὗτοι τοῖς λοιποῖς ἀποστόλοις
παρέδωκαν, οἱ δὲ λοιποὶ ἀπόστολοι τοῖς ἑβδομήκοντα · ὧν εἷς ἦν καὶ
Βαρναβᾶς.

---

58   8 ἃς *Lowth*: ὡς *cod.*

Aufstellungen fälschen und so mit menschlichen Lehren der göttlichen Tradition entgegentreten, um ihre Irrlehre zu begründen.[1]
104,1. Unser Gnostiker ist es also allein, der in der Beschäftigung mit der Heiligen Schrift selbst alt geworden ist und an den rechtgläubigen Lehren der Apostel und der Kirche festhält und ganz rechtschaffen nach den Geboten des Evangeliums lebt. Er wird aber von dem Herrn dazu angeleitet, die Beweise, die er sucht, von dem Gesetz und von den Propheten ausgehend zu finden. 2. Denn das Leben des Gnostikers ist, meine ich, nichts anderes als Werke und Worte, die der Tradition des Herrn entsprechen.[2]

KLEMENS VON ALEXANDRIEN, *Auszüge aus den Propheten* 27, 1-4   59

1. Die Presbyter[1] haben nicht geschrieben, da sie nicht vom Anliegen des (mündlichen) Unterrichts der Lehre durch das andere Anliegen des Schreibens abgelenkt werden und nicht die für die Vorbereitung dessen, was sie sagen würden, nötige Zeit zum Schreiben verwenden wollten. 2. Vielleicht auch, weil sie überzeugt waren, daß die Begabung zum Schreiben und zum Lehren nicht von derselben Natur sind, haben sie den dazu Befähigten (das Schreiben) überlassen. 3. ...Es gibt sozusagen eine geschriebene Bestätigung der Lehre; ihre Stimme wird so durch die Aufzeichnung auf die Nachwelt überliefert. 4. Denn das Lehrgut der Presbyter, das sich durch die Schrift äußert, braucht zu seiner Übermittlung den Dienst des Schriftstellers, in Hinsicht auf das Heil derer, die ihm darin begegnen werden.[2]

KLEMENS VON ALEXANDRIEN, *Skizzen* (= EUSEBIUS, *Kirchengeschichte* II, 1, 4)   60

...Der Herr übergab nach der Auferstehung Jakob dem Gerechten, Johannes und Petrus[1] die Erkenntnis; diese haben sie den andern Aposteln übergeben, und die andern Apostel den 70 (Jüngern), wovon einer Barnabas war.

---

1 Vgl. Strom. I,11,52,1-2. Wir finden hier in einer neuen Form die Lehre von Kol. 2   58
    (= Text Nr. 8).
2 Das Leben des „Gnostikers" muß seiner Lehre entsprechen; das ist sehr wichtig für Klemens. Vgl. P.Th. Camelot, op.cit., 50 ff.

1 Klemens spricht hier von seinen Lehrern in der Erkenntnis.   59
2 Vgl. Strom. I,12 ff. Der Alexandriner rechtfertigt so sein Unternehmen, die mündliche Tradition, die er erhalten hat, schriftlich aufzuzeichnen (vgl. was Eusebius, Kirchengeschichte VI,13,9, über die Schrift sagt, die Klemens über Ostern verfaßt hat). Vgl. A. Méhat, op.cit., 287 ff.

1 Unter den Schriften von Nag Hammadi befinden sich Offenbarungen des Auferstandenen an Jakobus (die zwei Apokalypsen des Jakobus), an Johannes (z.B. das Apokryphon Johannis) und an Petrus (z.B. die Petrusapokalypse).   60

61   Origenes, *De principiis* (ante 231) I, praefatio, 2–3.7–8.10
ed. H. Crouzel – M. Simonetti, SC 252, 1978, pp. 78–80; 84–88

2. Quoniam ergo multi ex his qui Christo se credere profitentur, non
solum in paruis et minimis discordant, uerum etiam in magnis et maxi-
mis, id est uel de deo uel de ipso domino Iesu Christo uel de spiritu
sancto; non solum autem de his, sed et de aliis creaturis, id est uel de
5 dominationibus uel de uirtutibus sanctis: propter hoc necessarium uidetur prius de his singulis certam lineam manifestamque regulam ponere,
tum deinde etiam de ceteris quaerere; ... cum multi sint, qui se putant
sentire quae Christi sunt et nonnulli eorum diuersa a prioribus sentiant,
seruetur uero ecclesiastica praedicatio per successionis ordinem ab apos-
10 tolis tradita et usque ad praesens in ecclesiis permanens: illa sola credenda est ueritas, quae in nullo ab ecclesiastica et apostolica traditione
discordat.   3. Illud autem scire oportet quoniam sancti apostoli fidem
Christi praedicantes de quibusdam quidem, quaecumque necessaria crediderunt, omnibus credentibus, etiam his, qui pigriores erga inquisitio-
15 nem diuinae scientiae uidebantur, manifestissime tradiderunt, rationem
scilicet assertionis eorum relinquentes ab his inquirendam, qui spiritus
dona excellentia mererentur et praecipue sermonis, sapientiae et scientiae gratiam per ipsum sanctum spiritum percepissent; de aliis uero dixe-
runt quidem, quia sint; quomodo autem aut unde sint, siluerunt, pro-
20 fecto ut studiosiores quique ex posteris suis, qui amatores essent sapientiae, exercitium habere possent, in quo ingenii sui fructum ostenderent,
hi uidelicet qui dignos se et capaces ad recipiendam sapientiam praepa-
rarent.

---

61   7 sint: sunt *uar.*
17 excellentia: excellentiora *uar.*
22 ad recipiendam sapientiam: sapientiae *uar.*

---

61   1 Vgl. Text Nr. 33.
2 Vgl. R.-C. Baud, RSR 55, 1967, 161-208.
3 Chr. Schäublin, Gnomon 50, 1978, 737, schlägt vor, das Komma nach *crediderunt*
zu streichen und zu verstehen: „nämlich alle die, die sie für notwendig hielten für
alle Gläubigen...“

ORIGENES, *Von den Prinzipien* I, Vorwort 2-3; 7-8; 10 (übers. H. Görgemanns-H. Karpp, Origenes. Vier Bücher Von den Prinzipien, Darmstadt 1976, S. 85.87; 95; 99)   61

2. Da nun (aber) viele, die sich zum Glauben an Christus bekennen, nicht nur über kleine und kleinste Dinge uneins sind, sondern sogar über große und größte, nämlich über Gott, über den Herrn Jesus Christus selbst und den heiligen Geist, und nicht nur darüber, sondern auch über die Geschöpfe, nämlich die Herrschaften und heiligen Mächte: deshalb scheint es notwendig, zuerst in diesen einzelnen Fragen eine klare Linie und deutliche Richtschnur festzulegen und dann erst nach den übrigen Dingen zu forschen... Es gibt viele, die im Sinne Christi zu denken meinen, und einige von ihnen weichen von der Lehre der Früheren ab; und doch bleibt dabei die kirchliche Verkündigung erhalten, die in der Ordnung der Nachfolge von den Aposteln her überliefert ist und bis heute in den Kirchen fortdauert[1]; und so darf man denn nur das als Wahrheit glauben, was in nichts von der kirchlichen und apostolischen Tradition abweicht.[2] 3. Man muß nun aber wissen, daß die heiligen Apostel, als sie den Christusglauben verkündeten, über einige Dinge, nämlich alle die, die sie für notwendig hielten, ganz klare Aussagen überliefert haben für alle Gläubigen, auch für die, die sich zur Erforschung des göttlichen Wissens träger zeigten.[3] Die Gründe für ihre Sätze zu erforschen überließen sie freilich denen, die hervorragender Geistesgaben gewürdigt sind und vor allem die Gabe der Rede, der Weisheit und der Erkenntnis durch den heiligen Geist selbst empfangen haben. Über andere Dinge dagegen haben sie zwar gesagt, daß sie existieren, aber über ihre Beschaffenheit und Herkunft haben sie geschwiegen; offenbar, um unter den später Lebenden den besonders Eifrigen, die Liebhaber der Weisheit sind, Gelegenheit zur Übung zu geben, bei der sie die Früchte ihrer Begabung zeigen können[4]: jene nämlich, die sich so vorbereitet haben, daß sie würdig und fähig sind, die Weisheit aufzunehmen.[5]

---

4   Wie Klemens von Alexandrien (vgl. Texte Nr. 51; 57-58), unterscheidet Origenes die   61
einfachen und die fortgeschrittenen Gläubigen, die den geistlichen Sinn der Schrift entdecken (vgl. Text Nr. 62) und deren Lehre in systematische Form bringen; vgl. F.H. Kettler, Der ursprüngliche Sinn der Dogmatik des Origenes, 1965, 1 ff.
5   Nachher folgt eine Aufzählung der von der Kirche gepredigten genau umrissenen Lehren, die die Glaubensregel für alle Gläubigen ausmachen; vgl. R.P.C. Hanson, Origen's Doctrine of Tradition, 1954, 114 ff. Aber es bleiben ungeklärte Fragen; Origenes geht auf einige ein, speziell auf diejenige nach dem Ursprung der Seele und nach dem Wesen des Teufels.

7. . . . Quid tamen ante hunc mundum fuerit aut quid post mundum
25 erit, iam non pro manifesto multis innotuit. Non enim euidens de his in
ecclesiastica praedicatione sermo profertur. 8. Tum deinde quod per spiritum dei scripturae conscriptae sint et
sensum habeant non eum solum, qui in manifesto est, sed et alium quen-
dam latentem quam plurimos. Formae enim sunt haec quae descripta
30 sunt sacramentorum quorundam et diuinarum rerum imagines. De quo
totius ecclesiae una sententia est, esse quidem omnem legem spiritua-
lem: non tamen ea quae spirat lex esse omnibus nota nisi his solis, quibus
gratia spiritus sancti in uerbo sapientiae ac scientiae condonatur . . .
10. . . . Oportet igitur uelut elementis ac fundamentis huiusmodi uti
35 secundum mandatum, quod dicit: *Inluminate uobis lumen scientiae,*
omnem qui cupit seriem quandam et corpus ex horum omnium ratione
perficere, ut manifestis et necessariis assertionibus de singulis quibusque
quid sit in uero rimetur, et unum, ut diximus, corpus efficiat exemplis
et affirmationibus, uel his, quas in sanctis scripturis inuenerit, uel quas
40 ex consequentiae ipsius indagine ac recti tenore reppererit.

62 *ibidem* IV,2,2(9)

ed. P. Koetschau, GCS 22, 1913, p. 308

Αἰτία δὲ πᾶσι τοῖς προειρημένοις ψευδοδοξιῶν καὶ ἀσεβειῶν ἢ
ἰδιωτικῶν περὶ θεοῦ λόγων οὐκ ἄλλη τις εἶναι δοκεῖ ἢ ἡ γραφὴ κατὰ τὰ
πνευματικὰ μὴ νενοημένη, ἀλλ᾽ ὡς πρὸς τὸ ψιλὸν γράμμα ἐξειλημμένη.
Διόπερ τοῖς πειθομένοις μὴ ἀνθρώπων εἶναι συγγράμματα τὰς ἱερὰς

---

61   35 Os. 10,12 LXX

62   1 ψευδοδοξιῶν: ψευδολογιῶν *uar.*

7. ...Was aber vor dieser Welt war und was nach der Welt sein wird, ist der Menge nicht mehr deutlich bekannt; denn darüber wird in der kirchlichen Verkündigung keine klare Lehre vorgetragen.[6] 8. Sodann, daß die (heiligen) Schriften durch den Geist Gottes verfaßt sind[7] und nicht allein den Sinn haben, der offen zutage liegt, sondern auch einen anderen, der den meisten verborgen ist.[8] Denn was aufgeschrieben ist, sind die äußeren Gestalten von gewissen Geheimnissen und Abbilder von göttlichen Dingen. Darin ist die gesamte Kirche einer Meinung: daß das ganze Gesetz geistlich ist, daß jedoch der geistliche Gehalt des Gesetzes nicht allen bekannt ist, sondern nur jenen, denen die Gnade des heiligen Geistes im Wort der Weisheit und Erkenntnis geschenkt wird...

10. ...Man muß also gleichsam von grundlegenden Elementen dieser Art ausgehen[9] — nach dem Gebot: *Zündet euch selbst das Licht der Erkenntnis an* —, wenn man ein zusammenhängendes und organisches Ganzes aus all dem herstellen will; so kann man mit klaren und zwingenden Begründungen in den einzelnen Punkten die Wahrheit erforschen und, wie gesagt, ein organisches Ganzes herstellen aus Beispielen und Lehrsätzen, die man entweder in den heiligen Schriften· gefunden oder durch logisches Schlußfolgern und konsequente Verfolgung des Richtigen entdeckt hat.[10]

Ebenda IV, 2, 2 (9) (übers. H. Görgemanns- H. Karpp, vgl. Nr. 61, S. 701)   62

Die Ursache der falschen Meinungen und Gottlosigkeiten oder der einfältigen Reden von Gott dürfte in all den genannten Fällen[1] keine andere sein als die, daß die Schrift nicht geistlich verstanden, sondern nach dem bloßen Buchstaben aufgefaßt wird. Man muß deshalb denen, die überzeugt sind, die heiligen Bücher seien keine Niederschriften von Menschen, sondern seien aus der Eingebung des Heiligen Geistes nach dem Willen des Vaters des Alls durch

---

6 Vgl. De princ. II,3; III,5-6; IV,4,9-10. Zum Aufbau der Bücher Peri archôn siehe M. Harl, Origène. Traité des Principes, 1976, 20 f.   61
7 Vgl. De princ. IV, 1.
8 Vgl. De princ. IV,2 (= Text Nr. 62).
9 Es handelt sich um die Fundamentallehren des Christentums, die Origenes aufgezählt hat.
10 In diesen Sätzen faßt Origenes den Zweck und die Methode seiner systematischen Arbeit zusammen.

1 Im Voraufgehenden hat Origenes von den Nichtchristen, den Häretikern und den einfachen Gläubigen gesprochen.   62

5 βίβλους, ἀλλ' ἐξ ἐπιπνοίας τοῦ ἁγίου πνεύματος βουλήματι τοῦ πατρὸς
τῶν ὅλων διὰ Ἰησοῦ Χριστοῦ ταύτας ἀναγεγράφθαι καὶ εἰς ἡμᾶς
ἐληλυθέναι, τὰς φαινομένας ὁδοὺς ὑποδεικτέον, ἐχομένοις τοῦ κανόνος
τῆς Ἰησοῦ Χριστοῦ κατὰ διαδοχὴν τῶν ἀποστόλων οὐρανίου ἐκκλησίας.

63   ORIGENES, *Commentarii in Iohannem* (post 231), tom. XIII,5,31-32 (ad
Ioh. 4,5sqq.)

ed. C. Blanc, SC 222, 1975, p. 48

31. Ὅρα τοιγαροῦν, εἰ δύναται ἡ μὲν πηγὴ τοῦ Ἰακώβ, ἀφ' ἧς ἔπιέν
ποτε ὁ Ἰακώβ, ἀλλ' οὐκέτι πίνει νῦν · ἔπιον δὲ καὶ οἱ υἱοὶ αὐτοῦ, ἀλλὰ
νῦν ἔχουσιν τὸ κρεῖττον ἐκείνου ποτόν · πεπώκασιν δὲ καὶ τὰ θρέμματα
αὐτῶν, ἡ πᾶσα εἶναι γραφή · τὸ δὲ τοῦ Ἰησοῦ ὕδωρ τὸ «ὑπὲρ ἃ
5 γέγραπται» ·   32. οὐ πᾶσιν δὲ ἔξεστιν ἐρευνᾶν τὰ ὑπὲρ ἃ γέγραπται,
ἐὰν μή τις αὐτοῖς ἐξομοιωθῇ, ἵνα μὴ ἐπιπλήσσηται ἀκούων τὸ
«χαλεπώτερά σου μὴ ζήτει, καὶ ἰσχυρότερά σου μὴ ἐρεύνα».

64   ORIGENES, *In primam ad Corinthios* (233-234?), fragm. 19 (ad *I Cor.* 4,6)

ed. C. Jenkins, JThS 9, 1908, p. 357

Ἀλλ' ἴδωμεν τὸ · «Ἵνα ἐν ἡμῖν μάθητε τὸ Μὴ ὑπὲρ ὃ γέγραπται». Ἐάν
τις ἕξιν ἔχων ὑποδεεστέραν πρὶν πληρῶσαι τὰ γεγραμμένα θέλει
ἀναβῆναι εἰς τὰ ὑπὲρ ἃ γέγραπται οὐδὲ νοήσει ἃ γέγραπται. . . . οἱ ἀπὸ
τῶν αἱρέσεων ἐπαγγέλλονται παραδόσεις καὶ λέγουσιν αὐτ‹αι› ὑπὲρ τὰ
5 γεγραμμένα εἰσίν · ταύτας γὰρ παρέδωκεν ὁ Σωτὴρ ἡμῶν τοῖς
ἀποστόλοις ἐν ἀπορρήτῳ καὶ οἱ ἀπόστολοι τῷ δεῖνι ἢ τῷ δεῖνι · καὶ

---

63   4sq. I Cor. 4,6
         7 Sir. 3,21

64   1 I Cor. 4,6

64   4 αὐτ‹αι› *Jenkins*: αὐτοὶ *cod.*

Jesus Christus geschrieben worden und auf uns gekommen, die
uns richtig erscheinenden Wege (der Auslegung) zeigen. Dabei
wird man sich an die Regel der himmlischen Kirche Jesu Christi
halten, die auf die Nachfolge der Apostel gegründet ist.[2]

ORIGENES, *Kommentar zum Johannesevangelium* XIII, 5, 31-32
(über Joh. 4, 5 ff.)   63

31. Betrachte also, ob die Jakobsquelle – aus der Jakob einst
trank, aber jetzt nicht mehr trinkt; es tranken auch seine Söhne,
aber jetzt haben sie einen besseren Trank als jenen; auch ihre Her-
den haben daraus getrunken – betrachte also, ob diese Quelle die
ganze Schrift sein kann und das Wasser Jesu dasjenige, das *über
das hinaus, was geschrieben steht*, ist. 32. Nicht allen aber ist es erlaubt, über die Dinge, die geschrieben stehen, hinaus zu forschen –
es sei denn, jemand werde ihnen angeglichen[1] –, damit er nicht
den Vorwurf zu hören bekommt: *Suche nicht, was zu schwierig
für dich ist, und erforsche nicht, was über deine Kräfte geht.*[2]

ORIGENES, *Kommentar zum ersten Korintherbrief,* Fragm. 19 (über
1. Kor. 4, 6)   64

Aber betrachten wir (den Satz): *Damit ihr an uns lernt, was
das heißt: ,,Nicht über das hinaus, was geschrieben steht."* Wenn
jemand mit einer niedrigeren Anlage, bevor er das Geschriebene
erfüllt, zu dem, was über das Geschriebene hinaus ist, emporstei-
gen will, wird er nicht einmal das Geschriebene verstehen[1] ... Die
Vertreter der Häresien berufen sich auf Traditionen, indem sie sagen: ,,Diese sind über das Geschriebene hinaus; diese hat unser Erlöser nämlich den Aposteln im Geheimen überliefert, und die

---

2   Vgl. Klemens von Alexandrien, Strom. VI,7,61,1-3 (= Text Nr. 54). R.P.C. Hanson,   62
     op.cit., 91 ff., sagt mit Recht, daß für Origenes die allegorische Interpretation der
     Schriften zur ,,Regel der Kirche" zu gehören scheint.
1   Vgl. den diesbezüglichen Exkurs von C. Blanc, SC 222, 1975, 285 f.   63
2   Klemens von Alexandrien (= Text Nr. 51) hat schon das nämliche Anliegen geäus-
     sert.
1   Origenes widersetzt sich also nicht grundsätzlich dem Gedanken einer höheren Er-   64
     kenntnis (vgl. Text Nr. 63), aber er verlangt, daß das Leben mit der Lehre überein-
     stimmen muß.

οὕτως διὰ ταύτης τῆς μυθολογίας «ἐξαπατῶσι τὰς καρδίας τῶν ἀκάκων».

65 ORIGENES, *Commentarii in Epistulam ad Romanos* (244) X, 11 (ad *Rom.* 15,15)
ed. Lommatzsch, t. 7, Berlin 1837, pp. 408–409

Audis apostolum dicentem: *ex parte scripsi?* ... Ego ... arbitror, quod, quamuis etiam ipse Paulus ex parte se scire fateatur, plura tamen et multo plura scierit, quam scripserit. Tanquam enim qui ipse multa sciret nec tamen auderet multa proferre, audaciam sibi fuisse dicit ut ali-
5 qua saltem scripturae committeret. Quod uero ait, *commemorans uos per gratiam datam mihi,* indicat fuisse quidem sibi iam sermonem de talibus et disseruisse se saepe de mysteriis; sed quoniam quae solo ser-mone dicta sunt facile intercipere posset obliuio, per haec, inquit, pauca quae scripsi per gratiam datam mihi, illorum uobis memoriam reuoco,
10 quae a me latius saepe disserta sunt.

66 ORIGENES, *In Matthaeum commentarii* (post 244), tom. X,17 (ad *Matth.,* 13,55)
ed. E. Klostermann, GCS 40, 1935, pp. 21–22 (= R. Girod, SC 162, 1970, p. 216)

... Τοὺς δὲ ἀδελφοὺς Ἰησοῦ φασί τινες εἶναι ἐκ παραδόσεως ὁρμώμενοι τοῦ ἐπιγεγραμμένου κατὰ Πέτρον εὐαγγελίου ἢ τῆς βίβλου Ἰακώβου, υἱοὺς Ἰωσὴφ ἐκ προτέρας γυναικὸς συνῳκηκυίας αὐτῷ πρὸ τῆς Μαρίας. Οἱ δὲ ταῦτα λέγοντες τὸ ἀξίωμα τῆς Μαρίας ἐν παρθενίᾳ
5 τηρεῖν μέχρι τέλους βούλονται, ἵνα μὴ τὸ κριθὲν ἐκεῖνο σῶμα διακονήσασθαι τῷ εἰπόντι λόγῳ · «πνεῦμα ἅγιον ἐπελεύσεται ἐπί σε, καὶ δύναμις ὑψίστου ἐπισκιάσει σοι» γνῷ κοίτην ἀνδρὸς μετὰ τὸ

---

64 7sq. Rom. 16,18

65 5sq. Rom. 15,15

65 1 audis: audi *uar.*

66 6sq. Luc. 1,35

Apostel (haben sie) dem oder dem (gegeben)"; und so, aufgrund dieses Märchens, *verführen sie die Herzen der Arglosen.*[2]

ORIGENES, *Kommentar zum Römerbrief* X, 11 (über Röm. 15, 15)   **65**

Hörst du den Apostel sagen: *Ich habe euch teilweise geschrieben?*...Ich...halte dafür, daß Paulus, wenn er auch selbst angibt, daß er teilweise wisse, dennoch mehr, ja viel mehr wußte, als er schrieb. Denn wie einer, der zwar vieles wüßte, aber es trotzdem nicht auszusprechen wagte, sagt er, er habe die Kühnheit besessen, wenigstens einiges der Schrift anzuvertrauen. Aber wenn er sagt: *Ich rufe es euch in Erinnerung kraft der Gnade, die mir gegeben ist,* zeigt er (damit) an, daß er schon über solche Dinge Gespräche geführt und oft über die Mysterien gehandelt hat; aber weil, was nur mündlich gesagt worden ist, leicht dem Vergessen anheimfallen kann, sagt er: durch das wenige, welches ich kraft der mir gegebenen Gnade geschrieben habe, will ich euch dasjenige in Erinnerung rufen, was von mir des langen und breiten oft verhandelt worden ist.[1]

ORIGENES, *Kommentar zum Matthäusevangelium* X,17 (über Matth. 13, 55)   **66**

...Manche sagen, indem sie sich auf eine Tradition aus dem sogenannten Petrusevangelium[1] oder aus dem Jakobusbuch[2] stützen, die Brüder Jesu seien die Söhne Josephs von einer ersten Frau, mit der er vor Maria verheiratet gewesen sei.[3] Die, welche das sagen, wollen bis in die letzte Konsequenz die Würde von Marias Jungfräulichkeit festhalten; sie wollen vermeiden, daß dieser Leib, dazu erwählt, dem Logos zu dienen, der sagt: *Der Heilige Geist wird über dich kommen und die Kraft des Höchsten wird dich überschatten,* den Umgang eines Mannes gekannt habe, nachdem der Heilige Geist

---

2 Origenes will die Existenz von Geheimtraditionen in der Kirche nicht anerkennen;   **64**
    dadurch unterscheidet er sich von Klemens von Alexandrien (vgl. Texte Nr. 51,3;
    60). Siehe R.P.C. Hanson, op.cit., 84 und 182 ff., der unterstreicht, daß die mündliche Tradition bei Origenes in den Hintergrund gedrängt wird, zugunsten der schriftlichen Tradition, der Bibel. Vgl. aber Text Nr. 65, Anm. 1.

1 Hier scheint Origenes vorauszusetzen (im Gegensatz zu dem, was er in Text Nr. 64   **65**
    sagt), daß es auch eine ungeschriebene apostolische Tradition gibt. R.P.C. Hanson,
    op.cit., 77 f., schenkt diesem Text nicht genügende Beachtung.

1 Der in Frage stehende Abschnitt des Petrusevangeliums ist nicht erhalten.   **66**
2 Protevangelium des Jakobus 9.
3 Vgl. Johanneskommentar, Fragm. 31.

ἐπελθεῖν ἐν αὐτῇ πνεῦμα ἅγιον καὶ τὴν ἐπεσκιακυῖαν αὐτῇ δύναμιν ἐξ ὕψους. Καὶ οἶμαι λόγον ἔχειν, ἀνδρῶν μὲν καθαρότητος τῆς ἐν ἁγνείᾳ
10 ἀπαρχὴν γεγονέναι τὸν Ἰησοῦν, γυναικῶν δὲ τὴν Μαρίαν...

67 *ibidem* XIII,1 (ad *Matth.* 17,12)

ed. E. Klostermann (= nr. 66), pp. 172–173

... Ἐν τούτοις Ἡλίας οὐχ ἡ ψυχὴ ⟨Ἡλίου⟩ δοκεῖ μοι λέγεσθαι, ἵνα μὴ ἐμπίπτω εἰς τὸ ἀλλότριον τῆς ἐκκλησίας τοῦ θεοῦ περὶ τῆς μετενσωματώσεως δόγμα, οὔτε παραδιδόμενον ὑπὸ τῶν ἀποστόλων οὔτε ἐμφαινόμενόν που τῶν γραφῶν...

68 HIPPOLYTUS ROMANUS, *Refutatio omnium haeresium* (post 222) I, praef. 5-8

ed. P. Wendland, GCS 26, 1916, pp. 2–3

5. ... Οὐδὲ γὰρ μικράν τινα βοήθειαν τῷ τῶν ἀνθρώπων βίῳ καταλείψομεν πρὸς τὸ μηκέτι πλανᾶσθαι, φανερῶς πάντων ὁρώντων τὰ κρύφια αὐτῶν καὶ ἄρρητα ὄργια, ἃ ταμιευόμενοι μόνοις τοῖς μύσταις παραδιδόασιν. 6. Ταῦτα δὲ ἕτερος οὐκ ἐλέγξει, ἢ τὸ ἐν ἐκκλησίᾳ
5 παραδοθὲν ἅγιον πνεῦμα, οὗ τυχόντες πρότεροι οἱ ἀπόστολοι μετέδοσαν τοῖς ὀρθῶς πεπιστευκόσιν · ὧν ἡμεῖς διάδοχοι τυγχάνοντες τῆς τε αὐτῆς χάριτος μετέχοντες ἀρχιερατείας τε καὶ διδασκαλίας καὶ φρουροὶ τῆς ἐκκλησίας λελογισμένοι οὐκ ὀφθαλμῷ νυστάζομεν οὐδὲ λόγον ὀρθὸν σιωπῶμεν... 7. οὐ μόνον ἀλλότρια δι᾽ ἐλέγχου εἰς
10 φανερὸν ἄγοντες, ἀλλὰ καὶ ὅσα ἡ ἀλήθεια ὑπὸ τῆς τοῦ πατρὸς χάριτος παραλαβοῦσα ἀνθρώποις διηκόνησε, ταῦτα καὶ διὰ λόγου σημειούμενοι καὶ διὰ γραμμάτων ἐμμαρτυρούμενοι ἀνεπαισχύντως κηρύσσομεν. 8. ... Μηδὲν ἐξ ἁγίων γραφῶν λαβόντες ταῦτα ἐπεχείρησαν ἢ τινος

68 8 νυστάζομεν *Richter*: νυστάξομεν *codd.*
9 sq. εἰς φανερὸν: εἰς φορὰν *uar.*

in sie gekommen ist und die Kraft aus der Höhe sie überschattet hat. Und ich denke, es ist vernünftig zu sagen, daß der Erstling der in der Keuschheit bestehenden Reinheit auf seiten der Männer Jesus, auf seiten der Frauen Maria war...[4]

Ebenda XIII, 1 (über Matth. 17, 12)   67

...In diesem Text scheint mir Elias nicht die Seele des Elias zu bedeuten; denn ich will nicht auf die Lehre der Reinkarnation hereinfallen, die der Kirche Gottes fremd ist, die weder von den Aposteln überliefert ist noch irgendwo in den Schriften erscheint...[1]

HIPPOLYT VON ROM, *Widerlegung aller Häresien* I, Vorwort 5-8   68

5. ...Wir können den Menschen eine nicht geringe Hilfe für ihr Leben bieten, damit sie nicht mehr verführt werden: dadurch, daß alle die geheim gehaltenen und verschwiegenen Kulthandlungen der Häretiker klar sehen, die diese wie einen Schatz hüten und nur den Eingeweihten überliefern. 6. Es wird aber kein anderer diese Irrtümer aufdecken als der in der Kirche überlieferte Heilige Geist, den zuerst die Apostel empfangen haben und den sie dann den Rechtgläubigen mitteilten.[1] Da wir als deren Nachfolger an derselben Gnade[2], Hohenpriesterwürde und Lehre teilhaben und als Hüter der Kirche gelten, so halten wir die Augen offen und verschweigen nicht die wahre Lehre... 7. Wir wollen nicht nur Irriges durch Widerlegung ans Tageslicht bringen, sondern wir wollen auch all das, was die Wahrheit durch die Gnade des Vaters empfangen und den Menschen dargeboten hat, durch mündliche Interpretation und schriftliches Zeugnis ohne Scheu verkünden. 8. ...Sie (sc. die Häretiker) haben all das unternommen, ohne etwas aus der Heiligen Schrift zu nehmen, und ohne die Nachfolge eines Heili-

---

4   Origenes teilt offenbar diese Ansicht; vgl. Gegen Celsus I,35; Kommentar zum Hohenlied II,6; Kommentar zum Johannesevangelium I,4,23. Zu diesem Problem siehe H. Crouzel, Virginité et mariage selon Origène, 1963.   66

1   An andern Stellen lehrt aber Origenes die Reinkarnation: z.B. in De principiis (vgl. F.H. Kettler, op.cit., 15 ff.) und im Kommentar zum Johannesevangelium (vgl. C. Blanc, SC 120, 1966, 20 f.).   67

1   Vgl. das Gebet zur Ordination des Bischofs: Apost.Trad. 3.   68
2   G.G. Blum, in ZNW 55, 1964, 103, zieht mit Recht eine Parallele zwischen dieser den Bischöfen gegebenen Gnade und dem Ausdruck charisma veritatis bei Irenäus (= Text Nr. 35,3).

ἁγίου διαδοχὴν φυλάξαντες ἐπὶ ταῦτα ὥρμησαν, ἀλλ' ἔστιν αὐτοῖς τὰ
15 δοξαζόμενα ἀρχὴν μὲν ἐκ τῆς Ἑλλήνων σοφίας λαβόντα . . .

69 *ibidem* IX,12,20; 26

ed. P. Wendland (= nr. 68), pp. 249; 251

20. Τοιαῦτα ὁ γόης τολμήσας συνεστήσατο διδασκαλεῖον κατὰ τῆς
ἐκκλησίας οὕτως διδάξας, καὶ πρῶτος τὰ πρὸς τὰς ἡδονὰς τοῖς
ἀνθρώποις συγχωρεῖν ἐπενόησε . . .

26. . . . Ταῦτα μὲν οὖν ὁ θαυμασιωτάτος Κάλλιστος συνεστήσατο, οὗ
5 διαμένει τὸ διδασκαλεῖον φυλάσσον τὰ ἔθη καὶ τὴν παράδοσιν, μὴ
διακρῖνον, τίσιν δεῖ κοινωνεῖν, πᾶσιν ἀκρίτως προσφέρον τὴν
κοινωνίαν . . .

70 HIPPOLYTUS ROMANUS, *Traditio apostolica* (ca. 215) 1; 43

ed. B. Botte, Münster i.W. 1963, pp. 2; 102

Versio Latina

1. . . . Nunc autem ex cari-
tate qua(m) in omnes sanctos
habuit producti ad uerticem
traditionis quae catecizat ad
5 ecclesias perreximus, ut hii
qui bene ducti sunt eam quae
permansit usq(ue) nunc traditionem exponentibus nobis
custodiant, et agnoscentes
10 firmiores maneant, propter
eum qui nuper inuentus est
per ignorantiam lapsus uel
error, et hos qui ignorant,
praestante s(an)c(t)o sp(irit)u
15 perfectam gratiam eis qui
recte credunt, ut cognoscant
quomodo oportet tradi et
custodiri omnia eos qui
ecclesiae praesunt.

Versio Ethiopica

Et nunc ad dilectum qui (est)
in omnibus sanctis venientes,
ad verticem traditionis quae
decet in ecclesiis perveni-
mus, ut ii qui bene docti sunt
id quod fuit usque nunc traditum custodientes, ordina-
tionem nostram discentes,
firmi sint, propter conven-
tum nunc in ignorantia lapsi
sunt et qui ignorant, dum dat
spiritus sanctus perfectam
gratiam eis qui in recto credunt, ut sciant quomodo
oporteat ut tradant et custodiant ii qui in ecclesia stant.

---

69 3 συγχωρεῖν: συγχαρεῖν *uar.*
6 προσφέρον: προσφέρων *uar.*

gen zu bewahren, haben sie zu all dem sich verstiegen; die Lehren, die sie vorbringen, stammen aus der Griechenweisheit...[3]

Ebenda IX, 12, 20. 26   69

20. Nachdem der Scharlatan[1] sich solcher Dinge erkühnt hat, gründete er mit dieser Lehre eine Schule im Gegensatz zur Kirche und dachte als erster daran, den Leuten Dinge, die zur (Befriedigung der) Lust dienen, zu erlauben...

26. Das hat also der höchst erstaunliche Kallist fertiggebracht, dessen Schule weiter besteht und ihre Bräuche und ihre Tradition hütet; ohne Urteil darüber, mit wem man Gemeinschaft haben kann, bietet sie allen ohne Prüfung Mitgliedschaft an...

HIPPOLYT VON ROM, *Apostolische Tradition* 1;43   70

1.[1] ...Aus Liebe zu allen Heiligen sind wir jetzt beim Hauptpunkt der Tradition, die den Kirchen angemessen ist, angelangt, damit die richtig Unterrichteten die bis jetzt andauernde Tradition festhalten, wie wir sie darlegen, und dadurch, daß sie davon Kenntnis nehmen, bestärkt werden – wegen des Falls oder Irrtums, der sich neulich aus Unkenntnis und wegen der Unwissenden zugetragen hat[2] –, wobei der Heilige Geist die vollkommene Gnade denen gibt, die recht glauben[3], damit sie erkennen, wie diejenigen, die den Kirchen vorstehen, alle diese Dinge überliefern und bewahren müssen.[4]

---

3   Vgl. K. Koschorke, Hippolyt's Ketzerbekämpfung und Polemik gegen die Gnostiker, Wiesbaden 1975.   68

1   Es handelt sich um Kallist. Siehe dazu K. Beyschlag, ThZ 20, 1964, 103-124, und H. Gülzow, ZNW 81, 1967, 102-121.   69

1   Die deutsche Übersetzung dieses Kapitels folgt der französischen Übersetzung von B. Botte, La Tradition apostolique de saint Hippolyte, 1963², 3.5; B. Botte folgt teils der lateinischen, teils der äthiopischen Version; überdies berücksichtigt er die syrische Version.   70

2   Hippolyt spielt hier auf die Lehre seines Rivalen Kallist an; vgl. Text Nr. 69, Anm. 1.

3   Vgl. Text Nr. 68.

4   Die Sammlung von „Apostolischer Tradition" richtet sich demnach in erster Linie an die Amtsträger. Zu den komplizierten Fragen, die diese Schrift dem Herausgeber aufgibt, siehe B. Botte, in der Einleitung zu seiner in Anm. 1 erwähnten Ausgabe.

Versio sahidica

20 43. Haec autem si accipitis in gratiarum actione et fide recta, aedificabunt vos et donabunt vobis vitam aeternam. Haec consilium damus vobis custodire, quibus est cor. Si omnes enim sequuntur traditiones apostolorum quas audierunt et servant eas, nullus haereticorum poterit seducere vos neque ullus hominum omnino. Hoc modo enim creverunt 25 haereses multae, quia praesidentes noluerunt discere sententiam apostolorum, sed secundum libidinem suam fecerunt quae voluerunt, non quae decent. Si praeterivimus aliquam rem, dilecti nobis, haec revelabit deus eis qui digni sunt, cum dirigit ecclesiam quae digna est applicare ad portum quietis.

71 Ps.-Hippolytus, *Contra Artemonem* (= Eusebius, *Hist. eccl.* V,28,3-4.6)
ed. Ed. Schwartz (= nr.20), pp. 500–502

3. Φασὶν γὰρ τοὺς μὲν προτέρους ἅπαντας καὶ αὐτοὺς τοὺς ἀποστόλους παρειληφέναι τε καὶ δεδιδαχέναι ταῦτα ἃ νῦν οὗτοι λέγουσιν, καὶ τετηρῆσθαι τὴν ἀλήθειαν τοῦ κηρύγματος μέχρι τῶν Βίκτορος χρόνων, ὃς ἦν τρισκαιδέκατος ἀπὸ Πέτρου ἐν Ῥώμῃ 5 ἐπίσκοπος· ἀπὸ δὲ τοῦ διαδόχου αὐτοῦ Ζεφυρίνου παρακεχαράχθαι τὴν ἀλήθειαν. 4. ἦν δ᾽ἂν τυχὸν πιθανὸν τὸ λεγόμενον, εἰ μὴ πρῶτον μὲν ἀντέπιπτον αὐτοῖς αἱ θεῖαι γραφαί...
6. Πῶς οὖν ἐκ τοσούτων ἐτῶν καταγγελλομένου τοῦ ἐκκλησιαστικοῦ φρονήματος, ἐνδέχεται τοὺς μέχρι Βίκτορος οὕτως ὡς οὗτοι λέγουσιν 10 κεκηρυχέναι;...

---

71 7 θεῖαι: ὅσιαι *uar.*
9 Βίκτορος: Βίκτορος χρόνους *uar.*

43. Wenn ihr also diese (Lehren) mit Danksagung und im rechten Glauben annehmt, werden sie euch erbauen und das ewige Leben geben. Wir geben euch den Rat, das zu bewahren, euch, denen der Sinn (dafür) gegeben ist. Wenn nämlich alle die apostolischen Traditionen, welche sie gehört haben, befolgen und ihnen dienen, dann wird kein Häretiker euch oder sonst irgendeinen Menschen verführen können. Auf diese Weise nämlich sind die zahlreichen Häresien entstanden, weil die Vorsteher die Meinung der Apostel nicht kennen lernen wollten, sondern nach ihrem Gutdünken das gemacht haben, was sie wollten, und nicht, was sie sollten.[5] Wenn wir irgendetwas übergangen haben, Geliebte, dann wird es Gott jenen, die würdig sind, offenbaren, da er ja die Kirche leitet, die würdig ist, zum Hafen der Ruhe zu gelangen.[6]

Ps.-Hippolyt, *Gegen Artemon* (= Eusebius, *Kirchengeschichte* V, 28, 3-4. 6)[1]   71

3. Sie behaupten nämlich, daß alle Früheren und selbst die Apostel das sowohl empfangen als auch gelehrt haben, was sie selber jetzt sagen, und die wahre Predigt sei bis auf die Zeit Viktors bewahrt worden, der der dreizehnte Bischof seit Petrus in Rom war[2]; aber von dessen Nachfolger Zephyrinus an sei die Wahrheit verfälscht worden. 4. Diese Behauptungen wären vielleicht glaubwürdig, wenn nicht an erster Stelle die göttlichen Schriften ihnen entgegenstehen würden...[3]

6. Wie ist es also möglich, da die kirchliche Lehre seit so vielen Jahren verkündet worden ist, daß die (Lehrer) vor Viktor so, wie diese sagen, gepredigt haben?...

---

5   Hier der neue Gedanke, daß die Amtsträger für das Aufblühen der Häresien verantwortlich sind; er ist beeinflußt von der Wirklichkeit des Schismas in Rom (vgl. oben, Anm. 2).   70
6   Die Tradition kann sich also entwickeln; vgl. die Theorie des Vincentius von Lerinum zu dieser Frage (Text Nr. 147).
1   Eusebius zitiert Auszüge aus einer Schrift, die gegen Artemon gerichtet war; für   71
    ihn war Christus ein gewöhnlicher Mensch.
2   Vgl. Text Nr. 33,76 ff.
3   Der Autor bemerkt anschließend, es gebe noch viele Texte aus der Zeit vor Viktor, die Christus als Gott bezeichnen würden.

72 CONCILIUM ANTIOCHENUM (268), *Epistula sex episcoporum ad Paulum Samosatenum* 1

ed. F. Loofs, TU 44, 1924, p. 324

Ἤδη μὲν εἰς λόγους ἀλλήλων ἀφικόμενοι τὴν ἑαυτῶν πίστιν
ἐδείξαμεν. Ἵνα δὲ φανερώτερα, ἅπερ ἕκαστος φρονεῖ, γένηται καὶ πέρας
ἀσφαλέστερον τὰ ἀμφισβητούμενα λάβῃ, ἔδοξεν ἡμῖν ἔγγραφον τὴν
πίστιν, ἣν ἐξ ἀρχῆς παρελάβομεν καὶ ἔχομεν παραδοθεῖσαν καὶ
5 τηρουμένην ἐν τῇ ἁγίᾳ καθολικῇ ἐκκλησίᾳ μέχρι τῆς σήμερον ἡμέρας
ἐκ διαδοχῆς ἀπὸ τῶν μακαρίων ἀποστόλων, οἳ καὶ «αὐτόπται καὶ
ὑπηρέται» γεγόνασι «τοῦ λόγου», καταγγελλομένην ἐκ νόμου καὶ
προφητῶν καὶ τῆς καινῆς διαθήκης, ταύτην ἐκθέσθαι.

73 CYPRIANUS, *Ad Quirinium testimonia* (ante 249) III, 86

ed. W. Hartel, CSEL 3,1, 1868, p. 174

Schisma non faciendum, etiamsi in una fide et in eadem traditione
permaneat qui recedit. . .

74 CYPRIANUS, *De lapsis* (251) 2

ed. W. Hartel, CSEL 3,1, 1868, p. 238.

. . . Inconcussis praeceptorum caelestium radicibus nixos et euangelicis traditionibus roboratos non praescripta exilia, non destinata tor-
menta, non rei familiaris et corporis supplicia terruerunt. . .

75 CYPRIANUS, *Epistulae* 4,1,2 (249?)

ed. W. Hartel, CSEL 3,2, 1871, p. 473

. . . scias nos ab euangelicis et apostolicis traditionibus non recedere
quo minus fratribus et sororibus nostris constanter et fortiter consulatur
et per omnes utilitatis et salutis uias ecclesiastica disciplina seruetur. . .

---

72   6sq. Luc. 1,2

72   6 ἀπὸ *Routh*: ὑπὸ *codd.*

KONZIL VON ANTIOCHIEN (268), *Brief der sechs Bischöfe* (oder *Brief des Hymenäus*) *an Paulus von Samosata* 1[1]   72

Wir haben bereits Gelegenheit zum mündlichen Meinungsaustausch gehabt und haben unseren eigenen Glauben dargelegt. Damit aber, was jeder denkt, klarer heraustrete, und damit die Lehrunterschiede genauere Konturen annehmen, schien es uns richtig, den Glauben, den wir seit Anfang empfangen haben und bewahren, so wie er bis auf den heutigen Tag in der heiligen katholischen Kirche aufgrund der Sukzession von den seligen Aposteln, welche *Augenzeugen und Diener des Wortes* gewesen sind, beobachtet wird –, daß wir diesen Glauben, der aufgrund des Gesetzes, der Propheten und des Neuen Bundes verkündet wird, schriftlich festhalten.

CYPRIAN, *Zeugnisse an Quirinius* III, 86   73

Eine Spaltung darf nicht eintreten, selbst wenn der, der abweicht, bei dem einen Glauben und bei derselben Tradition bliebe...[1]

CYPRIAN, *Über die Gefallenen* 2   74

...Die[1], welche sich fest auf die unerschütterten Wurzeln der himmlischen Gebote stützten und durch die evangelischen Traditionen gestärkt waren, ließen sich weder durch die über sie verhängten Verbannungen, noch durch die ihnen bestimmten Martern, noch durch Vermögenseinbußen und Körperstrafen abschrecken.

CYPRIAN, *Briefe* 4, 1, 2   75

...Du sollst wissen, daß wir von den evangelischen und apostolischen Traditionen nicht abweichen, indem für unsere Brüder und Schwestern beständig und energisch Sorge getragen und auf allen nützlichen und heilsamen Wegen die Kirchenzucht bewahrt wird...[1]

---

1   Die Authentizität dieses Schriftstücks ist von H. de Riedmatten, Les Actes du   72
proces de Paul de Samosate, 1952, 121-134, erwiesen worden.

1   Cyprian zitiert als Schriftsteller für diese These Pred. 10,9; 2. Mose 12,46; Psalm   73
132,1; Matth. 12,30; 1. Kor. 1,10; Psalm 67,6.

1   Cyprian spricht von den Bekennern.   74

1   Es handelt sich um das Problem der virgines subintroductae; vgl. dazu K. Nieder-   75
wimmer, Askese und Mysterium, 1975, 186-197.

76   *ibidem* 43,6,1 (ante Pascha 251)

ed. W. Hartel (= nr. 75), p. 595

Monet nos dominus in euangelio sui dicens: *Reicitis mandatum dei ut traditionem uestram statuatis.* Qui mandatum dei reiciunt et traditionem suam statuere conantur fortiter a uobis et firmiter respuantur. Sufficiat lapsis ruina una. . .

77   *ibidem* 45,1,2; 3,2 (post Pascha 251)

ed. W. Hartel (= nr. 75), pp. 600; 602

1,2. . . . contra sacramentum semel traditum diuinae dispositionis et catholicae unitatis adulterum et contrarium caput extra ecclesiam fecit . . . secundum quod diuinae traditionis et ecclesiasticae institutionis sanctitas pariter ac ueritas exigebat, litteras nostras ad te direximus.
5   3,2. Hoc enim uel maxime, frater, et laboramus et laborare debemus ut unitatem a domino et per apostolos nobis successoribus traditam, quantum possumus, obtinere curemus et quod in nobis est balabundas et errantes oues . . . in ecclesia colligamus. . .

78   *ibidem* 46,1,3 (251)

ed. W. Hartel (= nr. 75), p. 604

Quod quaeso ut in uobis saltem inlicitum istud fraternitatis nostrae discidium non perseueret, sed et confessionis uestrae et diuinae traditionis memores ad matrem reuertamini unde prodistis, unde ad confessionis gloriam cum eiusdem matris exultatione uenistis.

---

76   1 sq. Marc. 7,9

77   1 dispositionis: dispensationis *uar.*
8 ecclesia: ecclesiam *uar.*

78   1 uobis: nobis *uar.*

100

Ebenda 43, 6, 1[1] 76

Es ermahnt uns der Herr in seinem Evangelium: *Ihr verwerft Gottes Gebot, um eure eigene Überlieferung aufzustellen.* Diejenigen, welche Gottes Gebot verwerfen und ihre eigene Tradition aufzustellen suchen, sollen von euch mutig und standhaft zurückgewiesen werden. Es soll den Gefallenen ein einziger Sturz genügen...

Ebenda 45, 1, 2; 3, 2[1] 77

1,2....Im Gegensatz zum Geheimnis göttlicher Anordnung und katholischer Einheit, das ein für alle Male überliefert ist, gab sie[2] sich ein ehebrecherisches und gegnerisches Haupt[3] außerhalb der Kirche. Gemäß dem, was gleichermaßen die Heiligkeit wie die Wahrheit der göttlichen Tradition und kirchlichen Institution erforderte, haben wir unsern Brief an dich gerichtet.
3,2. Darauf am meisten, Bruder, arbeiten wir hin und müssen wir hinarbeiten, daß wir die Einheit, vom Herrn durch die Apostel uns als ihren Nachfolgern überliefert, soviel wir können zu erhalten suchen und soviel an uns liegt, die blökenden und herumirrenden Schafe...in der Kirche sammeln...

Ebenda 46, 1, 3[1] 78

Deshalb bitte ich, daß bei euch wenigstens diese unerlaubte Trennung unserer Bruderschaft nicht weiterdauert, sondern daß ihr, eingedenk eures Bekenntnisses und der göttlichen Tradition, zu der Mutter[2] zurückkehrt, aus der ihr hervorgegangen seid, von der ihr zum Ruhm eures Bekenntnisses gelangt seid zur jubelnden Freude eben dieser Mutter.

---

1 Der Brief ist an alle Christen Karthagos gerichtet. Er behandelt die Frage der Haltung gegenüber den lapsi. Vgl. Text Nr. 77. 76

1 Cyprian hat erfahren, daß Kornelius auf rechtmäßige Weise Bischof von Rom geworden ist. Er weiß, auf welcher Seite sich das Recht befindet in den Streitigkeiten, die die Kirche Roms in zwei Lager spalten. 77
2 Es handelt sich um die Gruppe der Anhänger Novatians.
3 Durch die Erhebung Novatians zum Bischof.

1 Der Brief ist an Maximus und Nikostratus gerichtet, zwei Bekenner, die für die lapsi Partei ergriffen hatten. 78
2 Zum Konzept der Kirche als Mutter siehe Ph. Delehaye, US 46, 1964.

79   *ibidem* 63,1,1; 11,1; 14,2–4; 19 (253/254?)
ed. W. Hartel (= nr. 75), pp. 701sqq.

1,1. Quamquam sciam, frater carissime, episcopos plurimos ecclesiis
dominicis in toto mundo diuina dignatione praepositos euangelicae
ueritatis ac dominicae traditionis tenere rationem nec ab eo quod Christus magister et praecepit et gessit humana et nouella institutione dece-
5 dere, tamen quoniam quidam uel ignoranter uel simpliciter in calice
dominico sanctificando et plebi ministrando non hoc faciunt quod Iesus
Christus dominus et deus noster sacrificii huius auctor et doctor fecit et
docuit, religiosum pariter ac necessarium duxi de hoc ad uos litteras
facere, ut si qui in isto errore adhuc tenebatur, ueritatis luce perspecta
10 ad radicem adque originem traditionis dominicae reuertatur.
11,1. Cum ergo neque ipse apostolus neque angelus de caelo adnun-
tiare possit aliter aut docere praeterquam quod semel Christus docuit et
apostoli eius adnuntiauerunt, miror satis unde hoc usurpatum sit ut
contra euangelicam et apostolicam disciplinam quibusdam in locis aqua
15 offeratur in dominico calice, quae sola Christi sanguinem non possit
exprimere.
14,2. Quare si solus Christus audiendus est, non debemus adtendere
quid alius ante nos faciendum esse putauerit, sed quid qui ante omnes
est Christus prior fecerit. Neque enim hominis consuetudinem sequi
20 oportet, sed dei ueritatem, cum per Esaiam prophetam deus loquatur et
dicat: *Sine causa autem colunt me, mandata et doctrinas hominum*
docentes, et iterum dominus in euangelio hoc idem repetat dicens: *Rei-*
citis mandatum dei ut traditionem uestram statuatis . . .   3. Quod si nec
minima de mandatis dominicis licet soluere, quanto magis tam magna,
25 tam grandia, tam ad ipsum dominicae passionis et nostrae redemptionis
sacramentum pertinentia fas non est infringere aut in aliud quam quod
diuinitus institutum sit humana traditione mutare?   4. Nam si Christus

---

79   11sq cf. Gal. 1,8
21sq. Is. 29,13
22sq. Marc. 7,9

79   9 tenebatur: teneatur *uel* tenetur *uarr.*

Ebenda 63, 1, 1; 11, 1; 14, 2-4; 19   **79**

1,1. Zwar weiß ich, teuerster Bruder, daß die meisten Bischöfe, die Gott gewürdigt hat, den Kirchen des Herrn in der ganzen Welt vorzustehen, die Regel der evangelischen Wahrheit und der Tradition des Herrn festhalten und nicht von dem, was Christus der Meister vorschrieb und ausführte, infolge einer menschlichen und neuen Lehre abweichen.[1] Dennoch tun einige aus Unwissenheit oder Einfalt bei der Heiligung des Kelches des Herrn und seiner Darreichung an das Volk nicht das, was Jesus Christus, unser Herr und Gott, der Urheber und Lehrer dieses Opfers, tat und lehrte. So habe ich es gleichermaßen als gottesfürchtig und notwendig erachtet, über diese Angelegenheit an euch zu schreiben, damit, wenn einer in diesem Irrtum bisher befangen sein sollte, er durch den Anblick des Lichtes der Wahrheit zur Wurzel und zum Ursprung der Tradition des Herrn zurückkehre.

11,1. Wenn daher weder der Apostel selbst noch ein Engel vom Himmel etwas anderes verkündigen oder lehren könnte außer dem, was Christus ein für alle Male gelehrt hat und seine Apostel verkündeten, so wundere ich mich sehr, wie man sich anmaßen konnte, gegen die evangelische und apostolische Lehre an einigen Orten Wasser im Kelch des Herrn darzureichen, welches allein Christi Blut nicht darstellen kann.

14,2. Deshalb, wenn Christus allein zu hören ist, so dürfen wir nicht darauf achten, was ein anderer vor uns glaubte tun zu müssen, sondern was Christus, der vor uns allen ist, zuerst getan hat. Denn nicht der Gewohnheit eines Menschen muß man folgen, sondern Gottes Wahrheit, da Gott durch den Propheten Jesaja spricht: *Ohne Grund aber ehren sie mich, indem sie Gebote und Lehren von Menschen lehren,* und abermals wiederholt dasselbe der Herr im Evangelium, wenn er sagt: *Ihr verwerft Gottes Gebot, um eure eigene Überlieferung aufzustellen...*[2] 3. Wenn es nicht erlaubt ist, selbst eines der kleinsten Gebote des Herrn aufzulösen, wieviel mehr ist es dann ein Unrecht, so bedeutende, so wichtige Gebote, die so sehr mit dem Geheimnis des Leidens des Herrn und unserer Erlösung zusammenhängen, zu brechen oder aufgrund menschlicher Traditionen in etwas anderes, als was von Gott angeordnet ist,

---

1   Cyprian wendet sich gegen den Mißbrauch, in der Eucharistie Wasser statt Wein zu   **79** verwenden. Dieser Brauch steht der vom Herrn eingesetzten Tradition entgegen; man soll nicht einer menschlichen Überlieferung folgen.

2   Kein göttliches Gebot darf aufgegeben werden. Cyprian zitiert noch Matth. 5,19.

Iesus dominus et deus noster ipse est summus sacerdos dei patris et sacrificium patri se ipsum obtulit et hoc fieri in sui commemorationem prae-
30 cepit, utique ille sacerdos uice Christi uere fungitur qui id quod Christus
fecit imitatur et sacrificium uerum et plenum tunc offert in ecclesia deo
patri, si sic incipiat offerre secundum quod ipsum Christum uideat obtu-
lisse.

19. Religioni igitur nostrae congruit et timori et ipsi loco atque officio
35 sacerdotii nostri, frater carissime, in dominico calice miscendo et offe-
rendo custodire traditionis dominicae ueritatem et quod prius apud
quosdam uidetur erratum domino monente corrigere, ut cum in claritate
sua et maiestate caelesti uenire coeperit, inueniat nos tenere quod
monuit, obseruare quod docuit, facere quod fecit. . .

80   *ibidem* 67,5,1 (anno 254 exeunte)

ed. W. Hartel (= nr. 75), p. 739

Propter quod diligenter de traditione diuina et apostolica obseruatione seruandum est et tenendum quod apud nos quoque et fere per
prouincias uniuersas tenetur, ut ad ordinationes rite celebrandas ad eam
plebem cui praepositus ordinatur episcopi eiusdem prouinciae proximi
5 quique conueniant et episcopus deligatur plebe praesente, quae singulo-
rum uitam plenissime nouit et uniuscuiusque actum de eius conuersatione perspexit.

81   *ibidem* 68,5,2 (254/255)

ed. W. Hartel (= nr. 75), p. 748

. . . Neque enim poterat esse apud nos sensus diuersus, in quibus unus
esset spiritus: et ideo manifestum est eum spiritus sancti ueritatem cum
ceteris non tenere quem uidemus diuersa sentire. . .

---

79   29 se ipsum: se ipsum primus *uar.*

81   2 esset: est *uel* est et *uarr.*

umzuändern? 4. Denn wenn Christus Jesus, unser Herr und Gott, selbst der höchste Priester Gottes des Vaters ist und sich selbst dem Vater zum Opfer dargebracht und geboten hat, daß dies zu seinem Gedächtnis geschehe, so handelt jedenfalls nur jener Priester wirklich an Christi Stelle, der das, was Christus tat, nachahmt, und ein wahres und volles Opfer bringt er nur dann in der Kirche Gott dem Vater dar, wenn er es so darzubringen unternimmt, wie er sieht, daß Christus selbst es dargebracht hat.

19. Es entspricht unserer Frömmigkeit und (Gottes-)Furcht sowie unserer Stellung und Amtspflicht als Priester, teuerster Bruder, beim Mischen und Darreichen des Kelches des Herrn die Wahrheit der Tradition des Herrn zu bewahren und den Irrtum, den früher offenbar etliche begangen haben, aufgrund der Ermahnung des Herrn zu verbessern, damit er, wenn er in seiner Klarheit und himmlischen Majestät sich zu kommen anschickt, erfahre, daß wir halten, wozu er uns gemahnt hat, beachten, was er gelehrt hat, und tun, was er tat...

Ebenda 67, 5, 1   80

Darum muß man aufgrund göttlicher Tradition und apostolischen Brauches genau beachten und halten, was auch bei uns und fast in allen Provinzen eingehalten wird: zu ordnungsgemäß zu vollziehenden Ordinationen sollen zu der Gemeinde, für die ein Vorsteher ordiniert wird, alle Nachbarbischöfe derselben Provinz zusammenkommen, und der Bischof soll in Gegenwart des Volkes, das das Leben der einzelnen am vollständigsten kennt und Gelegenheit gehabt hat, eines jeden Lebensführung aus dem Umgang mit ihm zu erkennen, gewählt werden.[1]

Ebenda 68, 5, 2   81

...Es konnte bei uns[1] keine Meinungsverschiedenheit geben, da ja e i n Geist unter uns war: daher ist es offenbar, daß derjenige die Wahrheit des Heiligen Geistes nicht mit allen andern festhält, den wir anders urteilen sehen...[2]

---

1   Diese Beschreibung wird von der Apost.Tradition Hippolyts bestätigt; vgl. W.   80
    Rordorf, Questions liturgiques 55, 1974, 137-150.
1   Cyprian spricht von den Vorgängern des Stephanus auf dem römischen Bischofs-   81
    thron: Kornelius und Lucius.
2   Anspielung auf Novatian und sein Schisma.

82 *ibidem* 71,2,1–2; 3,1–2 (255)

ed. W. Hartel (= nr. 75), pp. 772; 773sq.

2,1. Et dicunt se in hoc ueterem consuetudinem sequi, quando apud
ueteres haereseos et schismatum prima adhuc fuerint initia, ut hi illic
essent qui de ecclesia recedebant, et hic baptizati prius fuerant; quos tunc
ad ecclesiam reuertentes et paenitentiam agentes, necesse non erat bap-
5 tizare. 2. Quod nos quoque hodie obseruamus. . .
    3,1. Non est autem de consuetudine praescribendum, sed ratione uin-
cendum. Nam nec Petrus quem primum dominus elegit, et super quem
aedificauit ecclesiam suam, cum secum Paulus de circumcisione post-
modum disceptaret, uindicauit sibi aliquod insolenter aut adroganter
10 assumpsit, ut diceret se primatum tenere et obtemperari a nouellis et
posteris sibi potius oportere, nec despexit Paulum quod ecclesiae prius
persecutor fuisset, sed consilium ueritatis admisit, et rationi legitimae
quam Paulus uindicabat facile consensit, documentum scilicet nobis et
concordiae et patientiae tribuens, ut non pertinaciter nostra amemus,
15 sed quae aliquando a fratribus et collegis nostris utiliter et salubriter sug-
geruntur, si sint uera et legitima, ista potius nostra ducamus. 2. Cui rei
Paulus quoque prospiciens, et concordiae et paci fideliter consulens, in
epistula sua posuit dicens: *Prophetae autem duo aut tres loquantur et
ceteri examinent. Si alii reuelatum sedenti fuerit, ille prior taceat.* Qua
20 in parte docuit et ostendit multa singulis in melius reuelari, et debere
unumquemque, non pro eo quod semel inbiberat et tenebat pertinaciter
congredi, sed si quid melius et utilius extiterit libenter amplecti. Non
enim uincimur quando offeruntur nobis meliora, sed instruimur,
maxime in his quae ad ecclesiae unitatem pertinent et spei ac fidei nos-

---

82   12sq. cf. Gal. 2,14
      18sq. I Cor. 14,29-30

82   14 patientiae: penitentiae *uar.*

Ebenda 71, 2, 1-2; 3, 1-2[1]   82

2,1. Sie behaupten auch, sie folgten darin einer alten Gewohnheit, während doch bei den Alten nur die ersten Anfänge der Häresie und der Schismen entstanden, so daß dort Leute waren, die
sich von der Kirche trennten, aber in ihr vorher getauft waren. Es
war dann nicht nötig, diese, wenn sie zur Kirche zurückkehrten
und Buße taten, zu taufen. 2. Auch wir halten es heute so...
3,1. Man soll nicht die Gewohnheit vorschützen, sondern mit
Vernunftgründen siegen. Denn auch Petrus, den der Herr als ersten
erwählte und auf den er seine Kirche baute, hat nicht, als Paulus
nachmals mit ihm über die Beschneidung stritt, überheblich etwas
für sich in Anspruch genommen oder anmaßend herausgenommen,
so daß er sagte, er habe den Primat inne und die Neulinge und
Spätern müßten eher ihm gehorchen. Und er verachtete Paulus
nicht, weil er vorher ein Verfolger der Kirche war, sondern ließ
den Rat der Wahrheit gelten und pflichtete dem legitimen Vernunftgrund, den Paulus vertrat, gerne bei.[2] Damit gab er uns ein
Beispiel der Einigkeit[3] und Geduld, damit wir nicht hartnäckig an
unseren Meinungen hängen, sondern vielmehr das uns zu eigen
machen, was jeweils unsere Brüder und Amtsgenossen Nützliches
und Heilsames vorschlagen, vorausgesetzt, daß es wahr und legitim
ist. 2. Dies hatte auch Paulus im Auge, und er trug der Eintracht
und dem Frieden treulich Sorge, wenn er in seinem Brief folgendes schrieb: *Es sollen zwei oder drei Propheten reden und die übrigen sollen es prüfen. Wenn aber einem andern, der dasitzt, eine
Offenbarung zuteil wird, soll der erste schweigen.* An dieser Stelle
hat er gelehrt und gezeigt, daß vieles einzelnen besser offenbart
wird und daß ein jeder nicht für das, was er sich einmal in den
Kopf gesetzt hat und festhält, hartnäckig kämpfen muß, sondern
wenn etwas Besseres und Nützlicheres vorhanden ist, es gerne annehmen soll. Wenn uns Besseres angeboten wird, werden wir nämlich nicht besiegt, sondern belehrt, besonders in den Dingen, die
die Einheit der Kirche und die Wahrheit unserer Hoffnung und unseres Glaubens angehen. Als Priester Gottes und solche, die von

---

1   Cyprian definiert seine Stellungnahme in der Frage der Häretikertaufe. Seine Geg-   82
    ner sagen, daß es nur eine Taufe gibt; dem stimmt er zu. Aber diejenigen, die von
    der Häresie zur Kirche übertreten, erhalten erst in diesem Moment die einzig legiti-
    me Taufe; sie können sie nicht schon vorher erhalten haben.
2   Das ist ein wichtiger Text für die Frage des Petrusprimats; vgl. H. Koch, Cathedra
    Petri, 1930, 131 ff.
3   Zur Vorstellung der concordia apostolorum siehe C. Piétri, Roma Christiana, II,
    1966, 1583-1595.

25 trae ueritatem, ut sacerdotes dei et ecclesiae eius de ipsius dignatione
praepositi sciamus remissam peccatorum non nisi in ecclesia dari posse,
nec posse aduersarios Christi quicquam sibi circa eius gratiam uindicare.

83 *ibidem* 73,13; 20; 22,3 (256)
ed. W. Hartel (= nr. 75), pp. 787sq.; 794; 796

13.1. Proinde frustra quidam qui ratione uincuntur consuetudinem
nobis opponunt, quasi consuetudo maior sit ueritate aut non id sit in spi-
ritualibus sequendum quod in melius fuerit a sancto spiritu reuelatum.
Ignosci enim potest simpliciter erranti, sicut de se ipso dicit beatus apos-
5 tolus Paulus: *Qui primo,* inquit, *fui blasphemus et persecutor et iniurio-
sus, sed misericordiam merui, quia ignorans feci.* 2. Post inspirationem
uero et reuelationem factam, qui in eo quod errauerat perseuerat prudens et sciens, sine uenia ignorantiae peccat. Praesumptione enim atque
obstinatione quadam nititur, cum ratione superetur. 3. Nec quisquam
10 dicat, quod accepimus ab apostolis hoc sequimur, quando apostoli non
nisi unam ecclesiam tradiderint et baptisma unum quod non nisi in
eadem ecclesia sit constitutum, et neminem inueniamus ab apostolis,
cum apud haereticos baptizatus esset, in eodem baptismate admissum
esse et communicasse, ut uideantur apostoli baptisma haereticorum pro-
15 basse.
20,1. Quam uanum est porro et peruersum, ut ... nos ueritatis eiusdem iura et sacramenta mutilemus et uenientibus ac paenitentibus dica-
mus eos remissionem peccatorum consecutos esse, quando illi se pec-
casse et propter hoc ad ecclesiae indulgentiam uenire fateantur? 2.
20 Quare ecclesiae catholicae fidem ac ueritatem, frater carissime, et tenere
debemus firmiter et docere et per omnia euangelica et apostolica praecepta rationem diuinae dispositionis atque unitatis ostendere.

---

83   5sq. I Tim. 1,13

83   1 quidam: quidem *uar.*
20 fidem ac: fidei *uar.*
22 rationem: ratione *uar.*

ihm für würdig geachtet sind, seiner Kirche vorzustehen, müssen wir wissen, daß die Vergebung der Sünden nur in der Kirche erteilt werden kann[4] und daß die Widersacher Christi sich hinsichtlich seiner Gnade nichts herausnehmen können.

Ebenda 73, 13; 20; 22, 3[1]   83

13,1. Vergeblich halten daher einige, die durch Vernunftgründe überwunden werden, uns die Gewohnheit entgegen, als ob die Gewohnheit größer wäre als die Wahrheit, oder als ob in geistlichen Dingen nicht dem zu folgen wäre, was vom Heiligen Geist zum besten offenbart worden ist. Verziehen werden kann einem aus Einfalt Irrenden, wie der selige Apostel Paulus von sich selbst sagt: *Der ich früher ein Lästerer und Verfolger und Frevler war, aber mir ist Erbarmen zuteil geworden, weil ich es unwissend getan habe.* 2. Wer aber, nachdem (ihm) die Inspiration und Offenbarung zuteil geworden ist, in dem, worin er irrte, mit Bedacht und wissentlich verharrt, der sündigt ohne die Entschuldigung der Unwissenheit. Er versteift sich nämlich in Vermessenheit und Hartnäckigkeit, während er doch durch die Vernunft überwunden wird. 3. Und es sage niemand: „Was wir von den Aposteln empfangen haben, das befolgen wir", wo doch die Apostel nur eine einzige Kirche und eine einzige Taufe überliefert haben, die nur in derselben Kirche eingesetzt ist, und wir keinen finden, der von den Aposteln, nachdem er von Häretikern getauft worden ist, in eben dieser Taufe zugelassen worden wäre und die Kommunion empfangen hätte, so daß es schiene, als hätten die Apostel die Häretikertaufe gebilligt.

20,1. Wie töricht und verkehrt ist es ferner, daß…wir die Rechte und Geheimnisse dieser Wahrheit verstümmeln und denen, die kommen und Buße tun, verkünden, sie hätten Vergebung der Sünden erlangt, wo doch jene bekennen, sie hätten gesündigt und kämen deswegen, um die kirchliche Vergebung zu erlangen. 2. Deshalb, bester Bruder, müssen wir den Glauben und die Wahrheit der katholischen Kirche standhaft festhalten und lehren, und mit Hilfe aller evangelischen und apostolischen Vorschriften das Wesen der göttlichen Anordnung und Einheit darlegen.

---

4   Zur Frage der Beichtinstitution bei Cyprian siehe H. Karpp, Die Buße (Trad.Christ.   82
     1), 1970, Nr. 180-197.

1   Cyprian erklärt, warum man die Häretiker nochmals taufen müsse. Bloß die Kirche   83
     hat das wahre Wasser. Man billigt den Häretikern nicht etwas Belangloses zu, wenn
     man ihre Taufe anerkennt.

22,3. Quapropter qui fidei et ueritati praesumus, eos qui ad fidem et
ueritatem ueniunt et agentes paenitentiam remitti sibi peccata depos-
25 cunt, decipere non debemus et fallere, sed correctos a nobis ac reforma-
tos ad regnum caelorum disciplinis caelestibus erudire.

84 *ibidem* 74,1,2–2,3; 4,1; 9,2; 10,2–11,1 (256)

ed. W. Hartel (= nr. 75), pp. 799sq.; 802; 806sq.; 808

1,2. Nam inter cetera uel superba uel ad rem non pertinentia uel sibi
ipsi contraria quae imperite atque improuide scripsit, etiam illud adiun-
xit ut diceret: Si qui ergo a quacumque haeresi uenient ad uos, nihil
innouetur nisi quod traditum est, ut manus illis imponatur in paeniten-
5 tiam, cum ipsi haeretici proprie alterutrum ad se uenientes non baptizent, sed communicent tantum.
2,1. A quacumque haeresi uenientem baptizari in ecclesia uetuit, id
est omnium haereticorum baptismata iusta esse et legitima iudicauit. Et
cum singulae haereses singula baptismata et diuersa peccata habeant, hic
10 cum omnium baptismo communicans uniuersorum delicta in sinum
suum coaceruata congessit. 2. Et praecepit nihil aliud innouari nisi
quod traditum est, quasi is innouet qui unitatem tenens, unum baptisma
uni ecclesiae uindicat, et non ille utique qui unitatis oblitus mendacia et
contagia profanae tinctionis usurpat. Nihil innouetur, inquit, nisi quod
15 traditum est. Vnde est ista traditio? Vtrumne de dominica et euangelica
auctoritate descendens an de apostolorum mandatis atque epistulis
ueniens? 3. Ea enim facienda esse quae scripta sint deus testatur et
praemonet ad Iesum Naue dicens: *Non recedet liber legis huius ex ore
tuo, et meditaberis in eo die et nocte, ut obserues facere omnia quae*
20 *scripta sunt in eo.* Item dominus apostolos suos mittens mandat bapti-

---

83   23 fidei et ueritati praesumus: fide et ueritate praesumimus *uar.*

84   18–20 Ios. 1,8
      20sq cf. Matth. 28, 19-20

84   5sq. baptizent: baptizent in paenitentia *uar.*
      7 baptizari: baptizari in manum paenitentiae *uar.*

22,3. Deshalb dürfen wir, die Vorsteher im Glauben und in der Wahrheit, diejenigen, welche zum Glauben und zur Wahrheit kommen, Buße tun und um Vergebung ihrer Sünden bitten, nicht enttäuschen und betrügen, sondern müssen sie zurechtweisen und bessern und durch die himmlischen Lehren für das Himmelreich erziehen.

Ebenda 74, 1, 2-2, 3; 4, 1; 9, 2; 10, 2-11, 1 [1]   84

1,2. Unter den übrigen hochmütigen oder nicht zur Sache gehörigen oder gar sich selbst widersprechenden (Bemerkungen), welche er ungeschickter- und unvorsichtigerweise geschrieben hat, fügte er auch noch die folgende hinzu: „Wenn also welche von irgendeiner Häresie zu euch kommen, möge man nichts Neues einführen, als was schon überliefert ist, nämlich, daß ihnen die Hand aufgelegt wird zur Buße, da doch die Häretiker selbst von einer Sekte zur andern die zu ihnen Kommenden nicht eigens taufen, sondern sie lediglich in ihre Gemeinschaft aufnehmen". [2]

2,1. Er verbot, jemanden zu taufen, der von irgendeiner Häresie herkommt, das heißt, er anerkannte die Taufe aller Häretiker als gültig und rechtmäßig. Und da die einzelnen Häresien ihre besonderen Taufen und verschiedene Sünden haben, hat dieser, indem er an der Taufe aller Anteil nimmt, auch aller Vergehen aufgehäuft und an seine Brust gedrückt. 2. Und er schrieb vor, nichts anderes einzuführen, als was überliefert ist, als ob der etwas Neues einführte, der an der Einheit festhält und e i n e Taufe für die e i n e Kirche in Anspruch nimmt, und nicht vielmehr jener, der, die Einheit vergessend, Lügen und Besudelung mit einer unheiligen Waschung sich anmaßt. Nichts Neues soll eingeführt werden, sagt er, außer was überliefert ist. Woher stammt diese Tradition? Stammt sie etwa vom Ansehen des Herrn und des Evangeliums, oder kommt sie von den Geboten und Briefen der Apostel her? 3. Denn daß man das tun muß, was geschrieben steht, bezeugt Gott, in dem er Josua, den Sohn Nuns, folgendermaßen ermahnt: *Es soll das Buch dieses Gesetzes nicht von deinem Munde weichen und du sollst über es nachdenken Tag und Nacht, daß du haltest und tust alles, was darin geschrieben steht.* Ebenso trägt der Herr seinen Aposteln bei der Aussendung auf, die Völker zu taufen und sie alles halten zu lehren, was er ihnen befohlen hat. Wenn

---

1   Cyprian schickt Pompeius eine Abschrift des Briefes von Stephanus, dem Bischof   84
     von Rom. Er greift dessen Stellungnahme im Taufstreit und seine Argumente heftig
     an. Vgl. A.-L. Fenger, in: Pietas, 1980, 179-197.
2   Siehe dazu L. Bayard, Saint Cyprien. Correspondance, II, 1925, 280, Anm. 1.

zari gentes et doceri ut obseruent omnia quaecumque ille praecepit. Si
ergo aut in euangelio praecipitur aut in apostolorum epistulis uel actis
continetur ut a quacumque haeresi uenientes non baptizentur, sed tantum manus illis imponatur in paenitentiam, obseruetur diuina haec et
25 sancta traditio. Si uero ubique haeretici nihil aliud quam aduersarii et
antichristi nominantur, si uitandi et peruersi et a semetipsis damnati
pronuntiantur, quale est ut uideantur damnandi a nobis non esse quos
constet apostolica contestatione a semetipsis damnatos esse?

4,1. Praeclara plane ac legitima traditio Stephano fratre nostro
30 docente proponitur, quae auctoritatem nobis idoneam praebeat. Nam in
eodem loco epistulae suae addidit et adiecit: Cum ipsi haeretici proprie
alterutrum ad se uenientes non baptizent, sed communicent tantum. Ad
hoc enim malorum deuoluta est ecclesia dei et sponsa Christi ut haereticorum exempla sectetur...

35 9,2. Nec consuetudo quae apud quosdam obrepserat impedire debet
quo minus ueritas praeualeat et uincat. Nam consuetudo sine ueritate
uetustas erroris est. Propter quod relicto errore sequamur ueritatem,
scientes quia et apud Esdram ueritas uincit, sicut scriptum est: *Veritas
manet et inualescit in aeternum et uiuit et obtinet in saecula saeculorum.*
40 *Nec est apud eam accipere personam nec differentias, sed quae sunt iusta
facit, nec est in iudicio eius iniquum, et fortitudo et regnum et maiestas
et potestas omnium saeculorum. Benedictus deus ueritatis.* Quam ueritatem nobis Christus ostendens in euangelio suo dicit: *Ego sum ueritas.*
Propter quod si in Christo sumus et Christum in nobis habemus et si
45 manemus in ueritate et ueritas in nobis manet, ea quae sunt uera teneamus.

10,2. ... Nam si ad diuinae traditionis caput et originem reuertamur,
cessat error humanus et sacramentorum caelestium ratione perspecta
quidquid sub caligine ac nube tenebrarum obscurum latebat in lucem
50 ueritatis aperitur: ut si canalis aquam ducens, qui copiose prius et lar-
giter profluebat subito deficiat, nonne ad fontem pergitur, ut illic defec-
tionis ratio noscatur, utrumne arescentibus uenis in capite unda siccaue-

---

38–42 III Esdr. 4. 38-40
43 Ioh.14,6

32 sed: sed sine paenitentiae manum *uar.*
41 et fortitudo: sed fortitudo *uar.*

also entweder im Evangelium befohlen wird oder in den Briefen
der Apostel oder der Apostelgeschichte enthalten ist, daß man die
von irgendeiner Häresie Kommenden nicht taufen, sondern ihnen
nur die Hand auflegen soll zur Buße, dann möge man sich an diese
göttliche und heilige Tradition halten. Wenn aber überall die Häretiker nicht anders denn als Widersacher und Antichristen bezeichnet werden, wenn sie als zu Meidende, Verkehrte und von sich
selbst Verurteilte angeprangert werden, wie kann es scheinen, daß
sie von uns nicht zu verurteilen sind, nachdem aufgrund des apostolischen Zeugnisses feststeht, daß sie sich selbst verurteilt haben?

4,1. Führwahr, eine ausgezeichnete und rechtmäßige Tradition
wird da durch die Lehre unseres Bruders Stephanus vorgeschlagen,
welche uns die rechte Gewähr bietet! Denn an der gleichen Stelle
seines Briefes fügte er noch hinzu: „wo doch die Häretiker selbst
von einer Sekte zur andern[3] die zu ihnen Kommenden nicht eigens
taufen, sondern sie lediglich in ihre Gemeinschaft aufnehmen". Bis
zu diesem Grad von Übel ist nämlich die Kirche Gottes und Braut
Christi gesunken, daß sie den Beispielen der Häretiker folgt!

9,2. Auch die Gewohnheit, die bei manchen sich eingeschli-
chen hatte, darf nicht verhindern, daß die Wahrheit den Vorzug
habe und siege. Denn eine Gewohnheit ohne Wahrheit ist nur ein
alter Irrtum.[4] Verlassen wir deshalb den Irrtum und folgen wir der
Wahrheit, im Bewußtsein, daß auch bei Esra die Wahrheit siegte,
wie geschrieben steht: *Die Wahrheit bleibt und ist stark in Ewigkeit und lebt und besteht in alle Ewigkeiten. Und bei ihr ist kein
Ansehen der Person oder der Unterschiede, sondern was recht ist,
tut sie, und in ihrem Urteil gibt es kein Unrecht, sondern Stärke
und Herrschaft und Hoheit und Macht in alle Ewigkeit. Gelobt sei
der Herr, der Gott der Wahrheit!* Diese Wahrheit zeigt uns Christus,
wenn er in seinem Evangelium sagt: *Ich bin die Wahrheit.* Deshalb,
wenn wir in Christus sind und Christus in uns haben, und wenn wir
in der Wahrheit bleiben und die Wahrheit in uns, dann laßt uns
auch festhalten, was wahr ist.

10,2. ...Denn wenn wir zur Quelle und zum Ursprung der göttlichen Tradition zurückgehen, dann hört der menschliche Irrtum
auf, und wenn man das Wesen der himmlischen Geheimnisse erkannt hat, so tritt alles an das Licht der Wahrheit, was unter dem
Dunst und der Wolke der Finsternis verborgen war. Ebenso, wenn
ein Aquädukt, der Wasser führt, das zunächst in Hülle und Fülle

---

3 Ibidem, II,282, Anm. 1.
4 Vgl. Text Nr. 45,4 f.!

rit, an uero integra inde et plena procurrens in medio itinere destiterit,
ut si uitio interrupti aut bibuli canalis effectum est, quo minus aqua
55 continua perseueranter ac iugiter flueret, refecto et confirmato canali ad
usum atque ad potum ciuitatis aqua collecta eadem ubertate atque integritate repraesentetur qua de fonte proficiscitur? 3. Quod et nunc
facere oportet dei sacerdotes praecepta diuina seruantes, ut si in aliquo
nutauerit et uacillauerit ueritas, et ad originem dominicam et ad euan-
60 gelicam atque apostolicam traditionem reuertamur, et inde surgat actus
nostri ratio, unde et ordo et origo surrexit.
11,1. Traditum est enim nobis quod sit unus deus et Christus unus et
una spes et fides una et una ecclesia et baptisma unum non nisi in una
ecclesia constitutum, a qua unitate quisque discesserit, cum haereticis
65 necesse est inueniatur...

85 FIRMILIANUS CAESARENSIS, *Epistula ad Cyprianum* (256) (= CYPRIANUS,
Epist. 75) 5,2; 6; 19

ed. W. Hartel (= nr. 75), pp. 813; 813sq.; 822sq.

5,2. Et quidem quantum ad id pertineat quod Stephanus dixit, quasi
apostoli eos qui ab haeresi ueniunt baptizari prohibuerint et hoc custo-
diendum posteris tradiderint, plenissime uos respondistis neminem tam
stultum esse qui hoc credat apostolos tradidisse, quando etiam ipsas hae-
5 reses constet execrabiles ac detestandas postea extitisse...
6,1. Eos autem qui Romae sunt non ea in omnibus obseruare quae sint
ab origine tradita et frustra apostolorum auctoritatem praetendere scire
quis etiam inde potest, quod circa celebrandos dies Paschae et circa
multa alia diuinae rei sacramenta uideat esse apud illos aliquas diuersi-
10 tates nec obseruari illic omnia aequaliter quae Hierosolymis obseruantur, secundum quod in ceteris quoque plurimis prouinciis multa pro
locorum et hominum diuersitate uariantur, nec tamen propter hoc ab

84 62sq. cf. Eph. 4,4sq.

84 64 unitate *om. unus e codd.*
64 quisque: quisquis *uar.*

85 12 hominum *coni. Baluzius:* nominum *alii edd. cum plur. codd.*

85 1 Cyprian hatte sich in der Frage der Häretikertaufe an Firmilian gewandt, in der
Hoffnung, einen Bundesgenossen zu finden. Der Brief Firmilians erfüllt seine Er-
wartungen.
2 Beispiele: Marcion, Apelles, Valentin, Basilides.

daherfließt, plötzlich versiegt, wird man da nicht zur Quelle hinaufsteigen, um dort den Grund des Versiegens zu ermitteln: ob wegen des Austrocknens der Adern schon an der Quelle das Wasser versickert, oder aber ob es unversehrt und voll von dort hervorsprudelt und erst unterwegs versiegt? Und wenn die Schuld an der unterbrochenen oder undichten Leitung lag, daß das Wasser nicht mehr kontinuierlich und gleichmäßig floß, wird dann nicht der Aquädukt wiederhergestellt und ausgebessert und das für Gebrauchs- und Trinkzwecke der Stadt gefaßte Wasser in der gleichen Fülle und Reinheit wieder dargeboten, wie es aus der Quelle hervorkommt? Das müssen jetzt auch die Priester Gottes tun, die Gottes Gebote erfüllen, damit wir, wenn die Wahrheit in irgendeinem Punkt zu schwanken und zu wackeln beginnt, auch zum Ursprung im Herrn und zur evangelischen und apostolischen Tradition zurückkehren, und von dort die Regel unseres Handelns hervorgehe, von wo auch die ursprüngliche Anordnung hervorgegangen ist.

11,1. Es ist uns nämlich überliefert, daß es nur einen Gott gibt und einen Christus, eine Hoffnung, einen Glauben und eine Kirche und eine Taufe, die nur in der einen Kirche eingesetzt ist, und daß jeder, der von dieser Einheit abweicht, sich notwendig auf der Seite der Häretiker befinden muß...

FIRMILIAN VON CÄSAREA, *Brief an Cyprian*[1] (= CYPRIAN, *Briefe* 75) 5, 2; 6; 19   85

5,2. Was nun die Behauptung des Stephanus betrifft, als hätten die Apostel verboten, diejenigen zu taufen, die von einer Häresie kämen, und dieses Verbot auch den Nachkommen zur Beachtung übergeben, so habt ihr ganz ausführlich darauf geantwortet, niemand sei so töricht, daß er glaube, die Apostel hätten dies überliefert, da ja feststeht, daß diese fluchwürdigen und verabscheuungswerten Häresien erst später aufgetreten sind...[2]

6,1. Daß diejenigen, die in Rom wohnen, nicht in allen Punkten beachten, was von Anfang an überliefert ist, und vergeblich das Ansehen der Apostel vorschützen, kann man auch daran erkennen, daß hinsichtlich der Tage, an denen das Osterfest zu feiern ist und hinsichtlich vieler anderer gottesdienstlicher Riten bei ihnen offenbar allerlei Verschiedenheiten vorhanden sind und daß man dort nicht alles gleich beobachtet, was man in Jerusalem hält.[3] So be-

---

3   Vgl. R. Cantalamessa, Ostern in der Alten Kirche (Trad.Christ. 4), 1980, XIX ff., und Text Nr. 10.

ecclesiae catholicae pace atque unitate aliquando discessum est. 2.
Quod nunc Stephanus ausus est facere rumpens aduersus uos pacem
15 quam semper antecessores eius uobiscum amore et honore mutuo cus-
todierunt, adhuc etiam infamans Petrum et Paulum beatos apostolos,
quasi hoc ipsi tradiderint, qui in epistulis suis haereticos execrati sunt et
ut eos euitemus monuerunt. Vnde apparet traditionem hanc humanam
esse quae haereticos asserit et baptisma quod non nisi solius ecclesiae est
20 eos habere defendit.
19,1. Quod autem pertineat ad consuetudinem refutandum quam
uideantur opponere ueritati, quis tam uanus sit ut ueritati consuetudinem praeferat aut qui perspecta luce tenebras non derelinquat? 2. Nisi
si et Iudaeos Christo aduentante id est ueritate adiuuat in aliquo anti-
25 quissima consuetudo, quod relicta noua ueritatis uia in uetustate per-
manserint. 3. Quod quidem aduersus Stephanum uos dicere, Afri,
potestis cognita ueritate errorem uos consuetudinis reliquisse. Ceterum
nos ueritati et consuetudinem iungimus et consuetudini Romanorum
consuetudinem sed ueritatis opponimus, ab initio hoc tenentes quod a
30 Christo et ab apostolis traditum est. Nec meminimus hoc apud nos aliquando coepisse, cum semper sic istic obseruatum sit ut non nisi unam
dei ecclesiam nossemus et sanctum baptisma non nisi sanctae ecclesiae
computaremus. 4. Plane quoniam quidam de eorum baptismo dubita-
bant qui, etsi nouos prophetas recipiunt, eosdem tamen patrem et filium
35 nosse nobiscum uidentur, plurimi simul conuenientes in Iconio diligen-
tissime tractauimus et confirmauimus repudiandum esse omne omnino
baptisma quod sit extra ecclesiam constitutum.

86 Concilium Carthaginiense (256), *Sententiae episcoporum LXXXVII
de haereticis baptizandis* 30; 56

ed. W. Hartel, Cypriani opera, CSEL 3,1, 1868, pp. 448; 454

30. Libosus a Vaga dixit: In euangelio dominus *Ego sum,* inquit, *ueritas.* Non dixit: Ego sum consuetudo. Itaque ueritate manifestata cedat

---

85   21 refutandum: refutandam *uel* reputandum *uarr.*
34 nouos *sec. man. in uno cod.:* non uos *rell. codd.* non ut nos *coni. Baluzius*

86   1sq. Ioh. 14,6

116

stehen auch in den meisten übrigen Provinzen wegen der Verschiedenheit von Land und Leuten viele Unterschiede, und doch hat man sich deswegen vom Frieden und der Einheit der katholischen Kirche noch niemals getrennt. 2. Das hat Stephanus aber jetzt zu tun gewagt, indem er den Frieden mit euch brach, den seine Vorgänger stets in Liebe und gegenseitiger Ehrerbietung mit euch bewahrt haben, und er hat dazu auch die seligen Apostel Petrus und Paulus verleumdet, als ob auch sie dies überliefert hätten, welche doch in ihren Briefen die Häretiker verflucht und uns ermahnt haben, sie zu meiden. Daraus geht deutlich hervor, daß diese Tradition menschlich ist, die die Häretiker in Schutz nimmt und die Auffassung verteidigt, sie hätten die Taufe, die doch der Kirche allein eigen ist.

19,1. Was aber die Widerlegung der Gewohnheit betrifft, die sie der Wahrheit entgegenzuhalten scheinen, wer wäre so einfältig, der Wahrheit die Gewohnheit vorzuziehen oder nach der Erkenntnis des Lichtes die Finsternis nicht zu verlassen? 2. Außer wenn nach der Ankunft Christi, das heißt der Wahrheit, die uralte Gewohnheit auch den Juden hilft, weil sie den neuen Weg der Wahrheit vermieden und beim Alten verharrten. 3. Das aber könnt ihr Afrikaner gegen Stephanus ins Feld führen, daß ihr die Wahrheit erkannt und den Irrtum der Gewohnheit verlassen habt. Im übrigen vereinigen wir mit der Wahrheit auch die Gewohnheit und setzen der römischen Gewohnheit die Gewohnheit der Wahrheit entgegen, indem wir von Anfang an das festhalten, was von Christus und den Aposteln überliefert worden ist. Und wir erinnern uns nicht, daß dies bei uns irgendeinmal angefangen habe, da es hier stets so gehalten wurde, daß wir nur e i n e Kirche Gottes kannten und nur die Taufe der heiligen Kirche als heilig betrachteten. 4. Da allerdings etliche über die Taufe derjenigen im Zweifel waren, die, obwohl sie neue Propheten[4] annehmen, dennoch mit uns denselben Vater und Sohn zu kennen scheinen, so haben wir uns in großer Zahl in Ikonium versammelt und die Frage aufs sorgfältigste behandelt und bestätigt, man müsse überhaupt jede Taufe verwerfen, die außerhalb der Kirche vorgenommen sei.

Konzil von Karthago (256), *Aussprüche von 87 Bischöfen über die Notwendigkeit, Häretiker zu taufen* 30; 56   **86**

30. Libosus von Vaga sagte: „Im Evangelium spricht der Herr: *Ich bin die Wahrheit.* Er sagt nicht: Ich bin die Gewohnheit. So

---

4   Das ist eine Anspielung auf die Montanisten.   **85**

consuetudo ueritati, ut etsi in praeteritum quis in ecclesia haereticos non baptizabat, nunc baptizare incipiat.
5   56. Zosimus a Tharassa dixit: Reuelatione facta ueritatis cedat error ueritati, quia et Petrus qui prius circumcidebat cessit Paulo ueritatem praedicanti.

87   DIONYSIUS ALEXANDRINUS, _Elenchus_ 14 (= BASILIUS, _De Spiritu sancto_ 29,72)

ed. B. Pruche, SC 17bis, 1968, p. 504

Τούτοις πᾶσιν ἀκολούθως καὶ ἡμεῖς καὶ δὴ παρὰ τῶν πρὸ ἡμῶν πρεσβυτέρων τύπον καὶ κανόνα παρειληφότες, ὁμοφώνως τε αὐτοῖς προσευχαριστοῦντες καὶ δὴ καὶ νῦν ὑμῖν ἐπιστέλλοντες καταπαύομεν · τῷ δὲ θεῷ πατρί, καὶ υἱῷ τῷ κυρίῳ ἡμῶν Ἰησοῦ Χριστῷ σὺν τῷ ἁγίῳ
5 πνεύματι, δόξα καὶ κράτος εἰς τοὺς αἰῶνας τῶν αἰώνων, ἀμήν.

88   EUSEBIUS, _Historia ecclesiastica_ I (303), 1,1-2

ed. Ed. Schwartz, GCS 9, 1903–1908, p. 6

1. Τὰς τῶν ἱερῶν ἀποστόλων διαδοχὰς σὺν καὶ τοῖς ἀπὸ τοῦ σωτῆρος ἡμῶν καὶ εἰς ἡμᾶς διηνυσμένοις χρόνοις ὅσα τε καί πηλίκα πραγματευθῆναι κατὰ τὴν ἐκκλησιαστικὴν ἱστορίαν λέγεται καὶ ὅσοι ταύτης διαπρεπῶς ἐν ταῖς μάλιστα ἐπισημοτάταις παροικίαις ἡγήσαντό
5 τε καὶ προέστησαν, ὅσοι τε κατὰ γενεὰν ἑκάστην ἀγράφως ἢ καὶ διὰ συγγραμμάτων τὸν θεῖον ἐπρέσβευσαν λόγον, τίνες τε καὶ ὅσοι καὶ ὁπηνίκα νεωτεροποιίας ἱμέρῳ πλάνης εἰς ἔσχατον ἐλάσαντες, «ψευδωνύμου γνώσεως» εἰσηγητὰς ἑαυτοὺς ἀνακεκηρύχασιν, ἀφειδῶς οἷα «λύκοι βαρεῖς» τὴν Χριστοῦ ποίμνην ἐπεντρίβοντες, 2. πρὸς ἐπὶ
10 τούτοις καὶ τὰ παραυτίκα τῆς κατὰ τοῦ σωτῆρος ἡμῶν ἐπιβουλῆς τὸ πᾶν Ἰουδαίων ἔθνος περιελθόντα, ὅσα τε αὖ καὶ ὁποῖα καθ᾽ οἵους τε χρόνους πρὸς τῶν ἐθνῶν ὁ θεῖος πεπολέμηται λόγος καὶ πηλίκοι κατὰ καιροὺς

---

86   6 ueritatem: ueritate _uar._

88   7sq. I Tim. 6,20
       9 Act. 20,29

88   10 ἡμῶν: ἡμῶν ἕνεκεν _uar._

soll die Gewohnheit der Wahrheit weichen, nachdem die Wahrheit offenbart ist, so daß, wenn auch einer in der Vergangenheit die Häretiker nicht taufte, er doch jetzt zu taufen anfangen soll."[1]

56. Zosimus von Tharassa sagte: „Ist die Wahrheit einmal offenbart, soll der Irrtum der Wahrheit weichen, weshalb auch Petrus, der zunächst Anhänger der Beschneidung war, Paulus nachgab, der die Wahrheit verkündete".

DIONYSIUS VON ALEXANDRIEN, *Widerlegung* 14 (= BASILIUS VON CÄSAREA, *Über den Heiligen Geist* 29, 72)   87

Auch wir, in Übereinstimmung mit all diesen, da wir von den Presbytern vor uns Beispiel und Richtschnur übernommen haben, sprechen die Danksagung mit den gleichen Worten wie sie und wollen damit auch unsern Brief an euch beenden: „Gott dem Vater und dem Sohn, unserm Herrn Jesus Christus, mit[1] dem Heiligen Geist sei Ehre und Macht in alle Ewigkeit. Amen."

EUSEBIUS VON CÄSAREA, *Kirchengeschichte* I, 1, 1-2 (übers. Ph. Haeuser-H.A. Gärtner, 1967, S. 83)   88

1. Ich habe mich entschlossen, in einer Schrift über die Nachfolger der heiligen Apostel[1] zu berichten, zugleich auch über die von unserem Erlöser bis auf uns verflossenen Zeiten, über die zahlreichen großen Ereignisse der Kirchengeschichte, über alle trefflichen führenden Männer und Vorsteher in den angesehensten Gemeinden, über alle jene, die in jeder Generation durch Worte oder Schriften Dienst als Boten des göttlichen Wortes taten, über die Person, die Zahl und die Zeit derer, die sich aus Neuerungssucht zu den schlimmsten Irrtümern hinreißen ließen und sich dann als Einführer einer *fälschlich so genannten Erkenntnis* verkündigten, *wütenden Wölfen* gleich sich schonungslos auf die Herde Christi stürzten, 2. ferner über das Schicksal, welches das jüdische Volk unmittelbar nach seinem Anschlag auf unseren Erlöser getroffen

---

1 Siehe auch die Aussprüche 28; 63; 77.   86

1 Wegen dieser ungewohnten Präposition in der Doxologie wird Basilius sein großes   87
  Werk über den Heiligen Geist schreiben (vgl. Texte Nr. 109-110).

1 Zur Bedeutung dieser Apostelnachfolge siehe H. Kraft, Eusebius von Cäsarea, Kir-   88
  chengeschichte, 1967, 32 ff.

τὸν δι' αἵματος καὶ βασάνων ὑπὲρ αὐτοῦ διεξῆλθον ἀγῶνα, τά τ' ἐπὶ
τούτοις καὶ καθ' ἡμᾶς αὐτοὺς μαρτύρια καὶ τὴν ἐπὶ πᾶσιν ἵλεω καὶ
15 εὐμενῆ τοῦ σωτῆρος ἡμῶν ἀντίληψιν γραφῇ παραδοῦναι προῃρημένος,
οὐδ' ἄλλοθεν ἢ ἀπὸ πρώτης ἄρξομαι τῆς κατὰ τὸν σωτῆρα καὶ κύριον
ἡμῶν Ἰησοῦν τὸν Χριστὸν τοῦ θεοῦ οἰκονομίας.

89   *ibidem* III,36,4

ed. Ed. Schwartz (= nr. 88), pp. 274–276

Καὶ δὴ τὴν δι' Ἀσίας ἀνακομιδὴν μετ' ἐπιμελεστάτης φρουρῶν
φυλακῆς ποιούμενος, τὰς κατὰ πόλιν αἷς ἐπεδήμει, παροικίας ταῖς διὰ
λόγων ὁμιλίαις τε καὶ προτροπαῖς ἐπιρρωννύς, ἐν πρώτοις μάλιστα
προφυλάττεσθαι τὰς αἱρέσεις ἄρτι τότε πρῶτον ἐπιπολαζούσας παρῄνει
5 προύτρεπέν τε ἀπρὶξ ἔχεσθαι τῆς τῶν ἀποστόλων παραδόσεως, ἣν ὑπὲρ
ἀσφαλείας καὶ ἐγγράφως ἤδη μαρτυρόμενος διατυποῦσθαι ἀναγκαῖον
ἡγεῖτο.

90   *ibidem* IV,21

ed. Ed .Schwartz (= nr. 88), p. 368

Ἤκμαζον δ' ἐν τούτοις ἐπὶ τῆς ἐκκλησίας Ἡγήσιππός τε, ὃν ἴσμεν ἐκ
τῶν προτέρων, καὶ Διονύσιος Κορινθίων ἐπίσκοπος Πινυτός τε ἄλλος
τῶν ἐπὶ Κρήτης ἐπίσκοπος Φίλιππός τε ἐπὶ τούτοις καὶ Ἀπολινάριος καὶ
Μελίτων Μουσανός τε καὶ Μόδεστος καὶ ἐπὶ πᾶσιν Εἰρηναῖος, ὧν καὶ
5 εἰς ἡμᾶς τῆς ἀποστολικῆς παραδόσεως ἡ τῆς ὑγιοῦς πίστεως ἔγγραφος
κατῆλθεν ὀρθοδοξία.

hat, weiter über die Anzahl, Art und die Zeiten der Angriffe, denen das göttliche Wort von seiten der Heiden ausgesetzt war, über die Größe derer, die, wenn es galt, den Kampf für das Wort in blutiger Pein bis zum Ende durchstanden, endlich über die Glaubenszeugnisse in unseren Tagen und über die stets gnädige und liebevolle Hilfe unseres Erlösers. Ich werde dabei nicht anders als mit dem ersten Wirken unseres Erlösers und Herrn Jesus, des Gesalbten Gottes, beginnen.

Ebenda III, 36, 4   89

Als er (sc. Ignatius von Antiochien) unter schärfster militärischer Bewachung durch Asien transportiert wurde, stärkte er die Gemeinden in den einzelnen Städten, wo er sich aufhielt, durch seine mündlichen Unterredungen und Ermahnungen. Vor allem aber ermahnte er sie ganz besonders, sich in acht zu nehmen vor den Häresien, die eben damals zum ersten Mal überhandnahmen, und schärfte ihnen ein, unablässig festzuhalten an der Tradition der Apostel, welche er, um der Sicherheit willen auch schriftlich festzuhalten als nötig erachtete[1], da er schon daran war, Märtyrer zu werden.

Ebenda IV, 21   90

In voller Kraft standen damals in der Kirche Hegesipp, den wir bereits aus dem Vorhergehenden kennen[1], und Dionysius, Bischof von Korinth[2], Pinytus, Bischof der Christen auf Kreta[3], ferner Philippus[4], Apollinarius[5] und Melito[6], Musanus[7] und Modestus[8] und vor allem Irenäus[9]. Von ihnen ist die Orthodoxie vom gesunden Glauben der apostolischen Tradition schriftlich auch auf uns gekommen.

---

1   Es handelt sich um die sieben Briefe, die Ignatius geschrieben hat.   89

1   Vgl. Text Nr. 27.   90
2   Zu den Briefen des Dionysius siehe Eusebius, Kirchengeschichte IV,23,1 ff.
3   Sein Brief an Dionysius von Korinth wird von Eusebius, ebenda IV,23,8, erwähnt.
4   Bischof von Gortyna, der ein Werk gegen Marcion geschrieben hat; vgl. Eusebius, ebenda IV,25.
5   Eusebius, ebenda IV,27, erwähnt seine apologetischen und antimontanistischen Werke; Apollinarius war Bischof von Hierapolis.
6   Von der ausgedehnten schriftstellerischen Tätigkeit Melitos (vgl. Eusebius, ebenda IV,26) ist uns nur ein Bruchteil erhalten (ediert von O. Perler, in SC 123, 1966).
7   Er hat ein Werk gegen Marcion geschrieben; vgl. Eusebius, ebenda IV,25.
8   Er hat gegen die Enkratiten geschrieben; vgl. Eusebius, ebenda IV,28.
9   Vgl. Texte Nr. 29 ff.

91 *ibidem* VII,3-4

ed. Ed. Schwartz (= nr.88), p. 638

3. . . . Ἀλλ᾽ ὅ γε Στέφανος μὴ δεῖν τι νεώτερον παρὰ τὴν κρατήσασαν ἀρχῆθεν παράδοσιν ἐπικαινοτομεῖν οἰόμενος, ἐπὶ τουτῷ διηγανάκτει· 4. πλεῖστα δὴ οὖν αὐτῷ περὶ τούτου διὰ γραμμάτων ὁ Διονύσιος ὁμιλήσας, τελευτῶν δηλοῖ ὡς ἄρα τοῦ διωγμοῦ λελωφηκότος αἱ 5 πανταχόσε ἐκκλησίαι τὴν κατὰ Νοουάτον ἀποστραφεῖσαι νεωτεροποιίαν, εἰρήνην πρὸς ἑαυτὰς ἀνειλήφεσαν.

92 EUSEBIUS, *Demonstratio euangelica* (ante 325) I,8, 29

ed. I. Heikel, GCS 23, 1913, p. 39

Ἀλλ᾽ ὁ μὲν ἐν πλαξὶν ἀψύχοις, ὁ δ᾽ ἐν διανοίαις ζώσαις τὰ τέλεια τῆς καινῆς διαθήκης παραγγέλματα. Οἱ δέ γε αὐτοῦ μαθηταὶ τῷ τοῦ διδασκάλου νεύματι κατάλληλον ταῖς τῶν πολλῶν ἀκοαῖς ποιούμενοι τὴν διδασκαλίαν, ὅσα μὲν ἅτε τὴν ἕξιν διαβεβηκόσι πρὸς τοῦ τελείου 5 διδασκάλου παρήγγελτο, ταῦτα τοῖς οἵοις τε χωρεῖν παρεδίδοσαν, ὅσα δὲ τοῖς ἔτι τὰς ψυχὰς ἐμπαθέσι καὶ θεραπείας δεομένοις ἐφαρμόζειν ὑπελάμβανον, ταῦτα, συγκατιόντες τῇ τῶν πλειόνων ἀσθενείᾳ, τὰ μὲν διὰ γραμμάτων τὰ δὲ δι᾽ ἀγράφων θεσμῶν φυλάττειν παρεδίδοσαν, ὥστε ἤδη καὶ τῇ Χριστοῦ ἐκκλησίᾳ δύο βίων νενομοθετῆσθαι τρόπους.

Fontes postnicaeni

93 ATHANASIUS, *Oratio contra gentes* (ca. 335-337) 1

ed. P. Th. Camelot, SC 18 bis, 1977, p. 46

. . . ποθοῦντι δέ σοι . . . ὀλίγα τῆς κατὰ Χριστὸν πίστεως ἐκθώμεθα, δυναμένῳ μέν σοι καὶ ἀπὸ τῶν θείων λογίων ταύτην εὑρεῖν, φιλοκάλως δὲ ὅμως καὶ παρ᾽ ἑτέρων ἀκούοντι. Αὐτάρκεις μὲν γάρ εἰσιν αἱ ἅγιαι καὶ

---

91 4 τελευτῶν: τελευταῖον *uar.*

Ebenda VII, 3-4 **91**

3. ...Stephanus aber, welcher der Meinung war, man dürfe keine Neuerung wider die von alters her in Kraft stehende Tradition einführen, war sehr unwillig über ihn (sc. Cyprian)[1]; 4. Dionysius, der sich mit ihm (sc. Stephanus) in Briefen eingehend über diese Frage unterhielt, schließt nun freilich damit, wie die Kirchen nach dem Aufhören der Verfolgung überall die Neuerung des Novatus verlassen und miteinander Frieden gestiftet hätten.[2]

EUSEBIUS VON CÄSAREA, *Beweis des Evangeliums* I, 8, 29 **92**

Der eine (sc. Moses) hat aber auf unbeseelte Tafeln (geschrieben[1]), der andere (sc. Jesus) die vollkommenen Gebote des neuen Bundes in lebendige Köpfe. Seine Jünger haben freilich, mit Zustimmung des Lehrers, die Lehre dem Verständnis der Menge angepaßt: alles, was vom vollkommenen Lehrer ihnen als Leuten, die das gewöhnliche Verhalten hinter sich gelassen haben, aufgetragen worden war, das überlieferten sie denen, die imstande waren, es zu fassen; alles jedoch, was sie für diejenigen, die an ihrer Seele noch krank und der Pflege bedürftig waren, als angemessen erachteten, das übergaben sie ihnen – der Schwachheit der meisten entgegenkommend – zur Beobachtung, teils mittels Schriften, teils mittels ungeschriebener Verordnungen; als Folge wurden von da an in der Kirche zwei Lebensstile begründet.

Nachnizänische Quellen

ATHANASIUS, *Rede gegen die Heiden* 1 **93**

...Da du es wünschst[1], ...wollen wir einige wenige Fragen des christlichen Glaubens auseinandersetzen. Zwar kannst du diesen (Glauben) auch in den göttlichen Schriften finden; es ist aber gleichwohl gut, ihn von andern zu hören. Denn die heiligen und in-

---

1 Vgl. Text Nr. 84. **91**
2 Das Brieffragment folgt bei Eusebius, Kirchengeschichte VII,5.

1 Man muß aus dem Zusammenhang ein Verb ergänzen: παρέθετο oder ἐνέγραψεν. **92**

1 Jemand hatte Athanasius gebeten, ihm das Glaubensbekenntnis zu erklären. **93**

θεόπνευστοι γραφαὶ πρὸς τὴν τῆς ἀληθείας ἀπαγγελίαν · εἰσὶ δὲ καὶ
5 πολλοὶ τῶν μακαρίων ἡμῶν διδασκάλων εἰς ταῦτα συνταχθέντες λόγοι ·
οἷς ἐάν τις ἐντύχοι, εἴσεται μέν πως τὴν τῶν γραφῶν ἑρμηνείαν, ἧς δὲ
ὀρέγεται γνώσεως τυχεῖν δυνήσεται.

94   ATHANASIUS, *Epistula encyclica ad episcopos* (340) 1,7-8

   ed. H.-G. Opitz, Athanasii Opera II,1, 1941, p. 170

   7 ... ἕκαστος ὡς αὐτὸς παθὼν βοηθησάτω, ἵνα μὴ δι' ὀλίγου
ἐκκλησιαστικοὶ κανόνες καὶ ἡ τῆς ἐκκλησίας πίστις παραφθαρῇ.
Κινδυνεύει γὰρ ἀμφότερα, ἐὰν μὴ ταχέως ὁ θεὸς δι' ὑμῶν τὰ
πλημμεληθέντα διορθώσηται καὶ ἐκδικίας ἡ ἐκκλησία τύχῃ.   8. Οὐ
5 γὰρ νῦν κανόνες καὶ τύποι ταῖς ἐκκλησίαις ἐδόθησαν, ἀλλ' ἐκ τῶν
πατέρων ἡμῶν καλῶς καὶ βεβαίως παρεδόθησαν · οὐδὲ νῦν ἡ πίστις
ἤρξατο, ἀλλ' ἐκ τοῦ κυρίου διὰ τῶν μαθητῶν εἰς ἡμᾶς διαβέβηκεν · ἵν'
οὖν μὴ τὰ ἐξ ἀρχαίων μέχρις ἡμῶν τηρηθέντα ἐν ταῖς ἐκκλησίαις ἐν
ταῖς νῦν ἡμέραις παραπόληται καὶ τὰ πιστευθέντα ἡμῖν ζητηθῇ παρ'
10 ἡμῶν, κινήθητε, ἀδελφοί ...

95   ATHANASIUS, *De decretis Nicaenae synodi* (350) 3,3

   ed. H.-G. Opitz (= nr. 94), II,1, p. 3

   ... Καὶ τό γε παράδοξον, Εὐσέβιος ὁ ἀπὸ Καισαρείας τῆς
Παλαιστίνης, καίτοι πρὸ μιᾶς ἀρνούμενος, ὅμως ὕστερον ὑπογράψας
ἐπέστειλε τῇ ἐκκλησίᾳ ἑαυτοῦ, λέγων ταύτην εἶναι τῆς ἐκκλησίας τὴν
πίστιν καὶ τῶν πατέρων τὴν παράδοσιν ...

---

94   1 δί ὀλίγου: δι' ὀλίγους *uar.*
       7 κυρίου: θεοῦ *uar.*

spirierten Schriften bedürfen keiner Unterstützung zur Verkündigung der Wahrheit; und doch gibt es auch viele Kommentare, die von unsern seligen Lehrern dazu verfaßt worden sind. Wer auf diese stößt, der wird wohl die Schriftauslegung finden und die Erkenntnis, nach der er verlangt, gewinnen können.

ATHANASIUS, *Rundschreiben an die Bischöfe* 1, 7-8   94

7. ...Jeder, wie wenn er selbst betroffen wäre, leiste Hilfe, damit es nicht binnem kurzem dahin kommt, daß die kirchlichen Vorschriften und der Glaube der Kirche umgestoßen werden.[1] Denn beides droht, wenn nicht bald Gott durch euch das Falschgemachte wieder in Ordnung bringt und die Kirche Genugtuung erhält. 8. Es ist nämlich nicht (erst) heute, daß die Kanones und Regeln den Kirchen gegeben worden sind, sondern sie sind von unsern Vätern her in guter Form und zuverlässig überliefert worden; es ist auch nicht (erst) heute, daß der Glaube seinen Anfang genommen hat, sondern er ist vom Herrn her durch Vermittlung der Jünger auf uns gekommen; damit es nicht geschehe, daß das, was von alters her bis auf uns in den Kirchen festgehalten worden ist, in unsern Tagen verloren gehe, und wir für das von uns Geglaubte zur Rechenschaft gezogen werden, rührt euch, Brüder...

ATHANASIUS, *Über die Beschlüsse des Konzils von Nizäa* 3, 3   95

...Erstaunlich ist, daß Eusebius von Cäsarea in Palästina, obwohl er am Vortag widersprochen hatte, trotzdem später (die Beschlüsse) unterschrieb und seiner Kirche (einen Brief) des Inhalts sandte, das sei der Glaube der Kirche und die Tradition der Väter...[1]

---

1 Gregorius, ein arianischer Bischof, war eben anstelle von Athanasius zum Bischof   94
von Alexandrien gewählt worden (23.3.340); das war gegen die Regelung von Nizäa
(Kan. 15 und 16). Zu den Ereignissen dieser Epoche siehe W. Schneemelcher, in:
Gesammelte Aufsätze zum Neuen Testament und zur Patristik, 1974, 290-337.

1 Dieser Brief ist erhalten (vgl. auch Sokrates, Kirchengeschichte I,8, und Theodo-   95
ret von Cyrus, Kirchengeschichte I,11-12): er berichtet die Diskussionen der Konzilsväter über das Glaubensbekenntnis; vgl. R.E. Person, The Mode of Theological
Decision Making at the Early Ecumenical Councils, 1978, 166 ff. Zur umstritte-
nen Frage, inwieweit das Glaubenssymbol von Nizäa vom Glaubensbekenntnis
der Kirche von Cäsarea beeinflußt war, siehe J.N.D. Kelly, Altchristliche Glaubensbekenntnisse, 1972, 219 ff.

96 *ibidem* 27,4

ed. H.-G. Opitz (= nr. 94) II,1, p. 24

Ἰδοὺ ἡμεῖς μὲν ἐκ πατέρων εἰς πατέρας διαβεβηκέναι τὴν τοιαύτην διάνοιαν ἀποδεικνύομεν · ὑμεῖς δέ, ὦ νέοι Ἰουδαῖοι καὶ τοῦ Καιάφα μαθηταί, τίνας ἄρα τῶν ῥημάτων ὑμῶν ἔχετε δεῖξαι πατέρας; ἀλλ᾽ οὐδένα τῶν φρονίμων καὶ σοφῶν ἂν εἴποιτε. . . . (ὁ διάβολος) νῦν
5 λοιδορεῖν τὴν οἰκουμενικὴν σύνοδον πείσας ὑμᾶς, ὅτι μὴ τὰ ὑμέτερα, ἀλλὰ ταῦτα γεγράφασιν, ἅπερ «οἱ ἀπ᾽ ἀρχῆς αὐτόπται καὶ ὑπηρέται τοῦ λόγου γενόμενοι» παραδεδώκασιν. Ἦν γὰρ ἡ σύνοδος ἐγγράφως ὡμολόγησε πίστιν, αὕτη τῆς καθολικῆς ἐκκλησίας ἐστί.

97 *ibidem* 32,1

ed. H.-G. Opitz (= nr. 94) II,1, p. 28

Ἀλλ᾽ ἴσως καὶ διὰ τὸ ὄνομα τὸ ἀγένητον ἐλεγχθέντες, πονηροὶ τὸν τρόπον ὄντες ἐθελήσουσι καὶ αὐτοὶ λέγειν · ἔδει καὶ περὶ τοῦ κυρίου καὶ σωτῆρος ἡμῶν Ἰησοῦ Χριστοῦ ἐκ τῶν γραφῶν τὰ περὶ αὐτοῦ γεγραμμένα λέγεσθαι καὶ μὴ ἀγράφους ἐπεισάγεσθαι λέξεις. Ναὶ ἔδει,
5 φαίην ἂν καὶ ἔγωγε · ἀκριβέστερα γὰρ ἐκ τῶν γραφῶν μᾶλλον ἢ ἐξ ἑτέρων ἐστὶ τὰ τῆς ἀληθείας γνωρίσματα. . .

98 ATHANASIUS, *De synodis* (359) 5,3 - 7,1

ed. H.-G. Opitz (= nr. 94) II,1, p. 234

5,3. Καὶ ὅμως γράψαντες καὶ τοσοῦτοι ὄντες οὐδὲν τοιοῦτον τετολμήκασιν οἷον οἱ τρεῖς ἢ τέσσαρες οὗτοι. Οὐ γὰρ προέταξαν ὑπατείαν καὶ μῆνα καὶ ἡμέραν, ἀλλὰ περὶ μὲν τοῦ Πάσχα · ἔδοξε τὰ ὑποτεταγμένα · τότε γὰρ ἔδοξε πάντας πείθεσθαι · περὶ δὲ τῆς πίστεως
5 ἔγραψαν οὐκ · ἔδοξεν, ἀλλ᾽ · οὕτως πιστεύει ἡ καθολικὴ ἐκκλησία · καὶ εὐθὺς ὡμολόγησαν πῶς πιστεύουσιν, ἵνα δείξωσιν ὅτι μὴ νεώτερον, ἀλλ᾽

---

96 6sq. Luc. 1,2

Ebenda 27, 4   **96**

Das ist es, was wir beweisen: diese Ansicht[1] ist (von einer Generation) von Vätern zu der andern überkommen; ihr aber, neue
Juden und Schüler des Kaiphas, welche Väter könnt ihr denn für
eure Behauptungen aufweisen? Ihr könntet keinen unter den Besonnenen und Weisen nennen... (der Teufel) stiftet euch an, jetzt
das ökumenische Konzil zu verleumden, weil man nicht eure Meinungen, sondern schriftlich das festgehalten hat, was *diejenigen,*
die von Anfang an Augenzeugen und Diener des Wortes geworden
sind, überliefert haben. Denn der Glaube, den das Konzil schriftlich bekannt hat, das ist der Glaube der katholischen Kirche.

Ebenda 32, 1[1]   **97**

Aber vielleicht möchten Leute von schlechter Gesinnung,
überführt wegen des Begriffs „ungeboren", ihrerseits sagen: „Man
hätte auch in bezug auf unsern Herrn und Erlöser Jesus Christus
das in den Schriften über ihn Geschriebene aussagen und nicht ungeschriebene Ausdrücke einführen sollen". Ja, man hätte sollen,
würde auch ich sagen; denn aus der Schrift, mehr als aus etwas anderem, stammen die untrüglichen Kennzeichen der Wahrheit...[2]

ATHANASIUS, *Über die Konzile* 5, 3-7, 1   **98**

5,3. Und gleichwohl, die Verfasser − und doch waren sie zahlreich! − haben nichts dergleichen gewagt, wie diese zwei oder drei.[1]
Sie haben nicht Konsulat, Monat und Tag (ihrem Schriftstück)
vorangesetzt, sondern, in der Osterangelegenheit: „Das Folgende
wurde beschlossen"[2]; dann allerdings wurde beschlossen, daß alle
gehorchen sollten. In betreff des Glaubens schrieben sie nicht: „Es
wurde beschlossen", sondern: „So glaubt die katholische Kirche";
und unmittelbar danach bekannten sie, wie sie glauben, um zu
zeigen, daß ihre Auffassung nicht neu, sondern apostolisch sei, und

---

1   Nämlich die Ansicht, daß der Logos gleich ewig mit dem Vater ist.   96

1   Athanasius befaßt sich mit den christologischen Begriffen, die nicht in der Schrift   97
    enthalten sind.
2   Die Formulierungen des Konzils von Nizäa sind aber dem Sinn nach schriftgemäß.

1   Das Konzil von Nizäa hat den Osterfeststreit beendet und die arianische Häresie   98
    verurteilt. Trotzdem haben sich die Konzilsväter nicht auf neue Offenbarungen
    berufen, wie die Montanisten es tun.
2   Vgl. R. Cantalamessa, Ostern in der Alten Kirche (Traditio Christiana 4), 1981, Nr. 53.

ἀποστολικόν ἐστιν αὐτῶν τὸ φρόνημα, καὶ ἃ ἔγραφαν, οὐκ ἐξ αὐτῶν εὑρέθη, ἀλλὰ ταῦτ' ἐστίν, ἅπερ ἐδίδαξαν οἱ ἀπόστολοι.

6,1. Αἱ δὲ νῦν κινούμεναι παρ' αὐτῶν σύνοδοι ποίαν ἔχουσιν εὔλογον
10 αἰτίαν; εἰ μὲν γὰρ καινοτέρα τις ἄλλη γέγονεν αἵρεσις μετὰ τὴν
Ἀρειανήν, εἰπάτωσαν τὰ τῆς ἐπινοίας αὐτῆς ῥήματα, καὶ τίνες οἱ
ταύτην ἐφευρόντες εἰσί, γράφοντές τε ἀναθεματιζέτωσαν τὰς πρὸ τῆς
συνόδου ταύτης αἱρέσεις, ἐν αἷς ἐστι καὶ ἡ Ἀρειανή, ὥσπερ οἱ ἐν Νικαίᾳ
πεποιήκασιν, ἵνα δόξωσι καὶ αὐτοὶ πιθανήν τινα πρόφασιν ἔχειν τοῦ
15 καινότερα λέγειν · εἰ δὲ μηδὲν τοιοῦτον γέγονε μηδὲ δύνανται δεῖξαι
(αὐτοὶ δὲ μᾶλλον, ἔχοντες τὴν ἀσέβειαν Ἀρείου, ταῦτα φθέγγονται καὶ
καθημέραν ἐλεγχόμενοι μεταβάλλονται), τίς ἡ χρεία τῶν συνόδων,
ἀρκούσης τῆς ἐν Νικαίᾳ γενομένης πρός τε τὴν Ἀρειανὴν καὶ τὰς ἄλλας
αἱρέσεις, ἃς κατέκρινε πάσας διὰ τῆς ὑγιαινούσης πίστεως;
20 2.... Μάτην γοῦν περιτρέχοντες προφασίζονται διὰ πίστιν ἠξιωκέναι
γενέσθαι τὰς συνόδους. Ἔστι μὲν γὰρ ἱκανωτέρα πάντων ἡ θεία γραφή · εἰ
δὲ καὶ συνόδου χρεία περὶ τούτου, ἔστι τὰ τῶν πατέρων καὶ τούτου γὰρ οὐκ
ἠμέλησαν οἱ ἐν Νικαίᾳ συνελθόντες, ἀλλὰ καὶ ἔγραψαν οὕτω καλῶς, ὥστε
τοὺς γνησίως ἐντυγχάνοντας τοῖς ἐκείνων γράμμασι δύνασθαι παρ' αὐτῶν
25 ὑπομιμνήσκεσθαι τὴν ἐν ταῖς θείαις γραφαῖς καταγγελλομένην εἰς
Χριστὸν εὐσέβειαν.

7,1. Οὐκοῦν ἐπειδὴ μηδὲν εὔλογόν ἐστι παρ' αὐτοῖς, ἀποροῦσι δὲ
πανταχόθεν καίτοι καὶ προφάσεις πλάττοντες, τοῦτο λοιπὸν αὐτοῖς
περιλείπεται λέγειν · Ἡμεῖς ἀντιλέγοντες τοῖς πρὸ ἡμῶν, καὶ
30 παραβαίνοντες τὰς τῶν πατέρων παραδόσεις ἠξιώσαμεν σύνοδον
γενέσθαι ...

99 ATHANASIUS, *Epistulae ad Serapionem* (ca. 359) I,28; II,8

ed. J.-P. Migne, PG 26, col. 593; 620

I,28. Ἴδωμεν δὲ ὅμως καὶ πρὸς τούτοις καὶ αὐτὴν τὴν ἐξ ἀρχῆς
παράδοσιν καὶ διδασκαλίαν καὶ πίστιν τῆς καθολικῆς ἐκκλησίας, ἣν ὁ
μὲν κύριος ἔδωκεν, οἱ δὲ ἀπόστολοι ἐκήρυξαν, καὶ οἱ πατέρες

daß das, was sie schrieben, nicht von ihnen gefunden worden sei, sondern das darstelle, was die Apostel gelehrt haben.[3]

6,1. Die jetzt aber von ihnen organisierten Konzile, welchen vernünftigen Anlaß haben sie?[4] Denn wenn nach der arianischen eine (noch) jüngere Häresie aufgetreten ist, dann sollen sie die Lehrsätze, die sie erdichtet hat, darlegen und die Leute angeben, die sie erfunden haben. Sie sollen schriftlich die vor diesem Konzil (aufgetretenen) Häresien verurteilen, worunter sich die arianische befindet, wie die (Väter) von Nizäa es gemacht haben, damit auch sie selber einen glaubwürdigen Vorwand zu haben scheinen, Neuigkeiten vorzubringen. Andernfalls, wenn sie nichts Derartiges vorweisen können − s i e sind es ja vielmehr, die, als Anhänger der Irrlehre des Arius, diese Dinge vorbringen und, überführt, tagtäglich ihre Meinung ändern −, was ist dann der Nutzen der Konzile, da doch dasjenige genügte, das in Nizäa gegen die arianische und die andern Häresien stattfand, und das alle mittels des gesunden Glaubens verurteilte?

2. ...Vergebens also laufen sie herum und geben an, sie hätten wegen des Glaubens gewollt, daß Konzile stattfinden. Denn mehr als alles ist die göttliche Schrift ausreichend. Wenn es auch zu dieser Frage ein Konzil braucht, dann sind die Texte der Väter vorhanden; denn auch das haben die in Nizäa Versammelten nicht vernachläßigt, sondern (sogar) so gut geschrieben, daß diejenigen, die aufrichtig nach jenen Schriften greifen, durch sie an den wahren Glauben an Christus, wie er in den göttlichen Schriften verkündet wird, erinnert werden können.

7,1. Da sich also nichts Vernünftiges bei ihnen findet und sie trotz der Vorwände, die sie erfinden, von allen Seiten her in Verlegenheit geraten, so bleibt ihnen nur übrig, das Folgende zu sagen: „Im Widerspruch zu unsern Vorgängern und in Überschreitung der Traditionen der Väter haben wir verlangt, daß ein Konzil stattfinde"...

ATHANASIUS, *Briefe an Serapion* I, 28; II, 8 99

I, 28. Trotzdem wollen wir überdies auch noch die Tradition selber, die vom Ursprung her kommt, sowie die Lehre und den Glauben der katholischen Kirche betrachten, den der Herr gege-

---

3 Vgl. I. Ortiz de Urbina, Nicée et Constantinople, 1963, 69 ff. 98
4 Es handelt sich um die Synoden von Rimini und Seleukia, die im Jahre 359 von den Semi-Arianern abgehalten wurden; vgl. H. Lietzmann, Geschichte der Alten Kirche, III, 1961[3], 224 ff.

ἐφύλαξαν. Ἐν ταύτῃ γὰρ ἡ ἐκκλησία τεθεμελίωται, καὶ ὁ ταύτης
5 ἐκπίπτων οὔτ' ἂν εἴη οὔτ' ἂν ἔτι λέγοιτο Χριστιανός. . . . Καὶ ὅτι αὕτη
ἡ πίστις τῆς ἐκκλησίας ἐστί, μαθέτωσαν πῶς ὁ μὲν κύριος ἀποστέλλων
τοὺς ἀποστόλους παρήγγειλε τοῦτον θεμέλιον τιθέναι τῇ ἐκκλησίᾳ
λέγων · «Πορευθέντες μαθητεύσατε πάντα τὰ ἔθνη, βαπτίζοντες αὐτοὺς
εἰς τὸ ὄνομα τοῦ πατρὸς καὶ τοῦ υἱοῦ καὶ τοῦ ἁγίου πνεύματος». Οἱ δὲ
10 ἀπόστολοι, πορευθέντες, οὕτως ἐδίδαξαν · καὶ τοῦτό ἐστιν εἰς πᾶσαν
τὴν ὑπ' οὐρανὸν ἐκκλησίαν τὸ κήρυγμα.
  II,8. Ὁ μὲν χαρακτὴρ οὗτος ἐκ τῶν ἀποστόλων διὰ τῶν πατέρων · δεῖ
δὲ λοιπόν, ἐντυγχάνοντα τῇ γραφῇ δοκιμάζειν καὶ διακρίνειν, πότε μὲν
περὶ τοῦ θεότητος τοῦ λόγου λέγει, πότε δὲ περὶ τῶν ἀνθρωπίνων αὐτοῦ,
15 ἵνα μὴ ἕτερα ἀνθ' ἑτέρων νοοῦντες παραπαίωμεν οἷα πεπόνθασιν οἱ
Ἀρειανοί.

100 ATHANASIUS, *Epistula ad Afros* (369) 6,14-16 (= THEODORETUS, *Hist.*
eccl. I,8,14-16)

ed. L. Parmentier - F. Scheidweiler, GCS 44, 1954², pp. 36-37

  14. Καὶ ὁ γογγυσμὸς δὲ αὐτῶν, ὅτι ἄγραφοί εἰσιν αἱ λέξεις, ἐλέγχεται
παρ' αὐτῶν μάταιος · ἐξ ἀγράφων γὰρ ἀσεβήσαντες (ἄγραφα δὲ τὸ · ἐξ
οὐκ ὄντων, καὶ τό · ἦν ποτε ὅτε οὐκ ἦν), αἰτιῶνται διότι ἐξ ἀγράφων μετ'
εὐσεβείας νοουμένων λέξεων κατεκρίθησαν. Αὐτοὶ μὲν γὰρ ὡς ἐκ
5 κοπρίας εὑρόντες ἐλάλησαν ἀληθῶς ἀπὸ γῆς, οἱ δὲ ἐπίσκοποι, οὐχ
ἑαυτοῖς εὑρόντες τὰς λέξεις ἀλλ' ἐκ τῶν πατέρων ἔχοντες τὴν
μαρτυρίαν, οὕτως ἔγραψαν. 15. Ἐπίσκοποι γὰρ ἀρχαῖοι, πρὸ ἐτῶν
ἐγγύς που ἑκατὸν τριάκοντα, τῆς τε μεγάλης Ῥώμης καὶ τῆς ἡμετέρας
πόλεως, ᾐτιάσαντο τοὺς ποίημα λέγοντας τὸν υἱὸν καὶ μὴ ὁμοούσιον τῷ
10 πατρί. Καὶ τοῦτο ἐγίνωσκεν Εὐσέβιος ὁ γενόμενος ἐπίσκοπος τῆς
Καισαρείας, πρότερον μὲν συντρέχων τῇ Ἀρειανῇ αἱρέσει, ὕστερον δὲ

---

99 8sq. Matth. 28,19
100 5 εὑρόντες: ὄντες *uar.*

---

99 1 Zu Christus und den Aposteln, den Garanten der Tradition aus den Anfängen der
       Kirchengeschichte (vgl. Texte Nr. 15;43), werden nun die Väter hinzugefügt.
    2 Athanasius faßt nachher kurz die Trinitätslehre zusammen.
    3 Der Alexandriner hat seine Christologie dargestellt und sie mit Schriftzitaten abge-
       stützt.

100 1 Vgl. den Anathematismus des Symbols von Nizäa.

130

ben, die Apostel verkündet und die Väter bewahrt haben.[1] Denn auf ihn ist die Kirche gegründet; und wer von ihm abfällt, dürfte weder ein Christ sein noch länger so genannt werden...[2] Und daß dies der Glaube der Kirche ist, mögen sie daran erkennen, wie der Herr den Aposteln bei ihrer Aussendung befahl, diesen Grundstein für die Kirche zu legen, indem er sprach: *Geht und lehrt alle Völker und tauft sie auf den Namen des Vaters und des Sohnes und des Heiligen Geistes.* Die Apostel aber gingen hin und lehrten so. Und das ist die Predigt für die ganze Kirche, welche unter dem Himmel ist.

II,8[3]. Das ist das Wesen (des Glaubens), von den Aposteln her durch die Väter (auf uns gekommen). Übrigens, wer in der Schrift liest, muß prüfen und unterscheiden, wann sie von der Gottheit des Logos und wann sie von seiner Menschheit redet, damit wir nicht das eine für das andere nehmen und törichte Reden führen, wie es den Arianern ergangen ist.

ATHANASIUS, *Brief an die Afrikaner* 6, 14-16 (= THEODORET, *Kirchengeschichte* I, 8, 14-16) 100

14. Auch ihr Murren darüber, daß die Ausdrücke nicht in der Heiligen Schrift enthalten seien, wird durch sie selbst als grundlos erwiesen. Denn nachdem sie selbst aufgrund von nicht schriftgemäßen (Ausdrücken) Gottloses gesagt haben – die Formeln: „aus Nichtseiendem" und „es war eine Zeit, da er nicht war" sind unbiblisch[1] –, klagen sie jetzt darüber, daß sie durch nicht der Schrift entnommene, aber in frommer Absicht erdachte Ausdrücke verurteilt worden sind. Sie selbst haben nämlich ihre Ausdrücke sozusagen auf dem Misthaufen gefunden und wahrhaftig von der Erde genommen; die Bischöfe aber haben ihre Bezeichnungen nicht für sich selbst erfunden, sondern was sie bei den Vätern bezeugt fanden, das haben sie niedergeschrieben. 15. Denn schon Bischöfe alter Zeit, vor ungefähr hundertdreißig Jahren[2], haben sowohl im großen Rom als auch in unserer Stadt diejenigen des Irrtums beschuldigt, welche behaupteten, daß der Sohn ein Geschöpf und dem Vater nicht gleichwesentlich sei. Das hat auch Eusebius anerkannt, der Bischof von Cäsarea geworden ist, der zuerst der arianischen Häresie zugetan war, später aber (den Text) des Konzils von Nizäa un-

---

2 Es handelt sich um die Korrespondenz zwischen Dionysius von Rom und Dionysius 100
von Alexandrien (vgl. Athanasius, Über die Konzile 43-44; Über die Aussprüche des
Dionysius); diese Korrespondenz fand aber ungefähr im Jahr 260 statt, also nur etwa 110 Jahre früher.

ὑπογράψας τῇ ἐν Νικαίᾳ συνόδῳ · 16. ἔγραψε καὶ τοῖς ἰδίοις διαβεβαιούμενος ὅτι καὶ τῶν παλαιῶν τινας λογίους καὶ ἐπιφανεῖς ἐπισκόπους καὶ συγγραφέας ἔγνωμεν ἐπὶ τῆς τοῦ πατρὸς καὶ τοῦ υἱοῦ
15 θεότητος τῷ τοῦ ὁμοουσίου χρησαμένους ὀνόματι.

101 ATHANASIUS, *Epistula ad Adelphium episcopum* (370-371) 6

ed. J.-P. Migne, PG 26, col. 1080

Ἡμῶν δὲ ἡ πίστις ἐστὶν ὀρθή, καὶ ἐκ διδασκαλίας ἀποστολικῆς ὁρμωμένη καὶ παραδόσεως τῶν πατέρων, βεβαιουμένη ἔκ τε νέας καὶ παλαιᾶς διαθήκης, τῶν μὲν προφητῶν λεγόντων · «Ἀπόστειλον τὸν λόγον σου καὶ τὴν ἀλήθειάν σου» · καὶ · «Ἰδοὺ ἡ παρθένος ἐν γαστρὶ ἕξει
5 καὶ τέξεται υἱόν, καὶ καλέσουσι τὸ ὄνομα αὐτοῦ Ἐμμανουήλ», ὅ ἐστι μεθερμηνευόμενον, μεθ' ἡμῶν ὁ θεός. Τί δὲ τοῦτό ἐστιν ἢ θεὸν ἐν σαρκὶ γεγενῆσθαι; Ἡ δὲ ἀποστολικὴ παράδοσις διδάσκει, τοῦ μὲν μακαρίου Πέτρου λέγοντος · «Χριστοῦ οὖν ὑπὲρ ἡμῶν παθόντος σαρκί» · τοῦ δὲ Παύλου γράφοντος · «Προσδεχόμενοι τὴν μακαρίαν ἐλπίδα, καὶ
10 ἐπιφάνειαν τῆς δόξης τοῦ μεγάλου θεοῦ καὶ σωτῆρος ἡμῶν Ἰησοῦ Χριστοῦ» κτλ. . . .

102 DIDYMUS ALEXANDRINUS, *Liber de spiritu sancto* (ante 381) 1

ed. J.-P. Migne, PG 39, col. 1033

. . . Verum quoniam quidam temeritate potius quam recta uia etiam in superna eriguntur et haec de spiritu sancto iactitant quae neque in scripturis lecta neque a quoquam ecclesiasticorum ueterum usurpata sunt, compulsi sumus creberrimae exhortationi fratrum cedere quaeque
5 sit nostra de eo opinio, etiam scripturarum testimoniis comprobare, ne imperitia tanti dogmatis hi qui contraria opponunt decipiant eos qui sine discussione sollicita in aduersariorum sententiam statim pertrahuntur.

---

101 3 sq. Ps. 42,3
4 sq. Matth. 1,23
8 1 Petr. 4,1
9–11 Tit. 2,13

terzeichnete. 16. Er richtete auch an die Seinigen ein Schreiben, worin er versichert, daß wir auch unter den Alten einige gelehrte und berühmte Bischöfe und Schriftsteller kennen, die in bezug auf die Gottheit des Vaters und Sohnes den Ausdruck „gleichwesentlich" gebraucht hätten.[3]

ATHANASIUS, *Brief an den Bischof Adelphius* 6 101

Unser Glaube ist der rechte, er nimmt seinen Ursprung sowohl aus der apostolischen Lehre als auch aus der Tradition der Väter; er erhält seine Bestätigung aus dem Neuen und dem Alten Testament. Die Propheten sagen doch: *Sende dein Wort und deine Wahrheit*; ferner: *Siehe, die Jungfrau wird in ihrem Leib empfangen und einen Sohn gebären und sie werden ihm den Namen Immanuel geben, was übersetzt heißt: Gott mit uns.* Was soll das (anderes) heißen, als daß Gott sich inkarniert hat? Die apostolische Tradition lehrt durch den Mund des seligen Petrus: *Christus hat also für uns im Fleisch gelitten*, und durch die Feder des Paulus: *Wir erwarten die selige Hoffnung, die Erscheinung der Herrlichkeit unseres großen Gottes und Erlösers, Jesus Christus*, usw...

DIDYMUS VON ALEXANDRIEN, *Über den Heiligen Geist* 1[1] 102

...Aber weil gewisse Leute, mehr aus Tollkühnheit als auf dem rechten Weg, sich bis zum Höchsten erheben und Dinge über den Heiligen Geist verbreiten, die sie weder in den Schriften gelesen noch von irgendeinem der alten kirchlichen Schriftsteller hergeholt haben, ließen wir uns dazu bewegen, der sehr häufigen Aufmunterung von seiten der Brüder nachzugeben und auch durch biblische Zeugnisse unsere Meinung, die wir zu dieser Frage haben, zu rechtfertigen, damit nicht wegen der Unkenntnis eines so wichtigen Lehrstücks diejenigen, welche das Gegenteilige behaupten, Leute verführen, die, ohne eine genaue Untersuchung anzustellen, sich sogleich zum Standpunkt der Gegner hinüberziehen lassen.

---

3 Zu diesem Brief siehe Text Nr. 95, Anm. 1.   100

1 Diese Schrift ist nur in der lateinischen Übersetzung des Hieronymus erhalten.   102
2 Didymus wollte nicht zur Feder greifen. Aber im Bewußtsein, daß die Sünde wider den Heiligen Geist nicht vergeben werden kann und seine Brüder dadurch in Gefahr schweben, entschließt er sich doch dazu.

103 CYRILLUS HIEROSOLYMITANUS, *Catecheseis* (ca.350) IV, 17; 33; 35
ed. J.-P. Migne, PG 33, col. 476-477; 496-497

17.... Δεῖ γὰρ περὶ τῶν θείων καὶ ἁγίων τῆς πίστεως μυστηρίων μηδὲ τὸ τυχὸν ἄνευ τῶν θείων παραδίδοσθαι γραφῶν · καὶ μὴ ἁπλῶς πιθανότησι καὶ λόγων κατασκευαῖς παραφέρεσθαι. Μηδὲ ἐμοὶ τῷ ταῦτά σοι λέγοντι, ἁπλῶς πιστεύσῃς, ἐὰν τὴν ἀπόδειξιν τῶν
5 καταγγελλομένων, ἀπὸ τῶν θείων μὴ λάβῃς γραφῶν. Ἡ σωτηρία γὰρ αὕτη τῆς πίστεως ἡμῶν, οὐκ ἐκ εὑρεσιλογίας, ἀλλὰ ἐξ ἀποδείξεως τῶν θείων ἐστὶ γραφῶν.
33.... Καὶ φιλομαθῶς ἐπίγνωθι, καὶ παρὰ τῆς ἐκκλησίας, ποῖαι μέν εἰσι αἱ τῆς παλαιᾶς διαθήκης βίβλοι, ποῖαι δὲ τῆς καινῆς. Καί μοι μηδὲν
10 τῶν ἀποκρύφων ἀναγίνωσκε · ὁ γὰρ τὰ παρὰ πᾶσιν ὁμολογούμενα μὴ εἰδώς, τί περὶ τὰ ἀμφιβαλλόμενα ταλαιπωρεῖς μάτην;
35. Πολύ σου φρονιμώτεροι καὶ εὐλαβέστεροι ἦσαν οἱ ἀπόστολοι, καὶ οἱ ἀρχαῖοι ἐπίσκοποι, οἱ τῆς ἐκκλησίας προστάται, οἱ ταύτας (scil. τὰς γραφὰς) παραδόντες. Σὺ οὖν, τέκνον τῆς ἐκκλησίας ὤν, μὴ
15 παραχάραττε τοὺς θεσμούς....

104 *ibidem* V, 12-13
ed. J.-P. Migne (= nr. 103), col. 520 sqq.

12. Πίστιν δὲ ἐν μαθήσει καὶ ἐπαγγελίᾳ κτῆσαι καὶ τήρησον μόνην, τὴν ὑπὸ τῆς ἐκκλησίας νυνί σοι παραδιδομένην, τὴν ἐκ πάσης γραφῆς ὠχυρωμένην. Ἐπειδὴ γὰρ οὐ πάντες δύνανται τὰς γραφὰς ἀναγινώσκειν, ἀλλὰ τοὺς μὲν ἰδιωτεία, τοὺς δὲ ἀσχολία τις ἐμποδίζει
5 πρὸς τὴν γνῶσιν · ὑπὲρ τοῦ μὴ τὴν ψυχὴν ἐξ ἀμαθίας ἀπολέσθαι, ἐν ὀλίγοις τοῖς στίχοις τὸ πᾶν δόγμα τῆς πίστεως περιλαμβάνομεν. Ὅπερ καὶ ἐπ᾽ αὐτῆς τῆς λέξεως μνημονεῦσαι ὑμᾶς βούλομαι, καὶ παρ᾽ ἑαυτοῖς μετὰ πάσης σπουδῆς ἀπαγγεῖλαι οὐκ εἰς χάρτας ἀπογραφομένους, ἀλλ᾽ ἐν καρδίῃ τῇ μνήμῃ στηλογραφοῦντας · φυλαττομένους ἐν τῷ μελετᾶν,

---

104 5 ἀπολέσθαι: κινδύνῳ πλάνης περιπεσεῖν *uar.*

CYRILL VON JERUSALEM, *Taufkatechesen* IV,17;33;35

17. ...Wenn es sich nämlich um die göttlichen, heiligen Geheimnisse des Glaubens handelt, darf nicht das Geringste ohne die göttlichen Schriften überliefert werden. Auch darf man sich nicht einfältig von verführerischen Reden oder durch Wortmacherei verleiten lassen. Du darfst auch mir, der ich dir das sage, nicht naiv Glauben schenken, wenn du den Beweis für meine Erklärungen nicht aus den göttlichen Schriften findest. Denn dieses Heil unseres Glaubens stützt sich nicht auf ersonnene Gründe, sondern auf den Beweis aus den göttlichen Schriften.

33. ...Lerne auch fleißig, und zwar von der Kirche, welches die Bücher des Alten Testaments und welches die des Neuen Testaments sind! Und lies mir keine Zeile der apokryphen Schriften! Du, der du die bei allen als echt anerkannten Schriften nicht kennst, wie solltest du dich um die zweifelhaften Schriften unnützerweise plagen?

35. ...Diejenigen, welche uns dieselben (sc. die Schriften) überliefert haben, nämlich die Apostel und die alten Bischöfe, die Vorsteher der Kirchen, waren viel verständiger und vorsichtiger als du. Der du ein Sohn der Kirche bist, fälsche also nicht ihre Gesetze!...

Ebenda V, 12-13[1]

12. Beim Lernen und Bekennen erwerbe und bewahre einzig den Glauben, welchen dir die Kirche jetzt überreicht und welcher von der ganzen Schrift gestützt wird![2] Da nämlich nicht alle die Schriften lesen können – die einen hindert ihre mangelhafte Bildung, die andern der Mangel an Muße am (Erlangen) der Erkenntnis –: darum fassen wir, damit nicht die Seele durch Unkenntnis verloren gehe, die ganze Glaubenslehre in den wenigen Sätzen (sc. des Symbols) zusammen. Ich wünsche, daß ihr dasselbe wortwörtlich auswendig lernt und bei euch zuhause recht fleißig aufsagt; ihr sollt es nicht auf Papier schreiben, sondern zur Erinnerung ins Herz einmeißeln.[3] Bei dieser Beschäftigung sollt ihr darauf achten,

---

1 Cyrill definiert zwei Arten des Glaubens: die eine beschränkt sich auf die Zustimmung zu einigen Dogmen (es genügt zu glauben, daß Jesus der Herr ist und daß Gott ihn auferweckt hat). Die andere Art des Glaubens ist ein Gnadengeschenk Christi.
2 Das Glaubensbekenntnis der Kirche von Jerusalem ist demjenigen des Konzils von Konstantinopel verwandt; vgl. zu diesem Problem J.N.D. Kelly, Altchristliche Glaubensbekenntnisse, 1972, 310 ff.
3 Vgl. Text Nr. 30.

10 μή πού τις κατηχούμενος ἐπακούσῃ τῶν παραδεδομένων · ἔχειν τε
ταύτην ἐφόδιον ἐν παντὶ τῷ χρόνῳ τῆς ζωῆς, καὶ παρὰ ταύτην ἄλλην
μηκέτι δέξασθαι · μήτε ἂν ἡμεῖς αὐτοὶ μεταθέμενοι, τοῖς νῦν
διδασκομένοις ἐναντιολογῶμεν · μήτε ἂν ἄγγελος ἐναντίος εἰς ἄγγελον
φωτὸς μετασχηματισθεὶς πλανῆσαί σε βούληται. «Κἂν» γὰρ «ἡμεῖς ἢ
15 ἄγγελος ἐξ οὐρανοῦ εὐαγγελίσηται ὑμᾶς παρ' ὅ» νῦν παρελάβετε
«ἀνάθημα» ὑμῖν «ἔστω». Καὶ τέως μὲν ἐπ' αὐτῆς τῆς λέξεως ἀκούων,
μνημόνευσον τῆς πίστεως · ἐκδέχου δὲ κατὰ τὸν δέοντα καιρὸν τὴν ἀπὸ
τῶν θείων γραφῶν περὶ ἑκάστου τῶν ἐγκειμένων σύστασιν. Οὐ γὰρ ὡς
ἔδοξεν ἀνθρώποις συνετέθη τὰ τῆς πίστεως · ἀλλ' ἐκ πάσης γραφῆς τὰ
20 καιριώτατα συλλεχθέντα, μίαν ἀναπληροῖ τὴν τῆς πίστεως
διδασκαλίαν. Καὶ ὅνπερ τρόπον ὁ τοῦ σινάπεως σπόρος ἐν μικρῷ
κόκκῳ πολλοὺς περιέχει τοὺς κλάδους, οὕτω καὶ ἡ πίστις αὕτη, ἐν
ὀλίγοις ῥήμασι, πᾶσαν τὴν ἐν τῇ παλαιᾷ καὶ καινῇ τῆς εὐσεβείας γνῶσιν
ἐγκεκόλπισται. Βλέπετε οὖν, ἀδελφοί, καὶ κρατεῖτε τὰς παραδόσεις, ἃς
25 νῦν παραλαμβάνετε καὶ ἀπογράψασθε αὐτὰς εἰς τὸ πλάτος τῆς καρδίας
ὑμῶν.

13. Τηρήσατε μετ' εὐλαβείας, μή που συλήσῃ τινὰς χαυνωθέντας ὁ
ἐχθρός · μή τις αἱρετικὸς παρατρέψῃ τι τῶν παραδιδομένων ὑμῖν.
Πίστις μὲν γὰρ ἐστι τὸ βαλεῖν τὸ ἀργύριον ἐπὶ τὴν τράπεζαν ὅπερ ἡμεῖς
30 νῦν πεποιήκαμεν. Θεὸς δὲ παρ' ὑμῶν ἀπαιτεῖ τῆς παρακαταθήκης τοὺς
λόγους. «Διαμαρτύρομαι», καθώς φησιν ὁ ἀπόστολος, «ἐνώπιον τοῦ
θεοῦ τοῦ ζωοποιοῦντος τὰ πάντα καὶ Χριστοῦ Ἰησοῦ τοῦ μαρτυρήσαντος
ἐπὶ Ποντίου Πιλάτου τὴν καλὴν ὁμολογίαν τηρῆσαι» ταύτην ὑμᾶς τὴν
παραδεδομένην πίστιν «ἄσπιλον, μέχρι τῆς ἐπιφανείας τοῦ κυρίου
35 ἡμῶν Ἰησοῦ Χριστοῦ». Θησαυρὸς ζωῆς νῦν σοι παρεδόθη καὶ κατὰ τὴν
ἐπιφάνειαν αὐτοῦ ζητεῖ τὴν παρακαταθήκην ὁ δεσπότης · «Ἣν καιροῖς
ἰδίοις δείξει ὁ μακάριος καὶ μόνος δυνάστης, ὁ βασιλεὺς τῶν
βασιλευόντων καὶ κύριος τῶν κυριευόντων · ὁ μόνος ἔχων ἀθανασίαν,
φῶς οἰκῶν ἀπρόσιτον · ὃν εἶδεν οὐδεὶς ἀνθρώπων, οὐδὲ ἰδεῖν
40 δύναται»....

---

104 14–16 Gal. 1,8-9
21 sq. cf. Matth. 13,31 sqq.
31–40 1 Tim. 5,21; 6,13-16

25 τὸ πλάτος: τὰς πλάκας *uar.*

daß nicht etwa ein Katechumene höre, was euch anvertraut worden ist. (Ich wünsche ferner,) daß euch dieser Glaube während eurer ganzen Lebenszeit eine Wegzehrung sei und daß ihr außer ihm nie einen anderen annehmt, auch dann nicht, wenn wir selbst die Meinung ändern und unserer jetzigen Lehre widersprechen sollten, auch dann nicht, wenn ein böser Engel sich in die Gestalt eines Lichtengels kleiden und dich irreführen wollte. Denn *auch wenn wir oder ein Engel vom Himmel euch ein Evangelium verkünden würden, das im Widerspruch steht mit dem*, welches ihr jetzt erhalten habt, *so seien sie* euch *verflucht!* Und jetzt höre auf den Wortlaut des Glaubens und merk ihn dir! Bei gegebener Gelegenheit sollst du die Belege für jeden einzelnen der darin enthaltenen Sätze aus den göttlichen Schriften zusammenstellen. Denn nicht nach menschlichem Gutdünken ist das Glaubensbekenntnis verfaßt, sondern die passendsten Lehren der ganzen Schrift sind (in ihm) zusammengestellt und formen die e i n e Lehre des Glaubens. Und ebenso wie der Same des Senfs in einem kleinen Körnlein die vielen Äste birgt, so hält dieses Glaubensbekenntnis in wenigen Worten alle Kenntnis des Alten und Neuen Testaments in bezug auf die Religion umschlossen. Seht also zu, Brüder, und bewahrt die Tradition, welche ihr jetzt empfangt, und schreibt sie breit in eure Herzen!

13. Seid umsichtig darauf bedacht, daß nicht etwa einige wegen ihrer Nachlässigkeit vom Feinde ausgeraubt werden; daß kein Häretiker das ins Gegenteil verkehren kann, was euch übergeben worden ist! Glauben heißt nämlich Geld auf die Bank legen[4]; das haben wir jetzt getan. Gott verlangt aber von euch Rechenschaft über das hinterlegte Gut. *Ich beschwöre euch*, wie der Apostel sagt, *vor Gott, der alles belebt, und vor Christus Jesus, der vor Pontius Pilatus das gute Bekenntnis abgelegt hat*, daß ihr diesen euch übergebenen Glauben *unbefleckt bewahrt, bis unser Herr Jesus Christus erscheinen wird.* Ein Schatz des Lebens wurde dir jetzt übergeben; das hinterlegte Gut fordert der Herr bei seiner Wiederkunft, *welche zur bestimmten Zeit sehen lassen wird der selige und alleinige Herrscher, der König der Könige und der Herr der Herren, der allein Unsterbliche, der in unzugänglichem Licht wohnt, den kein Mensch gesehen hat und keiner sehen kann...*

---

4 Vgl. das apokryphe Jesuswort γίνου δόκιμος τραπεζίτης, das uns Cyrill (Kat. VI, 36) und andere Autoren überliefert haben; A. Resch, Agrapha, 1967³, 112 ff.

105 *ibidem* XVIII, 26

ed. J.-P. Migne (= nr. 103), col. 1048

... Διὰ τοῦτό σοι νῦν ἠσφαλισμένως παρέδωκεν ἡ πίστις τό · καὶ εἰς μίαν, ἁγίαν, καθολικὴν ἐκκλησίαν, ἵνα ἐκείνων μὲν τὰ μιαρὰ συστήματα φεύγῃς, παραμένῃς δὲ τῇ ἁγίᾳ καθολικῇ ἐκκλησίᾳ διὰ παντός, ἐν ᾗ καὶ ἀνεγεννήθης. Κἄν ποτε ἐπιδημῇς ἐν πόλεσι, μὴ ἁπλῶς

5 ἐξέταζε, ποῦ τὸ κυριακόν ἐστι (καὶ γὰρ αἱ λοιπαὶ τῶν ἀσεβῶν αἱρέσεις κυριακὰ τὰ ἑαυτῶν σπήλαια καλεῖν ἐπιχειροῦσι) · μηδὲ , ποῦ ἔστιν ἁπλῶς ἡ ἐκκλησία, ἀλλὰ ποῦ ἔστιν ἡ καθολικὴ ἐκκλησία. Τοῦτο γὰρ ἰδικὸν ὄνομα τυγχάνει τῆς ἁγίας ταύτης, καὶ μητρὸς ἡμῶν ἁπάντων. ...

106 CYRILLUS uel IOHANNES HIEROSOLYMITANUS, *Catecheseis mystagogicae* (ante uel post 387) V, 6; 11; 23

ed. A. Piédagniel - P. Paris, SC 126, 1966, pp. 154; 160; 174

6. «Ἅγιος, ἅγιος, ἅγιος κύριος Σαβαώθ». Διὰ τὸ γὰρ τὴν παραδοθεῖσαν ἡμῖν ἐκ τῶν σεραφὶμ δοξολογίαν ταύτην λέγομεν, ὅπως κοινωνοὶ τῆς ὑμνῳδίας ταῖς ὑπερκοσμίοις γενώμεθα στρατιαῖς.

11. Εἶτα, μετὰ ταῦτα τὴν εὐχὴν λέγεις ἐκείνην, ἣν ὁ σωτὴρ παρέδωκε

5 τοῖς οἰκείοις αὐτοῦ μαθηταῖς, μετὰ καθαρᾶς συνειδήσεως πατέρα ἐπιγραφόμενος τὸν θεὸν καὶ λέγων · «Πάτερ ἡμῶν, ὁ ἐν τοῖς οὐρανοῖς».

23. Ταύτας κατέχετε τὰς παραδόσεις ἀσπίλους καὶ ἀπροσκόπους ἑαυτοὺς διαφυλάξατε. Τῆς κοινωνίας ἑαυτοὺς μὴ ἀπορρήξητε · μὴ διὰ μολυσμὸν ἁμαρτίας, τῶν ἱερῶν τούτων καὶ πνευματικῶν ἑαυτοὺς

10 ἀποστερήσητε μυστηρίων ...

---

105 2 ἁγίαν *om. codd. nonnulli*
4 ἀνεγεννήθης: ἐγεννήθης *uar.*
8 ἁγίας: καθολικῆς *uar.*

106 1 Is. 6,3
6 Matth. 6,9

106 1 τὸ: τοῦτο *uar.*
2 δοξολογίαν: θεολογίαν *uar.*

Ebenda XVIII, 26 105

...Deshalb hat dir nun das Glaubensbekenntnis sicher das Folgende überliefert: „und an e i n e heilige, katholische Kirche", damit du einerseits die häßlichen Versammlungen dieser Leute (sc. der Häretiker) meidest, und andererseits der heiligen, katholischen Kirche, in der du auch wiedergeboren wurdest, stets treu verbunden bleibst. Hältst du dich in der einen oder andern Stadt auf, dann frage nicht einfach: „Wo ist das Haus des Herrn?" — denn auch die gottlosen Häresien unterfangen sich, ihre Spelunken Haus des Herrn zu nennen —; auch nicht einfach: „Wo ist die Kirche?", sondern: „Wo ist die katholische Kirche?". Denn es trifft sich, daß dies der spezielle Name für unsere heilige Kirche, unser aller Mutter, ist...[1]

CYRILL oder JOHANNES VON JERUSALEM, *Mystagogische Katechesen* V, 6; 11, 23[1] 106

6. ...*Heilig, heilig, heilig (ist) der Herr Sabaoth.* Wir sprechen diese von den Seraphim her uns überlieferte Doxologie, um an dem Lobgesang der überirdischen Heerscharen teilzunehmen.

11. Sodann, darnach[2], sprichst du das Gebet, welches der Erlöser seinen eigenen Jüngern überliefert hat. Mit reinem Gewissen bezeichnest du Gott als Vater und sprichst: *Vater unser im Himmel...*

23. Bewahrt unversehrt diese Traditionen und hütet euch selber vor Fehltritten! Reißt euch nicht selbst von der Gemeinschaft los! Beraubt euch nicht durch Sündenschmutz dieser heiligen und geistlichen Geheimnisse!...

---

1 Zur Entwicklung des Begriffs der Katholizität der Kirche siehe J.N.D. Kelly, Alt- 105
christliche Glaubensbekenntnisse, 1972, 387 ff.

1 Cyrill erklärt in dieser Katechese die eucharistische Liturgie, die sich natürlich aus 106
traditionellen Stücken zusammensetzt.

2 Das heißt nach der Anaphora.

107 BASILIUS CAESARIENSIS, *Epistula* 140 (373) 2

ed. Y. Courtonne, coll. Les Belles Lettres, II, 1961, p. 61

Πίστιν δὲ ἡμεῖς οὔτε παρ' ἄλλων γραφομένην ἡμῖν νεωτέραν παραδεχόμεθα οὔτε αὐτοὶ τὰ τῆς ἡμετέρας διανοίας γεννήματα παραδιδόναι τολμῶμεν, ἵνα μὴ ἀνθρώπινα ποιήσωμεν τὰ τῆς εὐσεβείας ῥήματα, ἀλλ' ἅπερ παρὰ τῶν ἁγίων πατέρων δεδιδάγμεθα ταῦτα τοῖς
5 ἐρωτῶσιν ἡμᾶς διαγγέλλομεν. Ἔστι τοίνυν ἐκ πατέρων ἐμπολιτευομένη τῇ ἐκκλησίᾳ ἡμῶν ἡ γραφεῖσα παρὰ τῶν ἁγίων πατέρων πίστις τῶν κατὰ τὴν Νίκαιαν συνελθόντων ἡμῖν · ἣν ἡγούμεθα μὲν διὰ στόματος εἶναι καὶ παρ' ὑμῖν, οὐ παραιτούμεθα δέ, ἵνα μὴ ὄκνου ἔγκλημα ἀπενεγκώμεθα, καὶ αὐτὰ τὰ ῥήματα ἐνσημᾶναι τῷ γράμματι.

108 BASILIUS CAESARIENSIS, *Homilia contra Sabellianos et Arium et Anomoeos* (ca.374) 6

ed. J.-P. Migne, PG 31, col. 612 B

Ἀλλὰ μὴ χωρίσῃς πατρὸς καὶ υἱοῦ τὸ πνεῦμα τὸ ἅγιον, δυσωπείτω σε ἡ παράδοσις. Ὁ κύριος οὕτως ἐδίδαξεν, ἀπόστολοι ἐκήρυξαν, πατέρες διετήρησαν, μάρτυρες ἐβεβαίωσαν. Ἀρκέσθητι λέγειν ὡς ἐδιδάχθης . . .

109 BASILIUS CAESARIENSIS, *De spiritu sancto* (374-375) 16; 24; 25; 26; 28

ed. B Pruche, SC 17 bis, 1968, pp. 298-300; 332; 334; 336-338; 346

16. . . .(p. 298-300) Ψεῦδος δὲ κἀκεῖνο, ὅτι ἡ μεθ' οὗ φωνὴ τῆς τῶν εὐλαβῶν χρήσεως ἀπεξένωται. Ὅσοι γὰρ δι' εὐστάθειαν τρόπων τὸ τῆς ἀρχαιότητος σεμνὸν τοῦ καινοπρεποῦς προετίμησαν, καὶ ἀπαραποίητον τῶν πατέρων διεφύλαξαν τὴν παράδοσιν, κατά τε χώραν
5 καὶ πόλιν ταύτῃ κέχρηνται τῇ φωνῇ . . .

. . .(p. 300) Ἀλλ' οὐ τοῦτο ἡμῖν ἐξαρκεῖ, ὅτι τῶν πατέρων ἡ παράδοσις · κἀκεῖνοι γὰρ τῷ βουλήματι τῆς γραφῆς ἠκολούθησαν, ἐκ τῶν

---

107   1 ἄλλων: ἄλλου *uar.*

BASILIUS VON CÄSAREA, *Brief 140 an die Kirche von Antiochien 2*   107

Weder übernehmen wir einen für uns von andern neu geschriebenen Glauben, noch wagen wir selbst, die Erzeugnisse unseres eigenen Denkens zu überliefern, damit wir nicht etwa die Worte der Frömmigkeit zu menschlichen machen; sondern das, was uns von den heiligen Vätern gelehrt worden ist, verkünden wir denen, die uns fragen. In unserer Kirche hat nun aber seit den Vätern d e r Glaube Heimatrecht, der von den heiligen Vätern, die für uns in Nizäa zusammengekommen sind, aufgeschrieben wurde. Wir sind der Meinung, daß auch ihr ihn im Munde führt; wir weigern uns aber nicht, seinen Wortlaut selber in diesem Brief anzuführen, um nicht den Vorwurf der Trägheit davonzutragen.[1]

BASILIUS VON CÄSAREA, *Predigt gegen die Sabellianer, Arius und die Anhomöer 6*   108

Aber trenne nicht Vater, Sohn und Heiligen Geist; die Tradition schrecke dich davon ab! So hat der Herr gelebt, so haben es die Apostel gepredigt, so die Väter gehalten und die Märtyrer bestätigt. Es genüge dir, so zu sprechen, wie du gelehrt worden bist...[1]

BASILIUS VON CÄSAREA, *Über den Heiligen Geist 16; 24-25; 26; 28*   109

16. ...Es ist auch unrichtig, daß der Ausdruck „mit ihm" bei den Rechtgläubigen verfemt sei.[1] Alle, die um der Beständigkeit willen das Ehrwürdige des Alters dem ungewohnten Neuen vorzogen und die die unverfälschte Tradition der Väter beachtet haben, haben diesen Ausdruck in Stadt und Land gebraucht...

...Aber es genügt uns nicht, daß das die Tradition der Väter ist; denn auch diese folgten ja nur dem Willen der Schrift, indem sie

---

1   Basilius zitiert nachher wörtlich das Glaubensbekenntnis von Nizäa; er muß zwar   107
   zugeben, daß die Lehre vom Heiligen Geist darin nur unzureichend formuliert ist.

1   Zu dieser Predigt siehe H. Dörries, De Spiritu Sancto. Der Beitrag des Basilius zum   108
   Abschluß des trinitarischen Dogmas, Göttingen 1956, 94-97.

1   Basilius war vorgeworfen worden, er habe die ungewöhnliche Doxologie: 'Ehre sei   109
   dem Vater „mit" dem Sohn und „mit" dem Hl. Geist' in die Liturgie eingeführt,
   anstelle der traditionellen Doxologie: 'Ehre sei dem Vater „durch" den Sohn und
   „im" Hl. Geist'. Basilius bemüht sich in seinem Werk nachzuweisen, daß die „neue"
   Doxologie auch ihre guten biblischen und patristischen Gründe hat.

μαρτυριῶν, ἃς μικρῷ πρόσθεν ὑμῖν ἐκ τῆς γραφῆς παρεθέμεθα, τὰς
ἀρχὰς λαβόντες...
10 24.... (p. 322) Εἰ γὰρ ὁ μὲν κύριος σαφῶς ἐν τῇ παραδόσει τοῦ
σωτηρίου βαπτίσματος προσέταξε τοῖς μαθηταῖς βαπτίζειν πάντα τὰ
ἔθνη «εἰς ὄνομα πατρὸς καὶ υἱοῦ καὶ ἁγίου πνεύματος», οὐκ ἀπαξιῶν
τὴν πρὸς αὐτὸ κοινωνίαν, οὗτοι δὲ μὴ χρῆναι αὐτὸ πατρὶ καὶ υἱῷ
συντάσσειν λέγουσι · πῶς οὐχὶ τῇ τοῦ θεοῦ διαταγῇ προδήλως
15 ἀνθίστανται; 25....(p.334) Πίστις δέ ἐστι τὸ πολεμούμενον καὶ
κοινὸς σκοπὸς ἅπασι τοῖς ἐναντίοις καὶ ἐχθροῖς τῆς ὑγιαινούσης
διδασκαλίας, τὸ στερέωμα τῆς εἰς Χριστὸν πίστεως κατασεῖσαι, ἐκ τοῦ
τὴν ἀποστολικὴν παράδοσιν ἐδαφισθεῖσαν ἀφανισθῆναι. Διὰ τοῦτο, ὡς
τῶν χρεωφειλετῶν οἱ δῆθεν εὐγνώμονες, τὰς ἐκ τῶν ἐγγράφων
20 ἀποδείξεις ἐπιβοῶνται, τὴν ἄγραφον τῶν πατέρων μαρτυρίαν ὡς
οὐδενὸς ἀξίαν ἀποπεμπόμενοι...
26. (p. 336-338) Χριστιανοὶ πόθεν ἡμεῖς; Διὰ τῆς πίστεως, πᾶς τις ἂν
εἴποι. Σωζόμεθα δὲ τίνα τρόπον; Ἀναγεννηθέντες δηλονότι διὰ τῆς ἐν
τῇ βαπτίσματι χάριτος. Πόθεν γὰρ ἄλλοθεν; Εἶτα τὴν σωτηρίαν ταύτην
25 διὰ πατρὸς καὶ υἱοῦ καὶ ἁγίου πνεύματος βεβαιουμένην γνωρίσαντες, ὃν
παρελάβομεν «τύπον διδαχῆς» προησόμεθα; Ἦ μεγάλων ἂν εἴη
στεναγμῶν ἄξιον, εἴπερ εὑρισκόμεθα νῦν μακρυνόμενοι μᾶλλον ἀπὸ
τῆς σωτηρίας ἡμῶν ἢ ὅτε ἐπιστεύσαμεν · εἴπερ ἃ τότε προσεδεξάμεθα,
νῦν ἀπαρνούμεθα. Ἴση ἐστὶν ἡ ζημία, ἢ ἄμοιρόν τινα τοῦ βαπτίσματος
30 ἀπελθεῖν, ἢ ἕν τι τῶν ἐκ τῆς παραδόσεως ἐλλεῖπον δέξασθαι...
Εἰ γὰρ ἀρχή μοι ζωῆς τὸ βάπτισμα, καὶ πρώτη ἡμερῶν ἐκείνη ἡ τῆς
παλιγγενεσίας ἡμέρα, δῆλον ὅτι καὶ φωνὴ τιμιωτάτη πασῶν ἡ ἐν τῇ
χάριτι τῆς υἱοθεσίας ἐκφωνηθεῖσα. Τὴν οὖν εἰσάγουσάν με εἰς τὸ φῶς,
τὴν γνῶσιν θεοῦ μοι χαρισαμένην παράδοσιν, δι᾽ ἧς τέκνον ἀπεδείχθην
35 θεοῦ, ὁ τέως διὰ τὴν ἁμαρτίαν ἐχθρός, ταύτην προδῶ, ταῖς τούτων
πιθανολογίαις παρατραπείς; Ἀλλὰ καὶ ἐμαυτῷ συνεύχομαι μετὰ τῆς
ὁμολογίας ταύτης ἀπελθεῖν πρὸς τὸν κύριον, καὶ αὐτοῖς παραινῶ,
ἄσυλον διατηρῆσαι τὴν πίστιν, εἰς ἡμέραν Χριστοῦ, καὶ ἀχώριστον ἀπὸ
πατρὸς καὶ υἱοῦ φυλάξαι τὸ πνεῦμα, τὴν ἐπὶ τοῦ βαπτίσματος
40 διδασκαλίαν ἔν τε τῇ ὁμολογίᾳ τῆς πίστεως διατηροῦντας, καὶ ἐν τῇ τῆς
δόξης ἀποπληρώσει.

---

109 12 Matth. 28,19
       26 Rom. 6,17

109 28 ἃ: ὃν *uar.*
       41 δόξης: δοξολογίας *uar.*

ihre Grundlagen aus den Zeugnissen gewannen, wie wir sie soeben aus der Schrift beigebracht haben...

24. ...Wenn nämlich der Herr bei der Übergabe der rettenden Taufe den Jüngern deutlich den Auftrag gab, alle Völker *im Namen des Vaters und des Sohnes und des Heiligen Geistes* zu taufen, und dabei die Gemeinschaft mit dem Geist nicht unter seiner Würde erachtete, jene Leute aber sagen, daß er nicht dem Vater und dem Sohn gleichgestellt werden dürfe, widersetzen sie sich dann nicht offenbar dem Willen Gottes?[2] 25. ...Der Glaube selbst ist es, der angegriffen wird; es ist das gemeinsame Ziel aller Gegner und Feinde der reinen Lehre, den Grund des Glaubens an Christus zu erschüttern und die apostolische Tradition, nachdem man sie zerrüttet hat, ganz wegzuräumen. Deshalb berufen sie sich, als angeblich wohlgesinnte Schuldner, auf schriftliche Beweise, während sie das ungeschriebene Zeugnis der Väter als wertlos zurückweisen...

26. ...Wodurch sind wir Christen? Durch den Glauben, wird man sagen. Auf welche Weise werden wir gerettet? Offenbar durch die Wiedergeburt in der Gnade der Taufe. Woher denn anders? Wenn wir anerkennen, daß diese Rettung durch den Vater und den Sohn und den Heiligen Geist gewirkt wird, sollen wir dann die *Form der Lehre*, die wir übernommen haben, preisgeben? Wahrlich, es wäre sehr beklagenswert, wenn wir jetzt weiter weg von unserer Erlösung erfunden würden als damals, da wir gläubig wurden, wenn wir das, was wir empfangen haben, nun abwiesen. Es ist der gleiche Schaden: ohne Taufe zu sterben, oder eine empfangen zu haben, der auch nur ein Stück der Tradition mangelt...

Wenn nämlich die Taufe für mich Anfang des Lebens und erster Tag der Wiedergeburt ist, so ist offenkundig das Wort, das in der Gnade der Annahme an Sohnes Statt gesprochen wurde, das kostbarste von allen. Diese Tradition, die mich ins Licht führt, die mir die Kenntnis Gottes geschenkt hat, durch die ich, der ich zuvor wegen der Sünde sein Feind war, als Kind Gottes erwiesen wurde, diese Tradition soll ich, wegen der Überredungskünste dieser Leute, preisgeben? Vielmehr erbitte ich mir, mit diesem Bekenntnis zum Herrn einzugehen, und ermahne sie, den Glauben unversehrt bis zum Tag Christi zu bewahren, darauf zu achten, daß der Heilige Geist ungetrennt vom Vater und vom Sohn bleibt, und die Lehre von der Taufe im Bekenntnis des Glaubens und beim Vollzug des Lobpreises zu erhalten.

---

2   Die große Bedeutung der „lex orandi" für die Theologie des Basilius wird hier deutlich.

28.... (p. 346) Χρὴ γὰρ ἀπαράβατον μένειν ἀεὶ τὴν ἐν τῇ ζωοποιῷ χάριτι δεδομένην παράδοσιν. Ὁ γὰρ λυτρωσάμενος ἐκ φθορᾶς τὴν ζωὴν
45 ἡμῶν, ἔδωκε δύναμιν ἡμῖν ἀνακαινώσεως, ἄρρητον μὲν ἔχουσαν τὴν αἰτίαν καὶ ἐν μυστηρίῳ κατεχομένην, μεγάλην δὲ ταῖς ψυχαῖς τὴν σωτηρίαν φέρουσαν. Ὥστε τὸ προσθεῖναί τι ἢ ἀφελεῖν, ζωῆς ἐστι τῆς ἀϊδίου προδήλως ἔκπτωσις....

110 *ibidem* 65–67; 71; 74

ed. B. Pruche (= nr. 109), pp. 478–482; 500–502; 512

65.....(p.478-482) Λειπόμενον δέ ἐστι περὶ τῆς σύν, ὁπόθεν ἤρξατο, καί τίνα δύναμιν ἔχει, καὶ ὅπως σύμφωνός ἐστι τῇ γραφῇ, διηγήσασθαι.
66. Τῶν ἐν τῇ ἐκκλησίᾳ πεφυλαγμένων δογμάτων καὶ κηρυγμάτων, τὰ μὲν ἐκ τῆς ἐγγράφου διδασκαλίας ἔχομεν, τὰ δὲ ἐκ τῆς τῶν ἀποστόλων
5 παραδόσεως διαδοθέντα ἡμῖν ἐν μυστηρίῳ παρεδεξάμεθα, ἅπερ ἀμφότερα τὴν αὐτὴν ἰσχὺν ἔχει πρὸς τὴν εὐσέβειαν. Καὶ τούτοις οὐδεὶς ἀντερεῖ, οὐκοῦν ὅστις γε κατὰ μικρὸν γοῦν θεσμῶν ἐκκλησιαστικῶν πεπείραται. Εἰ γὰρ ἐπιχειρήσαιμεν τὰ ἄγραφα τῶν ἐθῶν ὡς μὴ μεγάλην ἔχοντα τὴν δύναμιν παραιτεῖσθαι, λάθοιμεν ἂν εἰς αὐτὰ τὰ καίρια
10 ζημιοῦντες τὸ εὐαγγέλιον · μᾶλλον δὲ εἰς ὄνομα ψιλὸν περιιστῶντες τὸ κήρυγμα. Οἷον - ἵνα τοῦ πρώτου καὶ κοινοτάτου μνησθῶ - τῷ τύπῳ τοῦ σταυροῦ τοὺς εἰς τὸ ὄνομα τοῦ κυρίου ἡμῶν Ἰησοῦ Χριστοῦ ἠλπικότας κατασημαίνεσθαι, τίς ὁ διὰ γράμματος διδάξας; Τὸ πρὸς ἀνατολὰς τετράφθαι κατὰ τὴν προσευχήν, ποῖον ἐδίδαξεν ἡμᾶς γράμμα; Τὰ τῆς
15 ἐπικλήσεως ῥήματα ἐπὶ τῇ ἀναδείξει τοῦ ἄρτου τῆς εὐχαριστίας καὶ τοῦ ποτηρίου τῆς εὐλογίας, τίς τῶν ἁγίων ἐγγράφως ἡμῖν καταλέλοιπεν; Οὐ γὰρ δὴ τούτοις ἀρκούμεθα, ὧν ὁ ἀπόστολος ἢ τὸ εὐαγγέλιον ἐπεμνήσθη,

---

109   47 ὥστε τὸ: ᾧ *uel* ἢ *uarr.*

110   7 ἐκκλησιαστικῶν: τῆς ἐκκλησίας *uar.*

28. ...Es ist nämlich notwendig, daß die in lebenspendender Gnade gegebene Tradition immer unverletzt bewahrt bleibt. Denn der unser Leben aus der Verderbnis losgekauft hat, gab uns die Kraft zur Erneuerung, die zwar einen unaussprechlichen Grund hat und im Geheimnis verborgen ist, der Seele aber die Herrlichkeit des Heils bringt, so daß irgendein Hinzufügen wie auch ein Wegnehmen[3] offenbar das Verfehlen des ewigen Lebens bedeutet...

Ebenda 65-67; 71; 74   110

65. ...Es bleibt noch auszuführen, woher der Ausdruck „mit" kommt, welche Bedeutung er hat und wie er mit der Schrift übereinstimmt. 66. Unter den in der Kirche beobachteten Lehren und verkündeten Wahrheiten[1] haben wir manche aus der schriftlich festgelegten Unterweisung, andere haben wir von der Tradition der Apostel im Geheimen überliefert empfangen. Beide haben für die Frömmigkeit die gleiche Bedeutung. Ihnen wird niemand, der auch nur eine geringe Erfahrung mit den Satzungen der Kirche hat, widersprechen. Wenn wir nämlich versuchten, die ungeschriebenen Bräuche zu beseitigen, als ob sie keinen großen Wert hätten, möchten wir wohl unbeabsichtigt das Evangelium selbst an wichtigen Stellen schädigen, mehr noch: wir beschränkten die verkündete Wahrheit auf einen bloßen Namen. Zum Beispiel — um an das Nächstliegende und Gebräuchlichste zu erinnern[2] —: Wer hat uns schriftlich gelehrt, daß die auf den Namen unseres Herrn Jesus Christus Hoffenden sich mit dem Bild des Kreuzes bezeichnen? Welcher Text hat uns angewiesen, uns beim Gebet nach Osten zu wenden? Die Worte der Epiklese[3] beim Weihen des eucharistischen Brotes und des Kelches der Segnung — wer von den Heiligen hat sie uns schriftlich hinterlassen? Wir begnügen uns ja nicht mit dem, was der Apostel oder das Evangelium anführen, sondern sprechen

---

3   Zur Bedeutung dieser Formel siehe die Texte Nr. 12;37;147.   109

1   Diese Unterscheidung von δόγμα und κήρυγμα ist Basilius eigen. In unserer theologischen Begriffssprache würde das basilianische κήρυγμα gerade umgekehrt dem δόγμα entsprechen, d.h. der kirchlich definierten Lehre, während das basilianische δόγμα die im realen Leben der Kirche (speziell in der Liturgie) implizierten Wahrheiten umfaßt, die nicht für jedermann zugänglich gemacht werden; vgl. E. Amand de Mendieta, JTS n.s. XVI, 1965, 129-142; B. Pruche, TU 94, 1966, 257 f.   110

2   In der Fortsetzung zählt Basilius eine Anzahl von kirchlichen Traditionen auf; die Beispielsammlung klingt merkwürdig an diejenige an, die Tertullian vor ihm verwendet hatte; vgl. Text Nr. 44.

3   Die Basilius-Liturgie enthält wirklich eine Epiklese; zum Problem der eucharistischen Epiklese im allgemeinen, siehe P. L'Huilier, Verbum Caro 14, 1960, 307-327.

ἀλλὰ καὶ προλέγομεν καὶ ἐπιλέγομεν ἕτερα, ὡς μεγάλην ἔχοντα πρὸς
τὸ μυστήριον τὴν ἰσχύν, ἐκ τῆς ἀγράφου διδασκαλίας παραλαβόντες.
20 Εὐλογοῦμεν δὲ τό τε ὕδωρ τοῦ βαπτίσματος καὶ τὸ ἔλαιον τῆς χρίσεως
καὶ προσέτι αὐτὸν τὸν βαπτιζόμενον. Ἀπὸ ποίων ἐγγράφων; Οὐκ ἀπὸ
τῆς σιωπωμένης καὶ μυστικῆς παραδόσεως; Τί δέ; Αὐτὴν τοῦ ἐλαίου τὴν
χρῖσιν τίς λόγος γεγραμμένος ἐδίδαξε; Τὸ δὲ τρὶς βαπτίζεσθαι τὸν
ἄνθρωπον, πόθεν; Ἄλλα δὲ ὅσα περὶ τὸ βάπτισμα, ἀποτάσσεσθαι τῷ
25 σατανᾷ καὶ τοῖς ἀγγέλοις αὐτοῦ, ἐκ ποίας ἐστι γραφῆς; Οὐκ ἐκ τῆς
ἀδημοσιεύτου ταύτης καὶ ἀπορρήτου διδασκαλίας, ἣν ἐν
ἀπολυπραγμονήτῳ καὶ ἀπεριεργάστῳ σιγῇ οἱ πατέρες ἡμῶν ἐφύλαξαν,
καλῶς ἐκεῖνο δεδιδαγμένοι, τῶν μυστηρίων τὸ σεμνὸν σιωπῇ
διασῴ ζεσθαι; Ἃ γὰρ οὐδὲ ἐποπτεύειν ἔξεστι τοῖς ἀμυήτοις, τούτων πῶς
30 ἂν ἦν εἰκὸς τὴν διδασκαλίαν ἐκθριαμβεύειν ἐν γράμμασι;... Κατὰ τὸν
αὐτὸν δὴ τρόπον, καὶ οἱ τὰ περὶ τὰς ἐκκλησίας ἐξαρχῆς
διαθεσμοθετήσαντες ἀπόστολοι καὶ πατέρες, ἐν τῷ κεκρυμμένῳ καὶ
ἀφθέγκτῳ τὸ σεμνὸν τοῖς μυστηρίοις ἐφύλασσον. Οὐδὲ γὰρ ὅλως
μυστήριον, τὸ εἰς τὴν δημώδη καὶ εἰκείαν ἀκοὴν ἔκφορον. Οὗτος ὁ
35 λόγος τῆς τῶν ἀγράφων παραδόσεως, ὡς μὴ καταμεληθεῖσαν τῶν
δογμάτων τὴν γνῶσιν εὐκαταφρόνητον τοῖς πολλοῖς γενέσθαι διὰ
συνήθειαν. Ἄλλο γὰρ δόγμα, καὶ ἄλλο κήρυγμα...
        67. Ἐπιλείψει με ἡμέρα, τὰ ἄγραφα τῆς ἐκκλησίας μυστήρια
διηγούμενον. Ἐῶ τἆλλα · αὐτὴν δὲ τὴν ὁμολογίαν τῆς πίστεως εἰς
40 πατέρα καὶ υἱὸν καὶ ἅγιον πνεῦμα, ἐκ ποίων γραμμάτων ἔχομεν; Εἰ μὲν
γὰρ ἐκ τῆς τοῦ βαπτίσματος παραδόσεως, κατὰ τὸ τῆς εὐσεβείας
ἀκόλουθον, ὡς βαπτιζόμεθα οὕτω καὶ πιστεύειν ὀφείλοντες, ὁμοίαν τῷ
βαπτίσματι τὴν ὁμολογίαν κατατιθέμεθα, συγχωρησάτωσαν καὶ ἡμῖν
ἐκ τῆς αὐτῆς ἀκολουθίας ὁμοίαν τῇ πίστει τὴν δόξαν ἀποδιδόναι. Εἰ δὲ
45 τὸν τρόπον τῆς δοξολογίας ὡς ἄγραφον παραιτοῦνται, δότωσαν ἡμῖν τῆς
τε κατὰ τὴν πίστιν ὁμολογίας καὶ τῶν λοιπῶν, ὧν ἀπηριθμησάμεθα,
ἐγγράφους τὰς ἀποδείξεις. Εἶτα τοσούτων ὄντων ἀγράφων καὶ
τοσαύτην ἐχόντων τὴν ἰσχὺν εἰς τὸ τῆς εὐσεβείας μυστήριον, μίαν λέξιν

───────────

31 τὰς: τῆς *uar.*

vorher und nachher noch anderes, was wir aus der ungeschriebenen Lehre erhalten haben, was von großer Bedeutung für das Mysterium ist. Wir segnen auch das Wasser der Taufe und das Öl der Salbung und außerdem den Täufling selbst. Aufgrund welcher schriftlichen Zeugnisse? Nicht aufgrund der geheim gehaltenen und geheimnisvollen Traditionen? Wie denn? Welches geschriebene Wort hat die Salbung mit Öl gelehrt? Das dreifache Untertauchen des Täuflings, woher kommt es? Und alles andere bei der Taufe: dem Satan und seinen Engeln zu entsagen, aus welcher Schrift kommt das? Etwa nicht aus dieser unveröffentlichten und unausgesprochenen Lehre, die unsere Väter unter schlichtem Schweigen, ohne Umtriebe, beobachteten, weil sie wohl wußten, daß die Ehrwürdigkeit der Geheimnisse durch Stillschweigen bewahrt bleibt?[4] ... In derselben Weise[5] haben die Apostel und Väter, die am Anfang das Leben der Kirche ordneten, die Ehrwürdigkeit der Geheimnisse im Verborgenen und im Schweigen bewahrt. Was nämlich in die Öffentlichkeit und ins erste beste Ohr ausgetragen wird, ist überhaupt kein Geheimnis. Das ist der Sinn der nichtschriftlichen Tradition: Der Menge soll nicht durch die Gewohnheit die unsorgfältig bewahrte Kenntnis der Lehren verächtlich werden. Lehre und verkündigte Wahrheit sind nämlich verschieden...[6]

67. Der Tag wird mir nicht genügen, um die ungeschriebenen Geheimnisse der Kirche ausführlich darzustellen; ich übergehe das andere und frage: Aus welchen Schriftzeugnissen haben wir selbst das Bekenntnis des Glaubens an Vater, Sohn und Heiligen Geist? Wenn wir von der Tradition der Taufe (ausgehend) — weil wir, der Folgerichtigkeit der Frömmigkeit entsprechend, so zu glauben verpflichtet sind, wie wir getauft werden – das Bekenntnis des Glaubens, das der Taufe entspricht, ablegen, so soll man aus der gleichen Folgerichtigkeit heraus uns auch gestatten, den Lobpreis darzubringen, der unserem Glauben entspricht. Wenn man aber unsere Art des Lobpreises ablehnt, weil sie sich nicht auf Schriftstellen stützen könne, so soll man uns doch schriftliche Zeugnisse für das Bekenntnis des Glaubens geben, sowie für das andere, das wir angeführt haben. Da es nun so vieles gibt, was, wenn es auch nicht geschrieben steht, für das Geheimnis der Frömmigkeit eine so große

---

4 In der Folge gibt Basilius aber dennoch das „Dogma" hinsichtlich einiger dieser Riten bekannt.
5 Voran ging folgendes Beispiel: Moses hat gewollt, daß das Allerheiligste nicht allen zugänglich sei.
6 Die Tradition hat sich im Vergleich zu Tertullian (vgl. Text Nr. 40) entwickelt!

ἡμῖν ἐκ πατέρων εἰς ἡμᾶς ἐλθοῦσαν οὐ συγχωρήσουσιν, ἣν ἡμεῖς ἐκ τῆς
50 ἀνεπιτηδεύτου συνηθείας ταῖς ἀδιαστρόφοις τῶν ἐκκλησιῶν
ἐναπομείνασαν εὕρομεν, οὐ μικρὸν τὸν λόγον ἔχουσαν, οὐδὲ βραχεῖαν
συντέλειαν εἰς τὴν τοῦ μυστηρίου δύναμιν εἰσφερομένην;
71.(pp.500-502) Πρός γε μὴν τὸ ἀμάρτυρον καὶ ἄγραφον εἶναι τὴν
σὺν τῷ πνεύματι δοξολογίαν, ἐκεῖνο λέγομεν · ὅτι εἰ μὲν μηδὲν ἕτερον
55 ἄγραφον, μηδὲ τοῦτο παραδεχθήτω · εἰ δὲ τὰ πλεῖστα τῶν μυστικῶν
ἀγράφως ἡμῖν ἐμπολιτεύεται, μετὰ πολλῶν τῶν ἑτέρων καὶ τοῦτο
παραδεξόμεθα. Ἀποστολικὸν δὲ οἶμαι καὶ τὸ ταῖς ἀγράφοις παραδόσεσι
παραμένειν. «Ἐπαινῶ» γάρ, φησίν, «ἡμᾶς, ὅτι πάντα μου μέμνησθε καί,
καθὼς παρέδωκα ὑμῖν, τὰς παραδόσεις κατέχετε». Καὶ τό · «κρατεῖτε
60 τὰς παραδόσεις ἃς παρελάβετε εἴτε διὰ λόγου εἴτε δι' ἐπιστολῆς» · ὧν
μία ἐστὶ καὶ ἡ παροῦσα αὕτη, ἣν οἱ ἐξ ἀρχῆς διαταξάμενοι
παραδιδόντες τοῖς ἐφεξῆς, συμπροϊούσης ἀεὶ τῷ χρόνῳ τῆς χρήσεως,
διὰ μακρᾶς τῆς συνηθείας ταῖς ἐκκλησίαις ἐγκατερρίζωσαν. Ἆρ' οὖν εἰ
ὡς ἐν δικαστηρίῳ τῆς διὰ τῶν ἐγγράφων ἀποδείξεως ἀποροῦντες,
65 μαρτύρων ὑμῖν πλῆθος παραστησαίμεθα, οὐκ ἂν τῆς ἀφιείσης παρ'
ὑμῶν ψήφου τύχοιμεν; Ἐγὼ μὲν οὕτως οἶμαι · «Ἐπὶ στόματος» γὰρ «δύο
καὶ τριῶν μαρτύρων σταθήσεται πᾶν ῥῆμα». Εἰ δὲ καὶ τὸν πολὺν χρόνον
πρὸς ἡμῶν ὄντα ἐναργῶς ὑμῖν ἐπεδείκνυμεν, οὐκ ἂν ἐδόξαμεν ὑμῖν
εἰκότα λέγειν, μὴ εἶναι καθ' ἡμῶν τὴν δίκην εἰσαγώγιμον ταύτην;
70 Δυσωπητικὰ γάρ πως τὰ παλαιὰ τῶν δογμάτων, οἱονεὶ πολιᾷ τινι τῇ
ἀρχαιότητι τὸ αἰδέσιμον ἔχοντα. Ἀπαριθμήσομαι οὖν ὑμῖν τοὺς
προστάτας τοῦ λόγου (συμπαραμετρεῖται δὲ πάντως κατὰ τὸ
σιωπώμενον καὶ ὁ χρόνος) · οὐ γὰρ ἐξ ἡμῶν ὥρμηται πρῶτον. Πόθεν;
Χθιζοί τινες ὄντως ἡμεῖς, κατὰ τὸν Ἰὼβ λόγον, πρός γε τοσοῦτον χρόνον,
75 τὸν τῆς συνηθείας ταύτης ἡλικιώτην...

---

110 58 sq. I Cor. 11,2
59 sq. II Thess. 2,15
66 sq. Deut. 19,15; II Cor. 13,1
74 Iob 8,9

57 παραδεξόμεθα: καταδεξώμεθα *uar.*

Bedeutung hat: wird man uns nicht das eine Wort[7] zugestehen, das von den Vätern auf uns gekommen ist, das wir in den unverfälschten Kirchen aus einfacher Gewohnheit heraus als feststehend vorgefunden haben, ein Wort, das keinen geringen Grund hat und zur Kraftfülle des Geheimnisses nicht wenig beigetragen hat?

71. Auf den Einwand, daß der Lobpreis „mit" dem Geist in den Schriften nicht bezeugt sei, antworten wir folgendes: Wenn sonst nichts Ungeschriebenes angenommen wird, dann mag auch dieses nicht angenommen werden; wenn aber die meisten Riten ohne wörtliches Zeugnis in der Schrift bei uns eingebürgert sind, werden wir mit dem vielen anderen auch dieses annehmen. Apostolisch ist, glaube ich, auch das Festhalten an nichtschriftlichen Traditionen. *Ich lobe euch*, sagt er (der Apostel), *daß ihr in allem meiner eingedenk seid und die Traditionen bewahrt, wie ich sie euch übergeben habe*, und: *Haltet an den Traditionen fest, die ihr, sei es mündlich oder brieflich, empfangen habt.* Die hier in Frage stehende ist eine von diesen Traditionen. Diejenigen, die am Anfang das Leben der Kirche ordneten, haben sie ihren Nachfolgern weitergegeben, und, weil der Gebrauch sich mit der Zeit immer ausdehnt, haben sie sie dank langer Gewohnheit in den Kirchen verwurzelt. Wenn wir euch also, da wir keinen Beweis aus der Schrift haben, wie vor Gericht eine Vielzahl von Zeugen beibringen würden, dürften wir dann von euch nicht den Freispruch erhalten? Ich meine nämlich, *auf die Aussagen von zwei oder drei Zeugen hin soll jedes Wort feststehen.* Wenn wir euch klar zeigen, daß auch die Länge der Zeit für uns spricht, scheinen wir euch dann nicht recht zu haben, wenn wir sagen, daß dieser Prozeß gegen uns nicht annehmbar ist? Die alten Lehren sind nämlich gleichsam ehrfurchtgebietend; durch ihre graue Altertümlichkeit haben sie etwas Ehrwürdiges an sich. Ich werde euch nun die Vertreter dieses Wortes (sc. „mit") aufzählen − zugleich wird damit unausgesprochen auch ein Maß der Zeit gegeben −; denn es hat ja nicht mit uns angefangen, wieso auch? Wir sind, gemessen an der Zeit, in der diese Gewohnheit bestand, wahrhaft, nach einem Wort Hiobs, schon von gestern...[8]

---

7 Es handelt sich selbstverständlich um die Doxologie „mit..."

8 Basilius zählt hernach die alten Zeugen auf, auf die er sich für seine Position berufen kann; in der chronologischen Reihenfolge sind es: Klemens von Rom, Irenäus, Origenes, Julianus Afrikanus, Gregor der Wundertäter, Dionysius von Rom und Dionysius von Alexandrien, Eusebius von Cäsarea und der Vesperhymnus. Er hätte auch die Apostolische Tradition Hippolyts erwähnen können; vgl. W. Rordorf, Ephemerides Liturgica, Subsidia 20, 1981, 203-215.

74...(p.512) Οὐκοῦν οὐ πρᾶξίν τινα, οὐ λόγον, οὐ τύπον τινὰ μυστικὸν, παρ' ὃν ἐκεῖνος κατέλιπε, τῇ ἐκκλησίᾳ προσέθηκαν. Ταύτῃ τοι καὶ πολλὰ τῶν παρ' αὐτοῖς τελουμένων ἐλλειπῶς ἔχειν δοκεῖ, διὰ τὸ τῆς καταστάσεως ἀρχαιότροπον. Οὐδὲν γὰρ ἠνέσχοντο οἱ κατὰ
80 διαδοχὴν τὰς ἐκκλησίας οἰκονομήσαντες τῶν μετ' ἐκεῖνον ἐφευρεθέντων παραδέξασθαι εἰς προσθήκην. Ἐν τοίνυν τῶν Γρηγορίου καὶ ὁ νῦν ἀντιλεγόμενος τρόπος τῆς δοξολογίας ἐστίν, ἐκ τῆς ἐκείνου παραδόσεως τῇ ἐκκλησίᾳ πεφυλαγμένος...

111 EPIPHANIUS CONSTANTIENSIS, *Anchoratus* 118,14

ed. K. Holl, GCS 25, 1915, p. 147

Καὶ αὕτη μὲν ἡ πίστις παρεδόθη ἀπὸ τῶν ἁγίων ἀποστόλων καὶ ἐν ἐκκλησίᾳ τῇ ἁγίᾳ πόλει ἀπὸ πάντων ὁμοῦ τῶν τότε ἁγίων ἐπισκόπων, ὑπὲρ τριακοσίων δέκα τὸν ἀριθμόν.

112 EPIPHANIUS CONSTANTIENSIS, *Panarion* (377) 61,6,4-6

ed. K. Holl, GCS 31, 1922, p. 386

4. Ἀλλὰ πάντα τὰ θεῖα ῥήματα οὐκ ἀλληγορίας δεῖται, ὡς ἔχει δυνάμεως, θεωρίας δὲ δεῖται καὶ αἰσθήσεως εἰς τὸ εἰδέναι ἑκάστης ὑποθέσεως τὴν δύναμιν. 5. Δεῖ δὲ καὶ παραδόσει κεχρῆσθαι · οὐ γὰρ πάντα ἀπὸ τῆς θείας γραφῆς δύναται λαμβάνεσθαι. Διὸ τὰ μὲν ἐν
5 γραφαῖς, τὰ δὲ ἐν παραδόσει παρέδωκαν οἱ ἅγιοι ἀπόστολοι, ὥς φησιν ὁ ἅγιος ἀπόστολος · «Ὡς παρέδωκα ὑμῖν» · καὶ ἄλλοτε · «Οὕτως διδάσκω, καὶ οὕτως παρέδωκα ἐν ταῖς ἐκκλησίαις», καί · «εἰ κατέχετε, ἐκτὸς εἰ μὴ εἰκῇ ἐπιστεύσατε». 6. Παρέδωκαν τοίνυν οἱ ἅγιοι θεοῦ ἀπόστολοι τῇ ἁγίᾳ θεοῦ ἐκκλησίᾳ ἁμαρτὲς εἶναι τὸ μετὰ τὸ ὁρίσαι
10 παρθενίαν εἰς γάμον τρέπεσθαι...

---

111 1 καὶ ἐν: καὶ ‹ἐβεβαιώθη› ἐν *Lietzmann*

112 6 I Cor. 11,2
6 sq. cf. I Cor. 4,17
7 sq. I Cor. 15,2

112 5 παραδόσεσι: παραδόσει *uar.*

74. ...Keine Handlung, kein Wort, keine sakramentale Form kann man also in der Kirche einführen, die er[9] nicht schon hinterlassen hat. Dort scheint demzufolge vieles, was bei ihnen geschieht, wegen des Alters der Einrichtung unvollendet geblieben zu sein; denn diejenigen, die in der Nachfolge (sc. Gregors) die Kirchen leiteten, haben nicht geduldet, daß etwas, was nach ihm erfunden wurde, als Zutat übernommen werde. Eine der Einrichtungen Gregors ist auch die Art des Lobpreises, die jetzt Gegenstand des Widerspruchs ist; sie ist aus seiner Tradition von der Kirche bewahrt worden...

EPIPHANIUS VON SALAMIS, *Der Festgeankerte* 118,14   111

Und dies ist der Glaube[1], der von den heiligen Aposteln überliefert worden ist, ebenso in der Kirche, der heiligen Stadt, einstimmig von allen heiligen Bischöfen jener Zeit, der Zahl nach mehr als dreihundertzehn.

EPIPHANIUS VON SALAMIS, *Arzneikasten* 61,6,4-6   112

4. Aber für die Sinndeutung aller göttlichen Worte bedarf es nicht der Allegorie; es bedarf der Untersuchung und der Wahrnehmung, um den Sinn jeder Darlegung zu erkennen. 5. Man muß auch die Tradition zu Hilfe nehmen; denn alles kann man nicht der göttlichen Schrift entnehmen.[1] Darum haben die heiligen Apostel das eine in Schriften, das andere aber in Traditionen überliefert, wie der heilige Apostel sagt: *Wie ich euch überliefert habe*; und anderswo: *So lehre ich, und so habe ich es in den Kirchen überliefert*; ferner: *wenn ihr es behaltet, es sei denn, ihr hättet vergebens geglaubt.* 6. Die heiligen Apostel Gottes haben nun aber der heiligen Kirche Gottes überliefert, es sei sündhaft, nach Erwählung der Jungfrauschaft sich der Ehe zuzuwenden...

---

9   Es handelt sich um Gregor den Wundertäter.   110

1   Im überlieferten Text handelt es sich um das nizänokonstantinopolitanische Glaubensbekenntnis, das aber interpoliert ist; ursprünglich stand hier das nizänische Glaubensbekenntnis zu lesen. Siehe B.M. Weischer, Theologie und Philosophie 53, 1978, 407-414.   111

1   Vorher hat Epiphanius über die Widersprüche gehandelt, die die Hl. Schrift inbezug auf die geschlechtlichen Verhaltensregeln zu enthalten scheint.   112

113 Gregorius Nazianzenus, *Oratio* 31 (380) 21; 26; 27
ed. P. Gallay, SC 250, 1978, pp. 314-316; 326; 328-330

21. (p.314-316) Πάλιν καὶ πολλάκις ἀνακυκλεῖς ἡμῖν τὸ ἄγραφον.

Ὅτι μὲν οὖν οὐ ξένον τοῦτο, οὐδὲ παρείσακτον, ἀλλὰ καὶ τοῖς πάλαι καὶ τοῖς νῦν γνωριζόμενον καὶ παραγυμνούμενον, δέδεικται μὲν ἤδη πολλοῖς τῶν περὶ τούτου διειληφότων, ὅσοι μὴ ῥᾳθύμως μηδὲ παρέργως
5 ταῖς θείαις γραφαῖς ἐντυχόντες, ἀλλὰ διασχόντες τὸ γράμμα καὶ εἴσω παρακύψαντες, τὸ ἀπόθετον κάλλος ἰδεῖν ἠξιώθησαν καὶ τῷ φωτισμῷ τῆς γνώσεως κατηυγάσθησαν. Δηλώσομεν δὲ καὶ ἡμεῖς ἐξ ἐπιδρομῆς, ὅσον ἐνδέχεται, τοῦ μὴ δοκεῖν εἶναι περιττοί τινες μηδὲ φιλοτιμότεροι τοῦ δέοντος, «ἐποικοδομοῦντες ἐπὶ θεμέλιον ἀλλότριον». Εἰ δὲ τὸ μὴ
10 λίαν σαφῶς γεγράφθαι θεὸν μηδὲ πολλάκις ὀνομαστί, ὥσπερ τὸν πατέρα πρότερον καὶ τὸν υἱὸν ὕστερον, αἴτιόν σοι γίνεται βλασφημίας καὶ τῆς περιττῆς ταύτης γλωσσαλγίας καὶ ἀσεβείας, ἡμεῖς σοι λύσομεν ταύτην τὴν βλάβην, μικρὰ περὶ πραγμάτων καὶ ὀνομάτων καὶ μάλιστα παρὰ τῇ τῆς γραφῆς συνηθείᾳ φιλοσοφήσαντες.
15 26.(p.326) Τούτῳ τὸ τῆς θεολογίας εἰκάζειν ἔχω, πλὴν ὅσον ἐκ τῶν ἐναντίων. Ἐκεῖ μὲν γὰρ ἐκ τῶν ὑφαιρέσεων ἡ μετάθεσις · ἐνταῦθα δὲ διὰ τῶν προσθηκῶν ἡ τελείωσις. Ἔχει γὰρ οὕτως · ἐκήρυσσε φανερῶς ἡ παλαιὰ τὸν πατέρα, τὸν υἱὸν ἀμυδρότερον. Ἐφανέρωσεν ἡ καινὴ τὸν υἱόν, ὑπέδειξε τοῦ πνεύματος τὴν θεότητα. Ἐμπολιτεύεται νῦν τὸ
20 πνεῦμα, σαφεστέραν ἡμῖν παρέχον τὴν ἑαυτοῦ δήλωσιν. Οὐ γὰρ ἦν ἀσφαλές, μήπω τῆς τοῦ πατρὸς θεότητος ὁμολογηθείσης, τὸν υἱὸν ἐκδήλως κηρύττεσθαι · μηδὲ τῆς τοῦ υἱοῦ παραδεχθείσης, τὸ πνεῦμα τὸ ἅγιον, ἵν' εἴπω τι καὶ τολμηρότερον, ἐπιφορτίζεσθαι · μὴ καθάπερ τροφῇ τῇ ὑπὲρ δύναμιν βαρηθέντες καὶ ἡλιακῷ φωτὶ σαθροτέραν ἔτι
25 προσβαλόντες τὴν ὄψιν καὶ εἰς τὸ κατὰ δύναμιν κινδυνεύσωσιν · ταῖς δὲ κατὰ μέρος προσθήκαις, καὶ ὡς εἶπεν Δαυΐδ, «ἀναβάσεσιν», καὶ «ἐκ δόξης εἰς δόξαν» προόδοις καὶ προκοπαῖς, τὸ τῆς Τριάδος φῶς ἐκλάμψει τοῖς λαμπροτέροις.

113   9 Rom. 15,20
26 Ps. 83,6
26sq. II Cor. 3,18

113   22 παραδεχθείσης: παραδειχθείσης *uar.*
27 ἐκλάμψει: ἐκλάμψῃ *uar.*

GREGOR VON NAZIANZ, *Rede* 31,21; 26; 27 **113**

21. Immer erneut und regelmäßig erinnerst du uns daran, es stehe nicht geschrieben. Daß dieser (sc. der Heilige Geist) nicht ein Unbekannter oder heimlich Eingeschmuggelter, sondern sowohl den Alten wie den jetzt Lebenden ein Bekannter und Offenbarter war, das ist schon von vielen, die diesen Gegenstand erörtert haben, gezeigt worden; sie sind mit den göttlichen Schriften weder nachlässig noch beiläufig umgegangen, sondern indem sie das Wort spalteten und sich über seinen Inhalt neigten; sie wurden gewürdigt, die verborgene Schönheit zu sehen und wurden erleuchtet durch den Glanz der Erkenntnis. Auch wir wollen es aus dem Stegreif kundtun, soweit es möglich ist, damit es nicht den Anschein hat, wir wären hochnäsige oder über das erlaubte Maß hinaus ehrgeizige Leute, die *auf ein fremdes Fundament bauen*. Wenn, weil es nicht ganz klar geschrieben steht, daß er (sc. der Hl. Geist) Gott ist, und weil er nicht oft namentlich (vorkommt), wie vorher der Vater und nachher der Sohn[1], dir das ein Anlaß zur Blasphemie und zu dieser übermäßigen Geschwätzigkeit und Gottlosigkeit wird, so wollen wir dich von diesem Schaden heilen und ein Weniges über die Dinge und Namen, am besten nach der Gewohnheit der Schrift, philosophieren.

26. Dem kann ich das Beispiel der Theologie vergleichen, wenn es sich hier auch umgekehrt verhält. Dort[2] kommt nämlich die Veränderung von den Abstrichen her, hier aber von der Vollendung aufgrund der Zufügungen. Denn es verhält sich damit so: der Alte (Bund) hat den Vater offen verkündet, den Sohn minder deutlich. Der Neue (Bund) hat den Sohn offenbar gemacht und die Gottheit des Geistes angezeigt. Jetzt wohnt der Geist unter uns und vermittelt uns eine klarere Offenbarung seiner selbst. Es war nämlich nicht ungefährlich, solange die Gottheit des Vaters noch nicht bekannt wurde, den Sohn offen zu verkünden, noch, solange diejenige des Sohns noch nicht angenommen war, den Heiligen Geist — um eine etwas gewagte Ausdrucksweise zu gebrauchen — aufzubürden, damit sie (sc. die Menschen), gleichsam beschwert durch eine unverdaubare Nahrung und dem Sonnenlicht ihren noch zu schwachen Blick zuwendend, nicht Gefahr liefen, das, was in ihrer Kraft steht (zu verlieren). Aber das Licht der Trinität wird durch teilweise Hinzufügungen und, wie David sagt, *Aufstiege,*

---

1 πρότερον meint das Alte Testament, ὕστερον bezieht sich auf das Neue Testament **113**
(vgl. § 26).
2 Gregor hat im voraufgehenden Kapitel von der Aufhebung gewisser Partien des alttestamentlichen Gesetzes im Neuen Bund gesprochen.

27.....(p.328-330) Ὁ δὲ ἴσως μὲν ἤδη τισὶν ἦλθεν ἐπὶ νοῦν καὶ τῶν
30 ἄλλων, ἐγὼ δὲ τῆς ἐμῆς διανοίας ὑπολαμβάνω καρπόν, προσθήσω τοῖς
εἰρημένοις. Ἦν τινα τῷ σωτῆρι, καὶ εἰ πολλῶν ἐνεπίμπλαντο
μαθημάτων, ἃ μὴ δύνασθαι τότε βασταχθῆναι τοῖς μαθηταῖς ἐλέγετο,
δι' ἃς εἶπον ἴσως αἰτίας, καὶ διὰ τοῦτο παρεκαλύπτετο · καὶ πάλιν πάντα
διδαχθήσεσθαι ἡμᾶς ὑπὸ τοῦ πνεύματος ἐνδημήσαντος. Τούτων ἓν
35 εἶναι νομίζω καὶ αὐτὴν τοῦ πνεύματος τὴν θεότητα, τρανουμένην εἰς
ὕστερον, ὡς τηνικαῦτα ὡρίμου καὶ χωρητῆς ἤδη τυγχανούσης τῆς
γνώσεως, μετὰ τὴν τοῦ σωτῆρος ἀποκατάστασιν, οὐκέτι ἀπιστουμένου
τῷ θαύματι...

114 GREGORIUS NYSSENUS, *Contra Eunomium* lib. III tom. II (lib. IV Migne),
98–99

ed.W. Jaeger, Gregorii Nysseni opera, t. II, Leiden 1960, p. 84 sq.

98. ... Ἀρκεῖ γὰρ εἰς ἀπόδειξιν τοῦ ἡμετέρου λόγου τὸ πατρόθεν
ἥκειν πρὸς ἡμᾶς τὴν παράδοσιν, οἷόν τινα κλῆρον δι' ἀκολουθίας ἐκ
τῶν ἀποστόλων διὰ τῶν ἐφεξῆς ἁγίων παραπεμφθέντα. Οἱ δὲ πρὸς τὴν
καινότητα ταύτην μετατιθέντες τὰ δόγματα, πολλῆς ἂν δέοιντο τῆς ἐκ
5 τῶν λογισμῶν συμμαχίας, εἰ μέλλοιεν μὴ τοὺς κονιορτώδεις τῶν
ἀνθρώπων καὶ εὐριπίστους, ἀλλὰ καὶ τοὺς ἐμβριθεῖς τε καὶ βεβηκότας
ταῖς διανοίαις προσάγεσθαι · ἕως δ' ἂν ἀκατάσκευος αὐτοῖς καὶ
ἀναπόδεικτος ὁ λόγος προφέρηται, τίς οὕτως ἠλίθιος καὶ κτηνώδης, ὡς
τῶν εὐαγγελιστῶν τε καὶ ἀποστόλων καὶ τῶν καθεξῆς ἐν ταῖς
10 ἐκκλησίαις διαλαμψάντων, ἀσθενεστέραν τὴν διδασκαλίαν τῆς
ἀναποδείκτου φλυαρίας ποιήσασθαι;

115 IOHANNES CHRYSOSTOMUS, *In Epistulam II ad Thessalonicenses homiliae*
(ca.398-400) IV,2

ed. J.-P. Migne, PG 62, col. 488

... «Ἄρα οὖν, ἀδελφοί, στήκετε, καὶ κρατεῖτε τὰς παραδόσεις ἃς
ἐδιδάχθητε εἴτε διὰ λόγου εἴτε δι' ἐπιστολῆς ἡμῶν». Ἐντεῦθεν δῆλον ὅτι
οὐ πάντα δι' ἐπιστολῆς παρεδίδοσαν, ἀλλὰ πολλὰ καὶ ἀγράφως · ὁμοίως
δὲ κἀκεῖνα καὶ ταῦτά ἐστιν ἀξιόπιστα. Ὥστε καὶ τὴν παράδοσιν τῆς

113	32 sqq. cf. Ioh. 16,12sq.

113	30 ἐμῆς: ἑαυτοῦ uel ἐμαυτοῦ uarr.

115	1sq. II Thess. 2,15

und durch Vorangehen und Fortschritte *von Herrlichkeit zu Herrlichkeit* mit immer größerem Glanze leuchten.

27. ...Was vielleicht schon gewissen andern Leuten in den Sinn gekommen ist, was ich aber als Frucht meines eigenen Nachdenkens betrachte, will ich dem Gesagten beifügen. Es gab gewisse Dinge für den Heiland, die damals nicht von den Jüngern, obwohl sie mit vielen Lehren bedacht wurden, ertragen werden konnten, wie er sagte — wahrscheinlich wegen der Gründe, die ich erwähnt habe —, und darum hielt er sie verborgen. Und wiederum sagte er, das alles würde uns gelehrt, wenn der Geist uns einwohne. Eines von diesen Dingen ist, glaube ich, eben die Gottheit des Geistes, die später deutlich werden sollte, zu dem Zeitpunkt, da die Erkenntnis die nötige Reife und Fassungskraft erreichen würde, nach der Himmelfahrt des Heilandes; denn dann würde man dem Wundergeschehen nicht den Glauben verweigern...[3]

GREGOR VON NYSSA, *Gegen Eunomius* III,2,98-99[1]   114

98. ...Es genügt nämlich zum Beweis unserer Ausführungen, daß die Tradition von den Vätern her auf uns gekommen ist, wie ein Erbe, das mittels Nachfolge von den Aposteln her durch die Heiligen, die ihnen gefolgt sind, übergeben worden ist. Die aber, welche die Glaubenslehren in eine solch neue Form umsetzen, bräuchten tüchtige Schützenhilfe von Argumenten, wenn sie nicht nur die Windbeutel und leichtgläubigen Menschen, sondern auch die besonnenen, vernünftigen Gedanken zugänglichen Leute gewinnen möchten; aber solange sie eine ungereimte und unbewiesene Lehre vorbringen, wer wäre so einfältig und dumm, die Lehre der Evangelisten, Apostel und derjenigen, die nach ihnen in den Kirchen Leuchten waren, für geringer zu halten als das unbewiesene Geflunker?

JOHANNES CHRYSOSTOMUS, *Predigten über den 2. Thessalonicherbrief* IV, 2   115

...*Seid also standhaft, Brüder, und haltet fest an den Traditionen, in denen ihr unterrichtet worden seid, sei es durch ein (mündliches) Wort, sei es durch einen Brief von uns.* Daraus geht klar hervor, daß sie nicht alles brieflich, sondern vieles auch auf ungeschrie-

---

3   Gregor rechnet hier sehr deutlich mit der Möglichkeit einer Entwicklung des Dog-   113
mas über die Schriftgrenzen hinaus! Cf. P. Galley, SC 250, 1978, 326 ff., Anm. 2.

1   Gregor verlangt von Eunomius zu erfahren, worauf er sich stütze, um den Glauben   114
der Kirche an die Wesensgleichheit von Vater und Sohn in Frage zu stellen.

ἐκκλησίας ἀξιόπιστον ἡγώμεθα · παράδοσίς ἐστι, μηδὲν πλέον ζήτει. ...

116 IOHANNES CHRYSOSTOMUS, *In Acta apostolorum homiliae* (400) I,1

ed. J.-P. Migne, PG 60, col. 15

... Εἰ δέ τις λέγοι · καὶ τί δήποτε οὐχὶ πάντα συνέγραψε, μέχρι τέλους ὢν μετ' αὐτοῦ; ἐκεῖνο ἂν εἴποιμεν, ὅτι καὶ ταῦτα ἀρκοῦντα ἦν τοῖς βουλομένοις προσέχειν καὶ ὅτι πρὸς τὰ κατεπείγοντα ἀεὶ ἵσταντο, καὶ ὅτι οὐκ ἐν τῷ λογογραφεῖν ἦν αὐτοῖς ἡ σπουδή · πολλὰ γὰρ καὶ ἀγράφῳ
5 παραδόσει δεδώκασι. ...

117 CYRILLUS ALEXANDRINUS, *Aduersus Nestorium* (430) IV,2

ed. J.-P. Migne, PG 76, col. 176

... Οὕτω δὴ πάλιν τὸ ἐνανθρωπῆσαι δέχεται · καίτοι τῶν ἀνὰ πᾶσαν τὴν ὑπ' οὐρανὸν ἁγίων ἐκκλησιῶν, καὶ αὐτῶν δὲ τῶν ἀοιδίμων πατέρων, οἳ τὸν τῆς ὀρθῆς τε καὶ ἀμωμήτου πίστεως ὅρον ἡμῖν ἐξήνεγκαν, λαλοῦντος ἐν αὐτοῖς τοῦ ἁγίου πνεύματος τὸ σαρκωθῆναί τε καὶ ἐνανθρωπῆσαι τὸν τοῦ
5 θεοῦ λόγον, οὐδὲν ἕτερον εἶναι νοούντων, πλὴν ὅτι μόνον τὸ γενέσθαι καθ' ἡμᾶς ἄνθρωπον ...

118 CYRILLUS ALEXANDRINUS, *Quod unus sit Christus* (ca.437)

ed. M.G. de Durand, SC 97, 1964, pp. 308–310

A. ... Τὴν γάρ τοι παραδοθεῖσαν ἡμῖν νοθεύουσι πίστιν, δράκοντος ἀρτιφανοῦς εὑρήμασι κεχρημένοι, καὶ ταῖς τῶν ἁπλουστέρων ψυχαῖς ἰοῦ δίκην ἐγχέοντες, ψυχρά τινα καὶ διεστραμμένα καὶ ἀβελτηρίας ἔμπλεω.
5 B. Εἶτα τίς ὁ ἀρτιφανής ἐστι δράκων, ὁποῖα δὲ ἄττα τὰ παρ' αὐτοῦ πεφλυαρημένα κατὰ τῶν τῆς ἀληθείας δογμάτων, ἐρομένῳ φράσον.

---

116 5 δεδώκασι: παραδεδώκασι *uar.*

benem Weg überliefert haben; das eine wie das andere ist gleichermaßen glaubwürdig. Demzufolge erachten wir auch die Tradition der Kirche als glaubwürdig; es handelt sich um Tradition, suche nichts weiter...[1]

JOHANNES CHRYSOSTOMUS, *Predigten über die Apostelgeschichte* I, 1   **116**

...Wenn aber jemand sagen würde: „Und warum hat er (sc. Lukas) denn nicht alles aufgeschrieben, da er doch bis zum Ende mit ihm (sc. Paulus) war?", dann würden wir folgendes antworten: auch das genügte für diejenigen, die ihre Aufmerksamkeit darauf richten wollen; ferner: sie (sc. die Apostel) waren immer auf das Dringendste bedacht, ihr Eifer war nicht auf Schriftstellerei gerichtet; denn vieles haben sie auch der ungeschriebenen Tradition anvertraut...

CYRILL VON ALEXANDRIEN, *Gegen Nestorius* IV, 2   **117**

... So versteht er ferner die Menschwerdung. Jedoch, die auf der ganzen Erde unter dem Himmel (verstreuten) heiligen Kirchen, und selbst die berühmten Väter, die uns das rechte und untadelige Glaubensbekenntnis gegeben haben, wobei der Heilige Geist durch sie gesprochen hat, verstehen unter der Fleisch- und Menschwerdung des Gottesworts[1] nichts anderes als nur die Tatsache, daß es ein Mensch wie wir geworden ist...

CYRILL VON ALEXANDRIEN, *Daß Christus Einer ist*   **118**

A[1]. ...Denn sie verfälschen ja den uns überlieferten Glauben[2], gestützt auf die Erfindungen des neuerschienenen Drachens, und flößen den Seelen der Einfältigen gleichsam Gift ein, abgeschmacktes Zeug, voll von Verkehrtheit und Verderbtheit.
B. Wer ist denn der neuerschienene Drache, und welches Gewäsch wird von ihm gegen die Lehren der Wahrheit vorgebracht? Sag es mir, ich bitte dich darum!

---

1   Basilius (vgl. Text Nr. 110) hatte schon in gleicher Weise argumentiert.   115

1   Das ist eine Anspielung auf das nizänische Glaubensbekenntnis; vom Hl. Geist inspiriert, hat es den gleichen Wert wie die Schrift selbst. Basilius (vgl. Text Nr. 107) scheint den gleichen Standpunkt zu teilen.   117

1   Cyrill ist nach Justin dem Märtyrer, Origenes und Methodius einer der wenigen griechischen Kirchenväter, die sich der schriftstellerischen Gattung des Dialogs bedient haben; vgl. M. Hoffmann, TU 96, 1966.   118

2   Vgl. auch seinen 1. Brief an die Mönche in Ägypten.

A. Ἀρτιφανὴς μὲν δράκων, ὁ σκολιὸς οὑτοσί, καὶ ἰῷ μεθύουσαν ἔχων
τὴν γλῶτταν · ὁ τῇ παραδόσει τῶν τῆς οἰκουμένης μυσταγωγῶν,
μᾶλλον δὲ καὶ πάσῃ τῇ θεοπνεύστῳ γραφῇ μονονουχὶ χαίρειν εἰπών,
10   καινοτομήσας δὲ τὸ αὐτῷ δοκοῦν, καὶ θεοτόκον μὲν οὐκ εἶναι λέγων
τὴν ἁγίαν παρθένον, χριστοτόκον δὲ μᾶλλον καὶ ἀνθρωποτόκον ·
ἕτερα δὲ πρὸς τούτοις ἀπηχῆ καὶ ἀπόπληκτα, τοῖς ὀρθοῖς καὶ
εἰλικρινέσι τῆς καθολικῆς ἐκκλησίας ἐπεισφρήσας δόγμασι.

119 Cyrillus Alexandrinus, *In Epistulam I ad Corinthios* 15, 3
ed. J.-P. Migne, PG 74, col. 893 C-D

«Παρέδωκα γὰρ ὑμῖν ἐν πρώτοις, ὃ καὶ παρέλαβον». Παραδεδωκέναι
φησὶν αὐτοῖς οὐ τὸ εἰς νοῦν ἧκον ἁπλῶς καὶ ἀβασανίστως
εἰσδεδεγμένον, ἀλλ᾽ εὐαγγέλιον ὃ παρέλαβεν, ἐνιέντος αὐτῷ τὴν γνῶσιν
τοῦ δι᾽ ἡμᾶς ἐνηνθρωπηκότος. Ἔφη γὰρ πάλιν ὁ αὐτὸς διὰ τοῦ
5   εὐαγγελίου · «οὐδὲ γὰρ ἐγὼ παρὰ ἀνθρώπου παρέλαβον αὐτό, οὐδὲ
ἐδιδάχθην, ἀλλὰ δι᾽ ἀποκαλύψεως Ἰησοῦ Χριστοῦ». Εἴπερ οὖν ἐστι
θεοδίδακτος ὁ παραδιδούς, πῶς οὐκ ἀληθὲς τὸ δι᾽ αὐτοῦ κηρυσσόμενον.

120 Theodoretus Cyrensis, *Epistula 89 Florentio patricio*
ed. Y. Azéma, SC 98, 1963, pp. 236–238

... Ἡμεῖς δὲ ἕτερα μὲν πλεῖστα πεπλημμεληκέναι φαμέν · τὴν δέ γε
δογματικὴν τῶν ἀποστόλων διδασκαλίαν μέχρι τοῦ παρόντος
ἀλώβητον ἐφυλάξαμεν, καὶ διὰ ταύτην μόνην οἴκτου τυχεῖν καὶ
φιλανθρωπίας ἐν τῇ τῆς δεσποτικῆς ἐπιφανείας ἐλπίζομεν ἡμέρᾳ. Ὑπὲρ
5   γὰρ ταύτης πρὸς τὰς παντοδαπὰς αἱρέσεις διατελοῦμεν ἀγωνιζόμενοι ·
ταύτην διηνεκῶς τοῖς τροφίμοις τῆς εὐσεβείας προσφέρομεν ... Ταῦτα
δὲ ἡμῖν παρέδοσαν οὐ μόνον οἱ ἀπόστολοι καὶ προφῆται, ἀλλὰ καὶ οἱ
τὰ τούτων ἡρμηνευκότες συγγράμματα, Ἰγνάτιος, Εὐστάθιος,
Ἀθανάσιος, Βασίλειος, Γρηγόριος, Ἰωάννης καὶ οἱ ἄλλοι τῆς οἰκουμένης
10   φωστῆρες · καὶ πρὸ τούτων οἱ ἐν Νικαίᾳ συνεληλυθότες ἅγιοι πατέρες ·

---

119   5 sq. Gal. 1,12

A. Der neuerschienene Drache, das ist dieser tückische Mensch mit giftgeschwollener Zunge, der der Tradition der Lehrmeister des Erdkreises, mehr: auch der ganzen gotteingegebenen Schrift mehr oder weniger Lebewohl sagt und Neues, das ihm gefällt, ersinnt, und nun behauptet, die heilige Jungfrau sei nicht Gottesgebärerin, sondern Christusgebärerin und Menschengebärerin. Darüber hinaus führt er noch andere falschtönende und sinnlose Sätze zu den rechten und reinen Lehren der katholischen Kirche ein.[3]

CYRILL VON ALEXANDRIEN, *Zum 1. Korintherbrief* 15, 3   119

Denn unter den ersten Dingen habe ich euch überliefert, was auch ich empfangen habe. Was er ihnen überliefert zu haben erklärt, ist nicht einfach das, was ihm in den Sinn gekommen ist und was er ohne genaue Prüfung übernommen hat, sondern das Evangelium, das er empfangen hat, wobei der für uns Mensch Gewordene ihm das Verständnis eingegeben hat. Derselbe sagt nämlich ferner inbezug auf das Evangelium: *Denn ich habe es ja nicht von einem Menschen empfangen oder gelernt, sondern ich habe es dank einer Offenbarung Jesu Christi (erhalten).*

THEODORET VON CYRUS, *Brief 89 an den Patrizier Florentius*   120

...Was uns betrifft, so anerkennen wir, in viel anderem gefehlt zu haben; aber die Glaubenslehre der Apostel haben wir bis zum heutigen Tag unversehrt bewahrt, und allein aufgrund dieser hoffen wir am Tag der Wiederkunft des Herrn Erbarmen und Liebe zu erlangen. Denn um ihretwillen kämpfen wir beharrlich gegen alle möglichen Häresien; s i e stellen wir stets den Zöglingen in der Frömmigkeit dar... Das haben uns aber nicht nur die Apostel und Propheten, sondern auch die, welche ihre Schriften kommentierten, überliefert: Ignatius[1], Eustathius[2], Athanasius, Basilius, Gregorius[3], Johannes[4], und die andern Leuchten des Erdkreises; und vor diesen die heiligen Väter, die in Nizäa zusammengekommen

---

3   Vgl. P.-Th. Camelot, in: Das Konzil von Chalkedon. Geschichte und Gegenwart I, Würzburg 1951, 213-242.   118

1   Es wäre interessant zu wissen, ob Theodoret schon an die interpolierte Fassung der Ignatiusbriefe denkt.   120

2   Eustathius von Antiochien.

3   Es ist schwierig zu entscheiden, ob es sich um Gregor von Nazianz oder um Gregor von Nyssa handelt.

4   Johannes Chrysostomus oder Johannes von Antiochien?

ὧν τὴν ὁμολογίαν τῆς πίστεως ὡς πατρῷον κλῆρον φυλάττομεν ἄσυλον, καὶ τοὺς ταῦτα παραβαίνειν τολμῶντας τὰ δόγματα κιβδήλους ἀποκαλοῦμεν, καὶ τῆς ἀληθείας ἐχθρούς . . .

121 THEODORETUS CYRENSIS, *Epistula 151*

ed. J.- P. Migne, PG 83, col. 1436–1437; 1440

Ταῦτα παρὰ τῆς θείας διδαχθέντες γραφῆς καὶ τοὺς ἐν διαφόροις διαλάμψαντας τῆς ἐκκλησίας διδασκάλους ταῦτα φρονοῦντας εὑρόντες, ἄσυλον φυλάττειν, ὃν παρελάβομεν, σπουδάζομεν κλῆρον · καὶ ἕνα μὲν προσκυνοῦμεν υἱὸν τοῦ θεοῦ ὡς ἕνα θεὸν πατέρα, καὶ ἓν
5   ἅγιον πνεῦμα · σαρκὸς μέντοι καὶ θεότητος τὸ διάφορον ἐπιστάμεθα. Καὶ ὥσπερ τοὺς εἰς δύο υἱοὺς μερίζοντας τὸν ἕνα κύριον ἡμῶν Ἰησοῦν Χριστὸν ἔξω βαίνειν φαμὲν τῆς ὑπὸ τῶν ἁγίων ἀποστόλων τετριμμένης ὁδοῦ, οὕτω καὶ τοὺς μίαν λέγοντας γεγενῆσθαι φύσιν τὴν θεότητα τοῦ μονογενοῦς καὶ τὴν ἀνθρωπότητα, εἰς τὸν ἕτερον κρημνὸν ἀποκλίνειν
10 φαμέν. Ταῦτα φρονοῦμεν . . .
     (1440) Ταύτην ἡμῖν τὴν διδασκαλίαν οἱ θεῖοι προφῆται προσήνεγκαν, ταύτην ὁ τῶν ἁγίων ἀποστόλων χορός · ταύτην οἱ κατὰ τὴν ἑῴαν καὶ τὴν ἑσπέραν διαπρέψαντες ἅγιοι. . . .
     Συντόμως τοίνυν φαμέν, ὡς ἡμεῖς τοῖς θείοις λογίοις ἀκολουθοῦμεν
15 καὶ τούτοις ἅπασι τοῖς ἁγίοις. Διὰ γὰρ τῆς τοῦ πνεύματος χάριτος εἰς τὸ τῆς θεοπνεύστου γραφῆς καταδύντες βάθος, αὐτοὶ δὲ τὴν αὐτῆς διάνοιαν ἔγνωσαν καὶ τοῖς μαθεῖν βουλομένοις δήλην ταύτην ἀπέφηναν. Οὐδὲ γὰρ ἡ διαφορὰ τῶν γλωττῶν διαφορὰν δογμάτων εἰργάσατο · κρουνοὶ γὰρ ἦσαν τῆς τοῦ θείου πνεύματος χάριτος, ἐκ μιᾶς
20 πηγῆς τὸ νᾶμα δεχόμενοι.

122 THEODORETUS CYRENSIS, *Historia ecclesiastica* (449–450) IV,3,3–4

ed. L. Parmentier - F. Scheidweiler, GCS 44, 1954, p. 213

3. . . . Ἡ μὲν ἀληθὴς καὶ εὐσεβὴς εἰς τὸν κύριον ἡμῶν Ἰησοῦν Χριστὸν πίστις φανερὰ πᾶσι καθέστηκε καὶ ἐκ τῶν θείων γραφῶν γιγνωσκομένη τε καὶ ἀναγιγνωσκομένη. 4. Ἐν ταύτῃ γὰρ καὶ οἱ ἅγιοι τελειωθέντες

sind, deren Glaubensbekenntnis wir unverletzt, wie ein väterliches Erbe, bewahren; diejenigen aber, die diese Lehren zu übertreten wagen, nennen wir Fälscher, Feinde der Wahrheit...

THEODORET VON CYRUS, *Brief* 151   121

Nachdem wir dies von der Schrift gelehrt worden sind und nachdem wir gefunden haben, daß die Kirchenlehrer, die sich auf verschiedene Weise ausgezeichnet haben, dieselbe Auffassung teilen, befleißigen wir uns, das Erbe, das wir empfangen haben, unverletzt zu bewahren: wir beten e i n e n Sohn Gottes an, sowie e i n e n Gott Vater und e i n e n Heiligen Geist. Wir wissen freilich um den Unterschied zwischen dem Fleisch und der Gottheit. Und wie wir sagen, daß diejenigen, die unsern einen Herrn Jesus Christus in zwei Söhne scheiden, sich außerhalb des von den heiligen Aposteln beschrittenen Wegs begeben, so sagen wir auch, daß diejenigen, die behaupten, die Gottheit und die Menschheit des Eingeborenen seien e i n e Natur geworden, zum andern Abgrund hinneigen. Das ist unsere Ansicht...[1]

(1440) D i e s e Lehre haben uns die göttlichen Propheten, der Chor der heiligen Apostel und die von Ost bis West ausgezeichneten Heiligen gebracht...[2]

Kurz, wir sagen, daß wir der göttlichen Schrift und allen diesen Heiligen Folge leisten. Denn dank der Gnade des Geistes haben sie sich in die Tiefe der inspirierten Schrift versenkt, haben selber ihre Gedankenfülle erkannt und sie denen, die sie erfahren wollten, klar offenbart. Die Verschiedenheit der Sprachen hat nämlich keine Verschiedenheit der Lehre nach sich gezogen; denn sie waren Brunnen der Gnade des Gottesgeistes, da sie das Wasser aus der e i n e n Quelle erhielten.

THEODORET VON CYRUS, *Kirchengeschichte* IV, 3, 3-4   122

3. ...Der wahre und fromme Glaube an unsern Herrn Jesus Christus ist aber für alle offenkundig; er wird aus den Heiligen Schriften erkannt und öffentlich vorgelesen. 4. In diesem Glauben haben ja auch die Heiligen ihr Zeugnis abgelegt und sind nun

---

1   Zur Position Theodorets, die sich in der Mitte zwischen Nestorius und Eutyches   121
    hält, siehe P.-Th. Camelot, art.cit., und ders., *Ephèse et Chalcédoine*, 1962.
2   Es folgt eine unvollständige Liste von patristischen Zeugen.
3   Ähnlich der Brief 145.

ἐμαρτυρήθησαν καὶ νῦν ἀναλύσαντές εἰσιν ἐν κυρίῳ. Ἔμεινε δὲ ἀεὶ ἡ
5 πίστις διὰ παντὸς ἀβλαβής, εἰ μὴ πονηρία τινῶν αἱρετικῶν παραποιῆσαι
ταύτην ἐτόλμησεν.

123 *Definitio Concilii Chalcedonensis oecumenici* (451) 5
ed. Ed. Schwartz, ACO II,1,2, 1962², pp. 129-130

Ἑπόμενοι τοῖς ἁγίοις πατράσιν, ἕνα καὶ τὸν αὐτὸν ὁμολογεῖν υἱὸν τὸν
κύριον ἡμῶν Ἰησοῦν Χριστὸν συμφώνως ἅπαντες ἐκδιδάσκομεν...
καθάπερ ἄνωθεν οἱ προφῆται περὶ αὐτοῦ καὶ αὐτὸς ἡμᾶς Ἰησοῦς
Χριστὸς ἐξεπαίδευσε, καὶ τὸ τῶν πατέρων ἡμῶν παραδέδωκε
5 σύμβολον.

124 LEONTIUS BYZANTINUS, *Contra Nestorianos et Eutychianos* (543–544) I,
prooemium
ed. J-P. Migne, PG 86, col. 1308–1309

...Τὸ γὰρ εἰς ἀντίφασιν πειρᾶσθαι τοὺς θεολόγους ἄγειν καὶ
ἀσυμφώνους σφίσιν αὐτοὺς γεγενῆσθαι λέγειν · οὐ καθ’ ἡμῶν ἐστι τὸ
ἐγχείρημα · κατὰ δὲ τῆς ἐκείνων δόξης, μᾶλλον δὲ τῆς τοῦ Παύλου, καὶ
ἔστι τῆς τοῦ ἁγίου πνεύματος αὐθεντίας καὶ τοῦ ἐν αὐτῷ λαλοῦντος
5 Χριστοῦ. Μετὰ γὰρ τοὺς ἀποστόλους καὶ τοὺς προφήτας, ἐν τῇ
ἐκκλησίᾳ τοὺς διδασκάλους, κατὰ τὴν ἀνεξιχνίαστον τοῦ πνεύματος
οἰκονομίαν, τέθεικεν ὁ θεός, εἰς ἔργον διακονίας, εἰς οἰκοδομὴν τοῦ
σώματος τοῦ Χριστοῦ. Οὐκοῦν ὁ τοὺς πατέρας μὴ δεχόμενος τοὺς
διαφανεῖς τε καὶ ἐν τῇ ἐκκλησίᾳ τοῦ θεοῦ περιβοήτους, προφανῶς τῇ
10 διαταγῇ τοῦ θεοῦ ἀνθέστηκεν.

125 *ibidem* III, 41
ed. J.-P. Migne (= nr.124), col. 1380-1381

...Ἐπειδήπερ, ὡς ἔφην, μὴ περὶ λέξεων ἡ διαμάχη ἐστὶν ἡμῖν, ἀλλὰ
περὶ αὐτῶν τῶν πραγμάτων, καὶ τῆς πρὸς ἄλληλα τούτων ἑνώσεώς τε
καὶ συμφυΐας, ἣν οἱ πατέρες οὐσιωδῶς γεγενῆσθαι ἐφρόνησαν, ὑμεῖς δὲ

---

122   4 ἐμαρτυρήθησαν: ἐμαρτύρησαν *uar.*

nach ihrem Tod beim Herrn. Es ist dieser Glaube auch immer unversehrt geblieben, außer daß die Bosheit gewisser Häretiker es gewagt hat, ihn zu verfälschen.

Definition des ökumenischen Konzils von Chalkedon 5   123

Den heiligen Vätern folgend[1], lehren wir alle einträchtig, man müsse einen und denselben Sohn, unsern Herrn Jesus Christus bekennen[2]..., wie vordem die Propheten und wie Jesus Christus selber es uns gelehrt haben, und wie es uns das Glaubensbekenntnis der Väter überliefert hat.

LEONTIUS VON BYZANZ, *Gegen die Nestorianer und die Eutychianer*
I, Vorwort[1]   124

...Der Versuch nämlich, die Theologen zum Selbstwiderspruch zu führen, und die Behauptung, sie würden selbst untereinander nicht übereinstimmen, ist nicht ein Unterfangen, das gegen uns gerichtet ist, sondern gegen ihren Ruhm, speziell gegen denjenigen des Paulus, sowie gegen die Autorität des Heiligen Geistes und des Christus, der in ihm spricht. Denn nach den Aposteln und Propheten hat Gott, nach der unerforschlichen Disposition des Geistes, in der Kirche die Lehrer zum Werk der Diakonie, zur Auferbauung des Leibes Christi eingesetzt. Wer demzufolge die Väter, die ausgezeichnet und in der Kirche Gottes berühmt sind, nicht anerkennt, der widerstreitet offensichtlich der Anordnung Gottes.

Ebenda III, 41   125

...Wie ich gesagt habe, dreht sich nämlich unsere Kontroverse nicht um Worte, sondern um die Natur der Dinge selbst[1], um ihre Einheit untereinander und um ihre Verbindung, die sich die Väter als eine substanzhaft gewordene dachten; ihr aber macht daraus

---

1   Die Glaubensbekenntnisse von Nizäa und Nizäa-Konstantinopel sind vorher erwähnt   123
    worden.
2   Darauf folgt die christologische Definition.

1   Leontius stützt seine Erklärungen auf das Zeugnis der Väter. Wer sich durch die   124
    große Anzahl von Zeugnissen nicht überzeugen läßt, sondern im Gegenteil andere
    Väterzitate anführt, muß zuerst beweisen, daß die von Leontius angeführten nicht
    authentisch sind; solange er diesen Beweis nicht geführt hat, ist die weitere Debatte gegenstandslos, da die Väter sich nicht widersprechen können. Siehe zu dieser
    Problematik N. Brox, in: Festschrift A. Rohracher, 1969, 45-67.

1   Leontius spricht von den Naturen Christi.   125

σχετικήν τε καὶ γνωμικὴν ταύτην εἰσάγετε, καὶ διὰ ταύτης τὴν
5 ἀνθρωπολατρείαν κρατύνειν βιάζεσθε · οὐ τί ἂν γένοιτο ἀσεβέστερον;
τῆς γὰρ Παύλου καὶ Μαρκέλλου, Φωτεινοῦ τε καὶ Νεστορίου καὶ
Θεοδώρου δυσσεβείας μόνης τὰ τοιαῦτα φρονεῖν, τῶν ψιλὸν ἄνθρωπον
τὸν Χριστὸν ἄντικρυς διορισαμένων, ἅπερ ἰδίᾳ τε ἕκαστος, καὶ κοινῇ
πάντες οἱ θεηγόροι τῆς ἐκκλησίας μυσταγωγοί, ὁμόφροσιν ἀποφάσεσι
10 διέγραψάν τε καὶ ἀπεκήρυξαν · καὶ μάλιστα ἡ τελευταία πασῶν καὶ τῶν
πρὸ αὐτῆς ἁγίων συνόδων σφραγὶς γενομένη κατὰ τὴν Χαλκηδονέον, ἢ
καὶ τὸν ὑμέτερον τῆς ἀσεβείας πρόβολον τελέως καταλέλυκεν, τό τε τῆς
πίστεως σύμβολον κρατύνας καὶ τὸν τῆς ἀσεβείας ὑμῶν καθαιρέτην,
λαμπραῖς ἀνακηρύξασα ταῖς εὐφημίαις καὶ τὸν ὄντως Λέοντα κατὰ τῆς
15 δολερᾶς Εὐτυχέος ἀλώπεκος ἐξαναστάντα δικαίως καὶ τὴν
κρυπτομένην ἀσέβειαν, τοῖς ἐλεγκτικοῖς διασπάσαντά τε καὶ
νεκρώσαντα λόγοις, ταῖς πρεπούσαις αὐτῷ κατεστεφάνωσαν δόξαις.

126 DIONYSIUS AREOPAGITA, *De ecclesiastica hierarchia* (ante 512) I,4
ed. J.-P. Migne, PG 3, col. 376

... Σεπτότατα δὲ λόγια ταῦτά φαμεν, ὅσα πρὸς τῶν ἐνθέων ἡμῶν
ἱεροτελεστῶν ἐν ἁγιογράφοις ἡμῖν καὶ θεολογικαῖς δεδώρηται δέλτοις ·
καὶ μὴν ὅσα πρὸς τῶν αὐτῶν ἱερῶν ἀνδρῶν ἀϋλοτέρᾳ μυήσει, καὶ
γείτονί πως ἤδη τῆς οὐρανίας ἱεραρχίας, ἐκ νοὸς εἰς νοῦν διὰ μέσου
5 λόγου, σωματικοῦ μέν, ἀϋλοτέρου δὲ ὅμως, γραφῆς ἐκτός, οἱ
καθηγεμόνες ἡμῶν ἐμυήθησαν. Οὐδὲ ταῦτα τῶν ἐνθέων ἱεραρχῶν εἰς τὸ
τῆς ἱερουργίας κοινὸν ἀπαρακαλύπτοις νοήσεσιν, ἀλλ' ἐν συμβόλοις
ἱεροῖς παραδεδωκότων · ἔστι γὰρ οὐ πᾶς ἱερός, οὐδὲ πάντων, ὡς τὰ λόγιά
φησιν, ἡ γνῶσις.

---

125   12 τελέως *nos*: τέλεων *Migne (errore?)*

126   8 sq. cf. I Cor. 8,7

eine lockere, willenhafte, und darum seid ihr gezwungen – was
wäre gottloser als das? –, die Menschenverehrung vorzuziehen.
Denn diese Auffassung ist charakteristisch für die Häresie des Paulus[2] und Marcellus[3], des Photinus[4], Nestorius und Theodor[5], welche Christus ausdrücklich als gewöhnlichen Menschen definiert haben, was die von Gott redenden Kirchenlehrer jeder für sich und
alle gemeinsam in übereinstimmenden Erklärungen zurückgewiesen
und öffentlich verurteilt haben. Und ganz besonders das letzte
Konzil von allen, das zu einer Bestätigung aller früheren heiligen
Konzile geworden ist, dasjenige von Chalkedon[6]: es hat auch eure
gottlose Burg von Grund auf zerstört, indem es das Glaubensbekenntnis bekräftigt und den Vernichter eurer Gottlosigkeit, den
wahrhaften Löwen[7], mit lauten Zurufen gutgeheißen hat, als er
sich mit Recht gegen den listigen Fuchs Eutyches erhob und die
verborgene Gottlosigkeit mit überzeugenden Worten zerriß und
zugrunde richtete; sie krönten ihn mit den ihm zustehenden Lob-
sprüchen.

DIONYSIUS AREOPAGITA, *Über die kirchliche Hierarchie* I,4   126

Hochehrwürdig erachten wir all diese Worte, welche uns von
unsern gotterfüllten Hierophanten in den heilig abgefaßten, Gottes Wort enthaltenden Schriften vermittelt worden sind, ferner
all die Worte, in welche von denselben heiligen Männern unsere
Führer eingeweiht wurden in einer weniger stofflichen, der himmlischen Hierarchie schon irgendwie näher verwandten Unterweisung, von Geist zu Geist, durch das Mittel des mündlichen Wortes,
das zwar noch stofflich ist, aber gleichzeitig schon unstofflicher,
außerhalb der Schrift. Diese Lehren haben die gotterfüllten Hierar-
chen nicht zum gemeinen Zweck des heiligen Dienstes in unver-
hüllten Gedanken, sondern in heiligen Symbolen überliefert. Denn
nicht ein jeder ist heilig, und die Erkenntnis ist, wie die Schrift
sagt, nicht jedermanns Sache.[1]

---

2   Paul von Samosata, der 268 von einer antiochenischen Synode verurteilt worden   125
     war.
3   Marcellus von Ankyra, vom 2. Konzil in Konstantinopel 381 verurteilt.
4   Photinus von Sirmium, Schüler des Marcellus von Ankyra.
5   Theodor von Mopsuestia, der kurz vorher, 543, unter dem Einfluß des Leontius,
     verurteilt worden war.
6   Vgl. Text Nr. 123.
7   Leo I.

1   Eine erste Antönung dieser mystischen Gedanken findet sich schon in einigen Stel-   126
     len des Klemens von Alexandrien (vgl. Texte Nr. 50-54).

127 *Concilium Constantinopolitanum II* (553)

ed. E. Schwartz, ACO IV, 1, 1971, p. 37

   ... Confitemur fidem tenere et praedicare ab initio donatam a magno
deo et saluatore nostro Iesu Christo sanctis apostolis et ab illis in
uniuerso mundo praedicatam, quam et sancti patres confessi sunt et
explanauerunt et sanctis ecclesiis tradiderunt et maxime qui in sanctis
5 quattuor synodis conuenerunt, quos per omnia et in omnibus sequimur
et suscipimus ... Omnia uero quae non consonant his quae definita sunt
ab isdem sanctis quattuor conciliis pro fide recta, ... aliena pietatis iudi-
cantes condemnamus et anathematizamus. ..

128 MAXIMUS CONFESSOR, *Ad Catholicos per Siciliam constitutos* (646?)

ed. J.-P. Migne, PG 91, col. 128–129

   Ταῦτα δειξάτωσαν πρότερον ἐκ πατρικῆς ἐπικρίσεως καὶ εἶθ' οὕτως
αὐτοῖς ἡ τῶν οἰκείων ἐντεῦθεν κυρωθήσεται δογμάτων ὑπόληψις. Εἰ δὲ
ἀδυνάτως ἔχοιεν, τούτων λοιπὸν ἀφέμενοι, μόνοις σὺν ἡμῖν τοῖς
εὐσεβῶς κεκριμένοις στοιχείτωσαν, ἔκ τε τῶν θεοφόρων τῆς καθολικῆς
5 ἐκκλησίας πατέρων καὶ τῶν ἁγίων πέντε συνόδων ...
   Ἀλλ' ἐπειδὴ τούτοις δὴ τοῖς τῶν ἁγίων πατέρων εὐσεβέσι διδάγμασι,
τὴν τῶν ἑτεροζυγούντων ἀποσκευαζομένοις παράλογον ἔνστασιν,
ἑτέρωθεν ἡμῖν ἐπιφύονται ...

129 IOHANNES DAMASCENUS, *De imaginibus oratio* (730) I,68 (= II,71)

ed. B. Kotter, PTS 17, 1975, p. 168

   Διὸ δυσωπῶ τὸν τοῦ θεοῦ λαόν, τὸ ἔθνος τὸ ἅγιον, τῶν
ἐκκλησιαστικῶν ἀνθέξεσθαι παραδόσεων. Ἡ γὰρ κατὰ μικρὸν τῶν
παραδεδομένων ἀφαίρεσις ὡς ἐξ οἰκοδομῆς λίθων θᾶττον ἅπασαν τὴν
οἰκοδομὴν καταρρήγνυσιν.

II. Konzil von Konstantinopel (553)[1]   127

...Wir bekennen, daß wir den Glauben bewahren und verkünden, der von Anfang an von unserm großen Gott und Heiland Jesus Christus den heiligen Aposteln übergeben und von ihnen in aller Welt gepredigt worden ist; den auch die heiligen Väter bekannt, erklärt und den heiligen Kirchen überliefert haben, ganz besonders diejenigen, die zu den vier großen Konzilen zusammengekommen sind, denen wir überall und in allen Stücken folgen und zustimmen[2]... Alle (Lehren) aber, welche mit diesen, von denselben vier heiligen Konzilen im Namen des rechten Glaubens definierten nicht übereinstimmen, verurteilen wir als dem Glauben fremd und anathematisieren sie...

MAXIMUS DER BEKENNER, *An die in Sizilien niedergelassenen Katholiken*   128

Zuerst sollen sie das aufgrund des Urteils der Väter beweisen, dann wird für sie die Meinung ihrer eigenen Lehren von daher gerechtfertigt. Wenn das aber unmöglich sein sollte, dann sollen sie in Zukunft davon lassen und mit uns allein dem beitreten, was teils von den gotterfüllten Vätern der katholischen Kirche, teils von den fünf heiligen Konzilen[1] fromm festgelegt worden ist...

Aber sobald wir den absurden Einwurf derjenigen, die mit uns uneinig sind, mittels dieser frommen Lehren der heiligen Väter aus dem Wege räumen, dann greifen sie uns von einer andern Seite an...

JOHANNES VON DAMASKUS, *Rede über die Bilder* I, 68 (= II, 71)   129

Deshalb bitte ich Gottes Gemeinde, das heilige Volk, inständig, sich an die kirchlichen Traditionen zu halten. Denn die Beseitigung von Überliefertem, mag es sich um noch so Geringfügiges handeln, wie die Beseitigung von Steinen aus einem Haus, bringt schnell das ganze Gebäude zum Einsturz.

---

1   Der griechische Originaltext der Akten ist nicht überliefert.   127
2   Der Gedanke des consensus quinquesaecularis ist im Entstehen!

1   Das Konzil in Konstantinopel vom Jahre 553 wird jetzt bereits als 5. ökumenisches   128
Konzil gezählt.

130 *ibidem* II,16; 20

ed.B. Kotter (= nr. 129), pp. 111 sqq.; 119

16. Οὐ μόνον δὲ γράμμασι τὸν ἐκκλησιαστικὸν θεσμὸν παρέδωκαν «οἱ αὐτόπται καὶ ὑπηρέται τοῦ λόγου», ἀλλὰ καὶ ἀγράφοις τισὶ παραδόσεσι. Πόθεν γὰρ οἴδαμεν τὸν Κρανίου τόπον τὸν ἅγιον; Πόθεν τὸ μνῆμα τῆς ζωῆς; Οὐ παῖς παρὰ πατρὸς ἀγράφως παραλαβόντες; Τὸ
5 μὲν ἐν τόπῳ Κρανίου σταυρωθῆναι τὸν κύριον γέγραπται καὶ ταφῆναι ἐν μνημείῳ, ὃ ἐλατόμησεν Ἰωσὴφ ἐν τῇ πέτρᾳ · ὅτι δὲ ταῦτά ἐστι τὰ νῦν προσκυνούμενα, ἐξ ἀγράφου παραδόσεως οἴδαμεν καὶ πλεῖστα τούτοις παρόμοια.
20. Ὅτι δὲ οὐ νέον τὸ τῶν εἰκόνων ἐφεύρημα καὶ ἡ τούτων
10 προσκύνησις, ἀλλ' ἀρχαία τῆς ἐκκλησίας παράδοσις, δέχου τῶν γραφικῶν καὶ πατρικῶν χρήσεων τὸν ἑσμόν.

131 *ibidem* III,3 (= II,6)

ed. B. Kotter (= nr. 129), p. 72 sq.

Ἀκούσατε, λαοί, φυλαί, γλῶσσαι, ἄνδρες, γυναῖκες, παῖδες, πρεσβύται, νεανίσκοι καὶ νήπια, τὸ ἔθνος Χριστιανῶν τὸ ἅγιον · εἴ τις εὐαγγελίζεται ὑμᾶς παρ' ὃ παρέλαβεν ἡ καθολικὴ ἐκκλησία παρὰ τῶν ἁγίων ἀποστόλων, πατέρων τε καὶ συνόδων καὶ μέχρι τοῦ νῦν
5 διεφύλαξε, μὴ ἀκούσητε αὐτοῦ μηδὲ δέξησθε τὴν συμβουλὴν τοῦ ὄφεως, ὡς ἐδέξατο Εὔα καὶ ἐτρύγησε θάνατον. «Κἂν ἄγγελος», κἂν βασιλεὺς «εὐαγγελίζηται» ὑμᾶς, «παρ' ὃ παρελάβετε», κλείσατε τὰς ἀκοάς · ὀκνῶ γὰρ τέως εἰπεῖν, ὡς ἔφη ὁ θεῖος ἀπόστολος · «ἀνάθεμα ἔστω», ἐκδεχόμενος τὴν διόρθωσιν.

132 Iohannes Damascenus, *Expositio fidei* (post 743) 83 (IV, 10); 85 (IV, 12)

ed. B. Kotter, PTS 12, 1973, p. 186; 191

83 (IV, 10) Ἡ μέντοι πίστις διπλῆ ἐστιν · «Ἔστι» γὰρ «πίστις ἐξ ἀκοῆς». Ἀκούοντες γὰρ τῶν θείων γραφῶν πιστεύομεν τῇ διδασκαλίᾳ τοῦ ἁγίου πνεύματος. Αὕτη δὲ τελειοῦται πᾶσι τοῖς νομοθετηθεῖσιν ὑπὸ

---

130 2 Luc. 1,2

131 6–9 Gal. 1,8-9

132 1 sq. Rom. 10,17

Ebenda II, 16; 20   130

16. Nicht nur in Schriften haben *die Augenzeugen und Diener des Wortes* das kirchliche Herkommen überliefert, sondern auch in gewissen ungeschriebenen Traditionen. Denn woher wissen wir um die heilige Schädelstätte? Woher um die Erinnerungsstätte des Lebens? Haben wir es nicht mündlich, wie ein Kind von seinem Vater, empfangen? Es steht zwar geschrieben, daß der Herr an der Schädelstätte gekreuzigt worden ist und in einem Grabmal, das Joseph in den Fels gehauen hatte, beigesetzt worden ist; aber daß das die Orte sind, die man heute verehrt[1], das wissen wir aus ungeschriebener Tradition, wie sehr viele ähnliche Dinge.

20. (Zum Beweis dafür,) daß die Einführung der Bilder und deren Verehrung nicht neu ist, sondern alte Tradition der Kirche, achte auf die große Zahl der biblischen und patristischen Belegstellen.[2]

Ebenda III, 3 (= II, 6)   131

Hört zu, ihr Völker, Geschlechter, Menschen aller Zungen, Männer, Frauen, Kinder, Greise, Jünglinge und Säuglinge, heiliges Volk der Christen: wenn euch jemand das Evangelium anders verkündet, als die katholische Kirche es von den Aposteln, den Vätern und Konzilen empfangen und bis zum heutigen Tag bewahrt hat, dann hört nicht auf ihn und achtet nicht auf den Rat der Schlange, wie Eva auf ihn achtete und sich (dadurch) den Tod zugezogen hat. *Auch wenn ein Engel* oder ein König[1] euch *ein anderes Evangelium verkündet, als ihr angenommen habt*, verschließt eure Ohren! Denn ich zögere, so weit zu gehen und zu sagen, was der göttliche Apostel sagte: Er *sei verflucht* und erhalte Zurechtweisung.

Johannes von Damaskus, *Darlegung des Glaubens* 83 (IV, 10); 85 (IV, 12)   132

83 (IV, 10). Nun ist aber der Glaube zweifach. Denn *der Glaube kommt vom Hören*. Wir hören nämlich die Heiligen Schriften und glauben der Lehre des Heiligen Geistes. Dieser (Glaube) wird vollendet durch alles, was von Christus angeordnet ist, er ist im

---

1   Vgl. Rede I,23. Es handelt sich um die Grabeskirche, von der schon die Pilgerin   130
    Aetheria in ihrem Reisebericht ausführlich spricht.
2   Vgl. Chr. von Schönborn, L'icône du Christ, Fribourg, 1976.
1   Der Zusatz ist charakteristisch. Im Jahre 726 hatte Leo III. das erste Edikt gegen   131
    die Bilder veröffentlicht.

Χριστοῦ ἔργῳ πιστεύουσα, εὐσεβοῦσα καὶ τὰς ἐντολὰς πράττουσα τοῦ
5 ἀνακαινίσαντος ἡμᾶς. Ὁ γὰρ μὴ κατὰ τὴν παράδοσιν τῆς καθολικῆς
ἐκκλησίας πιστεύων ἢ κοινωνῶν διὰ τῶν ἀτόπων ἔργων τῷ διαβόλῳ
ἄπιστός ἐστιν . . .
85 (IV, 12) . . . Ἄγραφος δέ ἐστιν ἡ παράδοσις αὕτη τῶν ἀποστόλων ·
πολλὰ γὰρ ἀγράφως ἡμῖν παρέδωκαν.

133 Iohannes Damascenus, *Homilia II in dormitionem B.V. Mariae* 18

ed. P. Voulet, SC 80, 1961, p. 170

. . . Τῇ μὲν ἁγίᾳ καὶ θεοπνεύστῳ γραφῇ οὐκ ἐμφέρεται τὰ κατὰ τὴν
τελευτὴν τῆς ἁγίας θεοτόκου Μαρίας · ἐξ ἀρχαίας δὲ καὶ ἀληθεστάτης
παραδόσεως παρειλήφαμεν, ὅτι ἐν τῷ καιρῷ τῆς ἐνδόξου κοιμήσεως
αὐτῆς, οἱ μὲν ἅγιοι σύμπαντες ἀπόστολοι . . . ἐν καιροῦ ῥοπῇ μετάρσιοι
5 συνήχθησαν εἰς Ἱεροσόλυμα . . .

134 Hilarius Pictaviensis, *Excerpta ex opere historico deperdito* (post 359)
(*Collectanea antiariana Parisina,* Series A IX, 1,3)

ed. A. Feder, CSEL 65, 1916, pp. 95sq.

Incipit definitio habita ab omnibus catholicis episcopis, priusquam
per terrenam potestatem territi haereticorum consortio sociarentur in
concilio Ariminensi.
Sic credimus placere omnibus posse catholicis a symbolo accepto
5 recedere nos non oportere, quod in collatione apud omnes integrum
recognouimus, nec a fide recessuros, quam per prophetas, a deo patre per
Christum dominum nostrum docente spiritu sancto et in euangeliis et in
apostolis omnibus suscepimus, et per traditionem patrum secundum
successionem apostolorum usque ad tractatum apud Nicaeam habitum
10 contra haeresim, quae tunc temporis exsurrexerat, posita nunc usque

Werk gläubig und fromm und vollbringt die Gebote dessen, der uns erneuert hat. Denn wer nicht entsprechend der Tradition der katholischen Kirche glaubt oder durch verkehrte Werke mit dem Teufel Gemeinschaft hat, ist ein Ungläubiger...

85 (IV, 12). ...Diese Überlieferung der Apostel[1] ist nicht aufgeschrieben. Denn vieles haben sie uns ungeschrieben überliefert.

JOHANNES VON DAMASKUS, *II. Predigt zum Tod Marias* 18[1]　　133

...In der Heiligen, von Gott inspirierten Schrift wird zwar nichts über die Ereignisse beim Tod der heiligen Gottesmutter Maria gesagt; aber wir haben aus einer alten und sehr glaubwürdigen Tradition empfangen, daß zur Zeit ihres glorreichen Hinschieds alle heiligen Apostel in einem Augenblick durch die Luft nach Jerusalem versammelt worden sind...

HILARIUS VON POITIERS, *Auszüge aus einem verlorenen geschichtlichen Werk (= Antiarianische Sammlung von Paris,* Serie A IX,1,3)　　134

Es folgt die Definition, die von allen katholischen Bischöfen festgehalten wurde, bevor sie, durch irdische Gewalt geschreckt, sich mit dem Konsortium der Häretiker im Konzil von Rimini[1] zusammenfanden:

„Wir glauben, folgendes könne von allen Katholiken gebilligt werden: Vom angenommenen Glaubensbekenntnis, das wir beim Vergleich bei allen unversehrt erkennen, sollen wir nicht Abstand nehmen, und wir werden nicht vom Glauben abweichen, den wir durch die Propheten von Gott dem Vater durch Jesus Christus, unsern Herrn, unter Anleitung des Heiligen Geistes sowohl in den Evangelien als auch in allen apostolischen Schriften angenommen haben, und der durch die Tradition der Väter gemäß der Nachfolge der Apostel bis zu seiner Erörterung in Nizäa gegen die Häresie, welche zu jener Zeit entstanden war, festgelegt wurde und bis heute bleibt.[2] Dem allem, glauben wir, müsse weder etwas hinzugefügt werden, noch kann – das ist klar – etwas davon weggenommen werden.[3] Es wird also beschlossen, daß nichts Neues geschehe

---

1　Es handelt sich um das Gebet gegen Osten; vgl. Basilius (Text Nr. 110).　132

1　Das folgende habe Juvenal von Jerusalem zur Zeit des Konzils von Chalkedon gesagt; zu den legendären Traditionen zum Tode Marias siehe G. Miegge, Die Jungfrau Maria, Göttingen 1962, 80 ff.　133

1　Im Jahre 359.　134
2　Die Reihe der Traditionsgaranten hat sich seit Klemens von Rom (vgl. Texte Nr. 15-16) verlängert!
3　Vgl. Texte Nr. 12; 37; 109; 147.

permanet. Quibus omnibus nec addendum aliquid credimus nec minui posse manifestum est. Placet ergo nihil nouum fieri, substantiae quoque nomen et rem, a multis sanctis scripturis insinuatum mentibus nostris, obtinere debere sui firmitatem. Quam rem cum suo nomine ecclesia
15 catholica cum doctrina deifica semper confiteri et profiteri consueuit. Huic definitioni omnes in unum catholici conspirantes subscripserunt.

135 LUCIFER CALARITANUS, *De non conueniendo cum haereticis* (post 356) 5

ed. W. Hartel, CSEL 14, 1886, p. 12

... Non est uanum concilium, in quo omne consilium non est, nisi ut dei negetur filius, ut deus pater non esse uerus pater defendatur, ut spiritus sanctus paracletus non esse uerus dei spiritus adseueretur, ut apostolica atque euangelica traditio destruatur, ut traditio Arrii firmetur?...

136 AMBROSIUS, *Expositionis in Lucam* (377–389) VI, 67–68 (ad Luc. 9,5)

ed. C. Schenkl, CSEL 32,4, 1902, pp. 259sq.

67.... Quae enim dignior domus apostolicae praedicationis ingressu quam sancta ecclesia?...
68. Fides igitur imprimis ecclesiae quaerenda mandatur, in qua si Christus habitaturus sit, haut dubie sit legenda. Sin uero populus perfi-
5 dus aut praeceptor haereticus deformet habitaculum, uitanda haereticorum communio ... censetur. ... Si qua est ecclesia, quae fidem respuat nec apostolicae praedicationis fundamenta possideat, ne quam labem perfidiae possit aspergere, deserenda est...

137 HIERONYMUS, *Dialogus contra Luciferianos* (382) 8

ed. J.-P. Migne, PL 23, col. 172 A–B

An nescis etiam ecclesiarum hunc esse morem, ut baptizatis postea manus imponantur, et ita inuocetur spiritus sanctus? Exigis ubi scriptum sit? In actibus apostolorum. Etiam si scripturae auctoritas non subesset, totius orbis in hanc partem consensus instar praecepti obtineret. Nam

---

136 4 habitaturus: habitator *uar.*

137 1–3 cf. Act. 8,17; 19,6

und daß sowohl der Name „Substanz" wie die Sache selbst, von vielen heiligen Schriften unsern Sinnen eingepflanzt, ihre Bestätigung erhalten müssen. Diese Sache mitsamt ihrem Namen pflegte die katholische Kirche in Übereinstimmung mit der göttlichen Lehre immer zu bekennen und zu verkünden." Diese Definition haben alle Katholiken bis zum letzten einmütig unterschrieben.

LUCIFER VON CAGLIARI, *Daß man nicht mit Ketzern zusammenkommen dürfe* 5   135

...Ist das nicht ein nichtiges Konzil[1], bei dem es überhaupt keinen Beschluß gibt, außer das Gottes Sohn geleugnet wird, daß verteidigt wird, Gott Vater sei nicht wahrer Vater, daß behauptet wird, der Heilige Geist, der Paraklet, sei nicht wahrer Geist Gottes, daß die apostolische und evangelische Tradition zerstört und die Tradition des Arius[2] gestärkt wird?...

AMBROSIUS, *Auslegung zu Lukas* VI, 67-68   136

67. ...Welches Haus wäre würdiger für die Einkehr der apostolischen Verkündigung als die heilige Kirche?...[1]
68. Es wird also befohlen, daß man vor allem den Glauben der Kirche suchen müsse. Wenn Christus darin wohnen will, dann muß man sie ohne Zweifel wählen. Wenn aber ein treuloses Volk oder ein häretischer Lehrer die Wohnung verunstaltet, so wird verordnet, daß man die Gemeinschaft der Häretiker meiden müsse...[2] Wenn es eine Kirche gibt, die den Glauben zurückstößt und die Grundlagen der apostolischen Verkündigung nicht besitzt, ist sie zu verlassen, damit sie nicht das Unheil der Treulosigkeit verbreiten kann...

HIERONYMUS, *Dialog gegen die Anhänger des Lucifer* 8   137

Oder weißt du nicht, daß auch d a s Brauch der Kirchen ist, daß man den Getauften nachher die Hände auflegt und so den Heiligen Geist anruft? Du verlangst (zu wissen), wo das geschrieben stehe? In der Apostelgeschichte. Auch wenn die Autorität der

---

1   Das Konzil von Mailand im Jahre 355.   135
2   Hier wird von einer „Tradition" des Arius gesprochen; Tradition steht also gegen Tradition! Aber die Tradition des Arius ist jünger und hat darum minderen Wert.

1   Ambrosius predigt über Lukas 9,5.   136
2   Die Pluralität der christlichen „Konfessionen" spiegelt die Situation im 4. Jahrhundert! Vgl. Text Nr. 105.

5 et multa alia quae per traditionem in ecclesiis obseruantur auctoritatem sibi scriptae legis usurpauerunt, uelut in lauacro ter caput mergitare, deinde egressos lactis et mellis praegustare concordiam ad infantiae significationem, die dominico et omni Pentecoste nec de geniculis adorare...

138 AUGUSTINUS, *De baptismo contra Donatistas* (400/401) II, 7,12

ed. M. Petschenig, CSEL 51, 1908, pp. 186sq.

Nolite ergo nobis auctoritatem obicere Cypriani ad baptismi repetitionem, sed tenete nobiscum exemplum Cypriani ad unitatis conseruationem. Nondum enim erat diligenter illa quaestio baptismi pertractata, sed tamen saluberrimam consuetudinem tenebat ecclesia in ipsis quoque
5 schismaticis et haereticis corrigere quod prauum est, non iterare quod datum est...

Quam consuetudinem – credo ex apostolica traditione uenientem, sicut multa non inueniuntur in litteris eorum neque in conciliis posterorum et tamen, quia per uniuersam custodiuntur ecclesiam, non nisi ab
10 ipsis tradita et commendata creduntur – hanc ergo saluberrimam consuetudinem per Agrippinum prodecessorem suum dicit sanctus Cyprianus quasi coepisse corrigi; sed sicut diligentius inquisita ueritas docuit, quae post magnos dubitationis fluctus ad plenarii concilii confirmationem perducta est, uerius creditur per Agrippinum corrumpi coe-
15 pisse, non corrigi...

---

138 11 prodecessorem: praedecessorem *uar.*

Schrift nicht vorläge, würde die Übereinstimmung des ganzen Erdkreises in diesem Stück den Wert einer Vorschrift erhalten. Denn
auch viele andere Dinge, welche in den Kirchen aufgrund der Tradition beobachtet werden, haben die Autorität eines geschriebenen Gesetzes erlangt, wie das dreimalige Eintauchen des Kopfes
bei der Taufe, dann, daß die (aus dem Wasser) Herausgekomme-
nen eine Mischung von Milch und Honig, zum Zeichen der Kind-
schaft, kosten; daß man am Herrntag und in der Zeit zwischen
Ostern und Pfingsten nicht kniend betet...[1]

AUGUSTIN, *Über die Taufe gegen die Donatisten* II,7,12   138

Ihr dürft uns nicht das Ansehen Cyprians zugunsten einer Wie-
derholung der Taufe entgegenhalten[1], sondern haltet mit uns das
Beispiel Cyprians fest zugunsten der Erhaltung der Einheit! Es
war nämlich jene Frage über die Taufe noch nicht sorgfältig behandelt, aber dennoch hielt die Kirche fest an der überaus heilsamen Gewohnheit, gerade eben auch bei Schismatikern und Häretikern zu korrigieren, was verkehrt ist, nicht zu wiederholen,
was gegeben ist...
Diese Gewohnheit — sie stammt, wie ich glaube, aus apostolischer Tradition; wie von vielem, was weder in deren Schriften,
noch in den Konzilen der Nachfahren gefunden und doch von der
ganzen Kirche bewahrt wird, geglaubt wird, daß es nicht anders
als von jenen selbst überliefert und befohlen worden sei[2] — diese
so heilsame Gewohnheit also, sagt der heilige Cyprian, habe Agrip-
pinus, sein Vorgänger, gleichsam zu korrigieren begonnen.[3] Aber
wie die sorgfältigere Erforschung der Wahrheit gezeigt hat, welche
nach großen Wogen des Zweifels zur Bestätigung durch ein allge-
meines Konzil gelangt ist, glaubt man mit mehr Recht, Agrippi-
nus habe begonnen, (diese Gewohnheit) zu verderben, nicht zu
korrigieren...[4]

---

1   Vgl. Text Nr. 44; bezieht sich Hieronymus auf ihn?   137

1   Die Donatisten beriefen sich auf Cyprian; vgl. G. Bavaud, in der Einleitung zu Bibl. 138
    aug. 29, 1964.
2   Das ist eine aufschlußreiche Äußerung für den Traditionsbegriff dieser Epoche;
    Augustin scheint ebenfalls diesen Standpunkt zu vertreten.
3   Vgl. Cyprian, Brief 71,9.
4   Welches ist dieses allgemeine Konzil, auf das Augustin anspielt? Das Konzil von
    Arles im Jahre 314? Vgl. J. Ernst, ZKTh 1900, 282-325.

139 *ibidem* IV, 23,30; 24,31

ed. M. Petschenig (= nr. 138), pp. 258sq.

30. ... Traditum tenet uniuersitas ecclesiae, cum paruuli infantes baptizantur, qui certe nondum possunt *corde* credere *ad iustitiam* et *ore* confiteri *ad salutem* ... et tamen nullus christianorum dixerit eos inaniter baptizari.

5 31. Et si quisquam quaerat in hac re auctoritatem diuinam, quamquam, quod uniuersa tenet ecclesia nec conciliis institutum, sed semper retentum est, non nisi auctoritate apostolica traditum rectissime creditur, tamen ueraciter conicere possumus, quid ualeat in paruulis baptismi sacramentum, ex circumcisione carnis quam prior populus accepit...

140 *ibidem* V, 17,23; 23,31; 26,37

ed. M. Petschenig (= nr. 138), pp. 282; 289; 292sq.

17,23. ... neque ullo modo meas litteras ab omni errato liberas audeo uel putare uel dicere neque illius (sc. Cypriani) huic sententiae, in qua ei uisum est aliter suscipiendos ab haereticis uenientes quam ... in praeteritum suscipiebantur ... meam praepono sententiam, sed ecclesiae 5 sanctae catholicae, quam sic ille dilexit et diligit, in qua tam uberem cum tolerantia fructum attulit: cuius uniuersitas ipse non fuit sed in eius uniuersitate permansit, cuius radicem numquam deseruit sed in cuius radice fecundus ut esset fecundior ab agricola caelesti purgatus est...

23,31. ... Apostoli autem nihil quidem exinde praeceperunt, sed 10 consuetudo illa quae opponebatur Cypriano ab eorum traditione exordium sumpsisse credenda est, sicut sunt multa quae uniuersa tenet eccle-

---

139   2sq. cf. Rom. 10,10

140   7sq. cf. Ioh. 15,2

140   4 praepono: propono *uar.*

Ebenda IV, 23, 30; 24, 31   139

30. ...Die gesamte Kirche hält an (dieser) Tradition fest: wenn die kleinen Kinder getauft werden, die sicher noch nicht *im Herzen zur Gerechtigkeit* glauben und *mit dem Munde zum Heil* bekennen können, ... so wird dennoch kein Christ sagen wollen, sie würden unnützer Weise getauft.[1]

31. Und wenn jemand in dieser Sache göttliche Autorität verlangte, obwohl, was die ganze Kirche hält und, ohne daß es von Konzilen eingesetzt war, immer beibehalten hat, völlig zu Recht als von apostolischer Autorität überliefert gehalten wird: so können wir doch mit Sicherheit aus der Beschneidung des Fleisches, die das erste Gottesvolk empfing, erschließen, welches der Wert des Sakraments der Taufe an den Kindern ist...[2]

Ebenda V, 17, 23; 23, 31; 26, 37   140

17,23. ...Ich wage in keiner Weise zu glauben oder zu behaupten, meine Schriften seien von allem Irrtum frei und ich ziehe der Meinung jenes (sc. Cyprians[1]), in welcher es ihm scheint, man müsse diejenigen, die von Häretikern herkommen, anders aufnehmen..., als man sie in der Vergangenheit aufnahm, ... nicht meine Meinung vor, sondern die der gesamten Kirche, welche jener so lieb hatte, und noch liebt, in welcher er mit Geduld so reiche Frucht brachte; deren Gesamtheit er selbst nicht gewesen ist, aber in deren Gesamtheit er verharrte, deren Wurzel er niemals verließ, sondern in deren Wurzel er, fruchtbar wie er war, noch fruchtbarer gereinigt worden ist vom himmlischen Landwirt...

23,31. ...Die Apostel haben zwar darüber nichts vorgeschrieben, aber man muß glauben, daß jene Gewohnheit, die Cyprian entgegengehalten wurde[2], ihren Anfang in deren Tradition genommen hat; wie viele Dinge bestehen, die die gesamte Kirche

---

1 Zur Auffassung Augustins von der Kindertaufe, vor der pelagianischen Krise, siehe vor allem seinen 98. Brief an Bonifatius, vom Jahre 408. Siehe auch weiter unten den Text Nr. 143.
2 Der Schriftbeweis hat ein größeres Gewicht als der Traditionsbeweis. Zur Parallele Beschneidung – Taufe siehe G. Bavaud, o.cit., 614 f.

1 Vgl. Cyprian, Brief 73 (= Text Nr. 83).
2 Vgl. Cyprian, Brief 74 (= Text Nr. 84).

sia et ob hoc ab apostolis praecepta bene creduntur, quamquam scripta non reperiantur.

26,37. ... Quod autem nos admonet (sc. Cyprianus) ut ad fontem
15 recurramus, id est ad apostolicam traditionem, et inde canalem in nostra tempora dirigamus, optimum est et sine dubitatione faciendum. «Traditum est» ergo «nobis», sicut ipse commemorat, ab apostolis, «quod sit unus deus et Christus unus et una spes et fides una et una ecclesia et baptisma unum».

141 AUGUSTINUS, *Epistula* 54 *ad inquisitiones Ianuarii* (401) I,1
ed. A. Goldbacher, CSEL 34,2, 1898, pp. 159sq.

... Primo itaque tenere te uolo, quod est huius disputationis caput, dominum nostrum Iesum Christum, sicut ipse in euangelio loquitur, leni iugo suo nos subdidisse et sarcinae leui. Vnde sacramentis numero paucissimis, obseruatione facillimis, significatione praestantissimis societa-
5 tem noui populi colligauit, sicuti est baptismus trinitatis nomine consecratus, communicatio corporis et sanguinis ipsius et si quid aliud in scripturis canonicis commendatur exceptis his, quae seruitutem populi ueteris pro congruentia cordis illorum et prophetici temporis onerabant, quae et in quinque libris Moysi leguntur. Illa autem quae non scripta sed
10 tradita custodimus, quae quidem toto terrarum orbe seruantur, datur intelligi uel ab ipsis apostolis uel plenariis conciliis, quorum est in ecclesia saluberrima auctoritas, commendata atque statuta retineri, sicuti quod domini passio et resurrectio et ascensio in caelum et aduentus de caelo spiritus sancti anniuersaria sollemnitate celebrantur et si quid
15 aliud tale occurrit quod seruatur ab uniuersa, quacumque se diffundit, ecclesia.

---

140 16–19 cf. Eph. 4,4sq.

141 2sq. cf. Matth. 11,30

141 1 disputationis: dispensationis *uar.*
15 uniuersa: uniuersis *uar.*

festhält und von denen man deswegen mit Recht glaubt, sie seien von den Aposteln vorgeschrieben, obwohl man sie nicht schriftlich vorfindet.[3]

26,37. ...Wenn er (sc. Cyprian) uns aber ermahnt[4], daß wir zur Quelle zurückgehen, d.h. zur apostolischen Tradition, und von daher eine Wasserrinne in unsere Zeit leiten, so ist das am besten und ohne Zweifel zu tun. Es ist uns von den Aposteln überliefert, wie er selbst erinnert, „daß ein Gott ist und ein Christus und eine Hoffnung, ein Glaube, eine Kirche und eine Taufe."

AUGUSTIN, *Brief 54. Antwort auf die Fragen des Januarius* I,1   141

...Zuerst möchte ich, daß du festhältst, worauf es bei dieser Untersuchung am meisten ankommt, daß unser Herr Jesus Christus, wie er selbst im Evangelium sagt, uns unter sein sanftes Joch und seine leichte Last gestellt hat. Daher hat er durch die Sakramente, die an Zahl sehr gering, zum Einhalten sehr leicht und in der Bedeutung ganz hervorragend sind, die Gemeinschaft des neuen Volks gesammelt. Hierher gehört die durch den Namen der Dreieinigkeit geheiligte Taufe, die Austeilung seines Leibes und Blutes, und was sonst noch in den kanonischen Schriften empfohlen wird, ausgenommen die Vorschriften, die dem alten Volk Knechtschaft aufluden und für ihre Herzen und die Zeiten der Propheten paßten, und die in den fünf Büchern Moses zu lesen sind. Das aber, was wir nicht aufgrund der Schrift, sondern aufgrund der Tradition halten, was aber auf dem ganzen Erdkreis beachtet wird, von dem kann man annehmen, es sei festgehalten worden, weil es entweder von den Aposteln selbst oder von allgemeinen Konzilen, deren Ansehen in der Kirche durchaus heilsam ist, empfohlen und eingesetzt worden ist, wie z.B., daß das Leiden des Herrn, die Auferstehung, die Himmelfahrt und das Kommen des Heiligen Geistes vom Himmel jedes Jahr feierlich begangen werden[1], oder wenn sich etwas Ähnliches zuträgt, das von der ganzen Kirche gehalten wird, wo immer sie sich ausbreitet.

---

3   Was die Kirche in der Gegenwart überall befolgt, muß einen apostolischen Ursprung   140
    haben; Vincentius von Lerinum wird in diesem Punkt kritischer sein (vgl. Text Nr. 145).

4   Vgl. Cyprian, Brief 74,10,2-11,1 (= Text Nr. 84).

1   Vgl. R. Cantalamessa, Ostern in der Alten Kirche, Traditio Christiana 4, 1981.   141

142 *ibidem* II,2; 3

ed. A. Goldbacher (= nr. 141), pp. 160sqq.

2. Alia uero, quae per loca terrarum regionesque uariantur, sicuti est quod alii ieiunant sabbato, alii non ... et si quid aliud huius modi animaduerti potest, totum hoc genus rerum liberas habet obseruationes nec disciplina ulla est in his melior graui prudentique christiano, nisi ut eo
5 modo agat, quo agere uiderit ecclesiam, ad quamcumque forte deuenerit...

3. ... Sensi enim saepe dolens et gemens multas infirmorum perturbationes fieri per quorundam fratrum contentiosam obstinationem uel superstitiosam timiditatem, qui in rebus huius modi, quae neque sanctae
10 scripturae auctoritate neque uniuersalis ecclesiae traditione neque uitae corrigendae utilitate ad certum possunt terminum peruenire ... tam litigiosas excitant quaestiones, ut nisi quod ipsi faciunt nihil rectum aestiment.

143 AUGUSTINUS, *De Genesi ad litteram* (401–414) I,10, 23

ed. I. Zycha, CSEL 28,1, 1894, p. 327

... Consuetudo tamen matris ecclesiae in baptizandis paruulis nequaquam spernenda est neque ullo modo superflua deputanda nec omnino credenda, nisi apostolica esset traditio. Habet enim et illa parua aetas magnum testimonii pondus, quae prima pro Christo meruit sanguinem
5 fundere.

144 AUGUSTINUS, *De symbolo sermo ad catechumenos* (post 411?) I,1

ed. J.-P. Migne, PL 40, col. 627

Accipite, filii, regulam fidei, quod symbolum dicitur. Et cum acceperitis, in corde scribite ... Symbolum nemo scribit ut legi possit: sed ad

---

142 4 nisi: quam *edd.*
8 contentiosam: contumeliosam *uar.*
12sq. aestiment: existiment *edd.*

143 3sqq. cf. Matth. 2,16sqq.

Ebenda II, 2; 3   142

2. Andere Bräuche aber sind nach Ort, Land und Gegend verschieden, so daß z.B. die einen am Sabbat fasten, andere nicht...[1]
Und wenn noch etwas anderes derart angeführt werden kann: diese ganze Art Bräuche kann nach freier Wahl beobachtet werden.
Es gibt in diesen Angelegenheiten keinen bessern Grundsatz für
einen ernsten und klugen Christen, als daß er so handelt, wie er
die Kirche handeln sieht, zu der er gerade kommt.
3. ...Ich habe oft mit Schmerzen und Seufzen erfahren, daß
viel Verwirrung unter den Schwachen angerichtet wird durch
streitsüchtigen Starrsinn oder abergläubische Furchtsamkeit man-
cher Brüder. Diese veranlassen in Dingen solcher Art, die weder
durch die Autorität der Heiligen Schrift noch durch die Tradition
der gesamten Kirche noch durch einen Nutzen zur Besserung des
Lebens zu einem sichern Schluß führen können, ...solche strittige
Untersuchungen, dergestalt, daß sie nichts für recht halten, außer
was sie selber tun.[2]

AUGUSTIN, *Über die Genesis nach ihrem buchstäblichen Sinn* I,10,23   143

...Dennoch darf die Gewohnheit der Mutter Kirche bei der
Taufe der kleinen Kinder keineswegs verachtet noch auf irgendeine
Weise als überflüssig gehalten werden. Sie müßte überhaupt nicht
geglaubt werden, wenn sie nicht auf apostolischer Tradition beruh-
te.[1] Es legt nämlich auch jenes Alter der Kleinen ein gewichtiges
Zeugnis ab, das als erstes verdiente, für Christus Blut zu vergießen.

AUGUSTIN, *Predigt über das Glaubensbekenntnis für die Katechu-
menen* 1   144

Empfanget, ihr Söhne, die Glaubensregel, die Bekenntnis genannt wird.[1] Und wenn ihr sie empfangen habt, schreibt sie in eure Herzen... Niemand schreibt das Bekenntnis auf, um es bloß lesen

---

1   Vgl. Augustin, Brief 36 an Casulanus.   142
2   Augustin unterscheidet also drei Kategorien von Traditionen: a) die lehrmäßige und
    ethische Tradition, die immer und überall die gleiche bleiben muß; b) die kirchliche
    Tradition, die sich überall ausgebreitet hat, aber der Veränderung unterworfen
    bleibt; c) die nur lokale Tradition, die zum bunten Kleid der Königin Kirche gehört,
    aber keinen eigenen Wert besitzt.

1   Vgl. De peccatorum meritis et remissione I,24,34. Die heutigen Exegeten sind vor-   143
    sichtiger in bezug auf die Behauptung des apostolischen Ursprungs der Kindertaufe!

1   Die Glaubensregel ist hier zum Glaubensbekenntnis geworden. Vgl. Text Nr. 104.   144

recensendum, ne forte deleat obliuio quod tradidit diligentia, sit uobis codex uestra memoria. Quod audituri estis, hoc credituri; et quod cre-
5 dideritis, hoc etiam lingua reddituri. Ait enim apostolus: *Corde creditur ad iustitiam, ore autem confessio fit ad salutem.* Hoc est enim symbolum, quod recensuri estis et reddituri. Ista uerba quae audistis, per diuinas scripturas sparsa sunt; sed inde collecta et ad unum redacta, ne tardorum hominum memoria laboraret; ut omnis homo possit dicere, pos-
10 sit tenere quod credit. Numquid enim modo solummodo audistis quia deus omnipotens est? Sed incipitis eum habere patrem, quando nati fueritis per ecclesiam matrem.

145 VINCENTIUS LERINENSIS, *Commonitorium primum* (434) II, 1–3; III, 4

ed. A. Jülicher, SQS I, 10, Tübingen 1925², pp. 2–3; 4

II,1. Saepe igitur magno studio et summa attentione perquirens a quam plurimis sanctitate et doctrina praestantibus uiris, quonammodo possim certa quadam et quasi generali ac regulari uia catholicae fidei ueritatem ab haereticae prauitatis falsitate discernere, huiusmodi sem-
5 per responsum ab omnibus fere retuli, quod, siue ego, siue quis uellet exsurgentium haereticorum fraudes deprehendere laqueosque uitare, et in fide sana sanus atque integer permanere, duplici modo munire fidem suam, domino adiuuante, deberet: primum scilicet diuinae legis auctoritate, tum deinde ecclesiae catholicae traditione. 2. Hic forsitan requi-
10 rat aliquis: Cum sit perfectus scripturarum canon sibique ad omnia satis superque sufficiat, quid opus est ut ei ecclesiasticae intelligentiae iungatur auctoritas? Quia uidelicet scripturam sacram pro ipsa sui altitudine non uno eodemque sensu uniuersi accipiunt, sed eiusdem eloquia aliter atque aliter alius atque alius interpretatur; ut paene, quot homines sunt,
15 tot illinc sententiae erui posse uideantur. ... Atque idcirco multum necesse est, propter tantos tam uarii erroris amfractus, ut propheticae et

---

144 5sq. Rom. 10,10

zu können, sondern euer Gedächtnis sei euch ein Buch, das euch erlaubt, es zu überdenken, damit nicht etwa die Vergeßlichkeit zerstöre, was die Sorgfalt überliefert hat. Was ihr hören werdet, das werdet ihr glauben; und was ihr glauben werdet, werdet ihr auch mit der Zunge bekennen. Es sagt nämlich der Apostel: *Mit dem Herzen glaubt man zur Gerechtigkeit, mit dem Munde aber bekennt man zur Seligkeit.* Denn das ist das Bekenntnis, das ihr überdenken und wiedergeben sollt. Jene Worte, die ihr vernommen habt, sind über die Heilige Schrift zerstreut, aber von dort gesammelt und zu einem Text vereinigt, damit nicht das Gedächtnis schwerfälliger Menschen Mühe habe, (sondern) damit jeder Mensch sagen könne, festhalten könne, was er glaubt.[2] Habt ihr bloß gehört, daß Gott allmächtig ist? Vielmehr beginnt ihr, ihn zum Vater zu haben, wenn ihr jetzt geboren werdet durch die Mutter Kirche.[3]

VINCENTIUS VON LERINUM, *Merkbuch*[1] II, 1-3; III, 4   145

II,1. Oft also habe ich mit großem Eifer und höchster Aufmerksamkeit durch Heiligkeit und Gelehrsamkeit hervorragende Männer, soviel ich ihrer antraf, gefragt, wie ich denn auf sicherem und sozusagen allgemeinem und regulärem Weg die Wahrheit des katholischen Glaubens von der Falschheit der häretischen Verkehrtheit zu unterscheiden vermöge.[2] Ich erhielt dann auf diese Weise immer fast von allen die Antwort, wenn ich oder ein anderer die Betrügereien sich erhebender Häretiker aufdecken, ihre Fallstricke vermeiden und in unverdorbenem Glauben unverdorben und unversehrt verharren wolle, müsse er auf doppelte Weise seinen Glauben mit Gottes Hilfe schützen: zunächst mit der Autorität des göttlichen Gesetzes, sodann mittels der Tradition der katholischen Kirche. 2. Hier könnte jemand fragen: Wenn doch der Schrifkanon vollkommen ist und sich selbst zu allem überreichlich genügt[3], warum ist es dann nötig, daß sich damit die Autorität der kirchlichen Einsicht verbindet? Darum offenbar, weil nicht alle die Heilige Schrift in ein und demselben Sinn annehmen, wegen der ihr eigenen Tiefe, und ihre Aussprüche von den einzelnen verschieden erklärt werden, und es deswegen den Anschein hat, es könnten fast so viele Mei-

---

2   Vgl. Sermones 212,1; 213,1; 214,1; 215,1.   144
3   Vgl. Cyprian, Von der Einheit der Kirche 6.

1   Der anonyme Titel der Schrift lautet folgendermaßen: Tractatus peregrini pro catholi-   145
    ca fidei antiquitate et uniuersitate aduersus profanas omnium haereticorum nouitates.
2   Vgl. schon das Anliegen des Papias (Text Nr. 20); aber die Sicht der Dinge hat sich
    geändert.
3   Hier beginnt man schon von der „Suffizienz" der Schrift zu reden.

apostolicae interpretationis linea secundum ecclesiastici et catholici sensus normam dirigatur. 3. In ipsa item catholica ecclesia magnopere curandum est, ut id teneamus, quod ubique, quod semper, quod ab
20 omnibus creditum est; hoc est etenim uere proprieque catholicum. Quod ipsa uis nominis ratioque declarat, quae omnia fere uniuersaliter comprehendit. Sed hoc ita demum fiet, si sequamur uniuersitatem, antiquitatem, consensionem. Sequemur autem uniuersitatem hoc modo, si hanc unam fidem ueram esse fateamur, quam tota per orbem terrarum
25 confitetur ecclesia; antiquitatem uero ita, si ab his sensibus nullatenus recedamus, quos sanctos maiores ac patres nostros celebrasse manifestum est: consensionem quoque itidem, si, in ipsa uetustate, omnium uel certe paene omnium sacerdotum pariter et magistrorum definitiones sententiasque sectemur.
30   III,4. Quid igitur tunc faciet christianus catholicus, si se aliqua ecclesiae particula ab uniuersalis fidei communione praeciderit? Quid utique, nisi ut pestifero corruptoque membro sanitatem uniuersi corporis anteponat? Quid si nouella aliqua contagio non iam portiunculam tantum, sed totam pariter ecclesiam commaculare conetur? Tunc item prouide-
35 bit ut antiquitati inhaereat, quae prorsus iam non potest ab ulla nouitatis fraude seduci. Quid si in ipsa uetustate, duorum aut trium hominum, uel certe ciuitatis unius aut etiam prouinciae alicuius error deprehendatur? Tunc omnino curabit ut paucorum temeritati uel inscitiae, si qua sunt uniuersaliter antiquitus uniuersalis concilii decreta praeponat. Quid si
40 tale aliquid emergat, ubi nihil huiusmodi reperiatur? Tunc operam dabit, ut conlatas inter se maiorum consulat interrogetque sententias, eorum duntaxat, qui diuersis licet temporibus et locis, in unius tamen

nungen aus ihr hergeleitet werden, als es überhaupt Menschen gibt...[4] Darum ist es sehr nötig, wegen der so vielen krummen Wege des so mannigfaltigen Irrtums, daß bei der Erklärung der prophetischen und apostolischen Schriften die Leine nach dem Maßstab des kirchlichen und katholischen Sinns gerichtet werde. 3. Desgleichen ist in der katholischen Kirche selbst entschieden dafür Sorge zu tragen, daß wir das festhalten, was überall, was immer und was von allen geglaubt wurde.[5] Das ist nämlich im wahren und eigentlichen Sinn katholisch.[6] Darauf weist die Bedeutung und die Etymologie des Wortes hin, das alles in seiner Gesamtheit umfaßt. Dies wird aber nur dann geschehen, wenn wir der Allgemeinheit, dem Alter und der Einstimmigkeit folgen. Der Allgemeinheit aber werden wir auf die Weise folgen, wenn wir d e n Glauben allein als den wahren bekennen, den die gesamte Kirche auf dem Erdkreis bekennt; dem Alter (werden wir) aber dann (folgen), wenn wir von den Anschauungen in keiner Weise abgehen, welchen offenbar unsere heiligen Vorfahren und Väter allgemein gehuldigt haben; der Einstimmigkeit aber dann, wenn wir, innerhalb des Alters selbst, uns den Entscheidungen und Aussprüchen aller oder fast aller Priester und Lehrer anschließen.

III,4. Was wird also der katholische Christ tun, wenn sich irgendein kleiner Teil der Kirche von der Gemeinschaft des allgemeinen Glaubens absondert? Was anderes, als daß er dem verderbenbringenden, kranken Glied die Gesundheit des gesamten Körpers vorzieht? Wie aber, wenn eine neue Ansteckung nicht mehr nur einen kleinen Teil, sondern die ganze Kirche zugleich zu beflecken sucht?[7] Dann wird er in gleicher Weise besorgt sein, dem Alter anzuhangen, das in keiner Weise mehr von irgendeiner trügerischen Neuerung verführt werden kann. Wenn nun aber auch im Altertum ein Irrtum zweier oder dreier Männer oder sogar einer ganzen Stadt oder irgendeiner Provinz angetroffen würde? Dann wird er überhaupt besorgt sein, der Vermessenheit oder Unkenntnis weniger die Beschlüsse eines allgemeinen Konzils, wenn es sie im Altertum gesamthaft gibt, vorzuziehen. Wie aber, wenn so etwas auftaucht (in Dingen), wo nichts derartiges gefunden werden kann? Dann wird er sich Mühe geben, die Aussprüche der Alten miteinander zu

---

4   Vgl. Text Nr. 33,19-31. Vincentius erwähnt in der Fortsetzung eine Reihe von Häretikern.
5   Dieser Satz wird oft mißverstanden; die drei Kriterien sind einander nicht horizontal, sondern hierarchisch zugeordnet; vgl. die Einleitung, S. XVIII-XIX.
6   „Katholisch" meint jetzt „orthodox"; vgl. Ambrosius (Text Nr. 136).
7   Das war die neue Situation zur Zeit der arianischen Krise.

ecclesiae catholicae communione et fide permanentes, magistri proba-
biles exstiterunt; et quidquid non unus aut duo tantum, sed omnes pari-
45 ter uno eodemque consensu aperte, frequenter, perseueranter tenuisse,
scripsisse, docuisse cognouerit, id sibi quoque intelligat absque ulla dubitatione credendum.

146 *ibidem* VI, 9

ed. A. Jülicher (= nr. 145), pp. 7–8

VI,9. . . . Siquidem mos iste semper in ecclesia uiguit ut quo quisque
foret religiosior, eo promptius nouellis adinuentionibus contrairet.
Exemplis talibus plena sunt omnia. Sed ne longum fiat, unum aliquod,
et hoc ab apostolica potissimum sede sumemus, ut omnes luce clarius
5 uideant beatorum apostolorum beata successio quanta ui semper,
quanto studio, quanta contentione defenderit susceptae semel religionis
integritatem. . .
Denique in epistula quae tunc ad Africam missa est, his uerbis (papa
Stephanus) sanxit: nihil nouandum, nisi quod traditum est. Intelligebat
10 etenim uir sanctus et prudens nihil aliud rationem pietatis admittere,
nisi ut omnia, qua fide a patribus suscepta forent, eadem fide filiis consi-
gnarentur; nosque religionem non, qua uellemus, ducere, sed potius qua
illa duceret sequi oportere; idque esse proprium christianae modestiae
et grauitatis, non sua posteris tradere, sed a maioribus accepta seruare.
15 Quis ergo tunc uniuersi negotii exitus? Quis utique nisi usitatus et solitus? Retenta est scilicet antiquitas, explosa nouitas.

vergleichen, zu Rate zu ziehen und zu befragen, jedoch nur derjenigen, die, wenn auch zu verschiedenen Zeiten und an verschiedenen Orten, doch in der Gemeinschaft und im Glauben der einen katholischen Kirche verharrten und so als glaubwürdige Lehrer in Erscheinung traten; wenn er dann erkennt, daß nicht nur einer oder zwei, sondern alle zugleich und in demselben Sinn etwas klar, wiederholt und andauernd festgehalten, geschrieben und gelehrt haben, so soll er einsehen, daß auch er dies ohne allen Zweifel glauben muß.[8]

Ebenda VI, 9 146

...Denn immer stand ja in der Kirche der Brauch in Kraft, daß jemand, je gottesfürchtiger er war, sich desto rascher neuen Erfindungen widersetzte. Von solchen Beispielen ist alles voll. Um nicht lang zu werden, wollen wir ein beliebiges Beispiel, und dies am besten vom apostolischen Stuhl, nehmen[1], damit alle sonnenklar sehen, mit welcher Kraft, mit welchem Eifer und mit welcher Anstrengung die seligen Nachfolger der seligen Apostel allezeit die Unversehrtheit des einmal angenommenen Glaubens verteidigt haben...

(Papst Stephanus) hat dann in dem Brief, der damals nach Afrika gesandt wurde, folgende Verordnung getroffen: „Nichts Neues ist einzuführen, außer dem, was überliefert ist".[2] Der heilige und kluge Mann erkannte nämlich, daß die Regel der Frömmigkeit nichts anderes zulasse, als daß alles mit derselben Treue den Kindern verbürgt werde, mit der es von den Vätern empfangen worden ist[3]; daß wir ferner die Religion nicht dahin führen, wohin wir wollen, sondern ihr vielmehr folgen müssen, wohin sie uns führt; daß es endlich das Eigentümliche der christlichen Bescheidenheit und Bedachtsamkeit ist, nicht das Eigene den Nachkommen zu überliefern, sondern das von den Vorfahren Empfangene zu bewahren. Was war nun damals der Ausgang der ganzen Affäre? Was für einer, außer dem gewohnten und üblichen? Man behielt das Alte und verwarf die Neuerung.[4]

---

8 Vgl. Kap. XXVIII (39). Vincentius erklärt dieses Prinzip anhand des donatistischen Schismas und der arianischen Häresie. 145

1 Vincentius – und das ist für seine Zeit charakteristisch – interessiert sich speziell für den römischen Bischofssitz. 146

2 Vgl. Cyprian, Brief 74 (Text Nr. 84).

3 Papst Stephanus erhält das Lob des Vincentius für seine Haltung im Ketzertaufstreit; die Sicht der Dinge hat sich im Vergleich zu Augustin noch einmal verändert! (vgl. Texte Nr. 138-140).

4 In der Fortsetzung schildert Vincentius die trinitarischen und christologischen Kontroversen bis zum Konzil von Ephesus (vgl. auch die Kap. XXIX-XXXIII).

147   *ibidem* XXI,26; XXII,27; XXIII,28–29.32

ed. A. Jülicher (= nr. 145), pp. 31–34; 36

XXI,26. Quae cum ita sint, iterum atque iterum eadem mecum reuol-
uens et reputans, mirari satis nequeo tantam quorumdam hominum
uesaniam, tantam excaecatae mentis impietatem, tantam postremo
errandi libidinem, ut contenti non sint tradita et recepta semel antiquitus
5 credendi regula, sed noua ac noua de die in diem quaerant, semperque
aliquid gestiant religioni addere, mutare, detrahere; quasi non caeleste
dogma sit, quod semel reuelatum esse sufficiat, sed terrena institutio,
quae aliter perfici nisi adsidua emendatione, immo potius reprehensione
non posset, cum diuina clament oracula: *Ne transferas terminos quos*
10 *posuerunt patres tui;* et: *Super iudicantem ne iudices;* et: *Scindentem*
sepem mordebit eum serpens, et illud apostolicum, quo omnes omnium
haereseon sceleratae nouitates uelut quodam spiritali gladio saepe trun-
catae semperque truncandae sunt: *O Timothee, depositum custodi, deui-*
tans profanas vocum nouitates et oppositiones falsi nominis scientiae,
15 *quam quidam promittentes, circa fidem exciderunt.* Et post haec inueniuntur aliqui tanta inueteratae frontis duritia, tantae impudentiae
incude, tanto adamante pertinaciae, qui tantis eloquiorum caelestium
molibus non succumbant, tantis ponderibus non fatiscant, tantis malleis
non conquassentur, tantis postremo fulminibus non conterantur?
20 *Deuita,* inquit, *profanas uocum nouitates.* Non dixit: antiquitates, non
dixit: uetustates; immo plane quid e contrario sequeretur ostendit. Nam
si uitanda est nouitas, tenenda est antiquitas; et si profana est nouitas,
sacrata est uetustas. *Et oppositiones,* inquit, *falsi nominis scientiae.* Vere
falsum nomen apud doctrinas haereticorum, ut ignorantia scientiae, et
25 caligo serenitatis et tenebrae luminis appellatione fucentur. *Quam qui-*
dam, inquit, *promittentes, circa fidem exciderunt.* Quid promittentes
exciderunt nisi nouam nescio quam ignoratamque doctrinam? . . .
XXII,27. Sed operae pretium est totum ipsum apostoli capitulum diligentius pertractare. *O Timothee,* inquit, *depositum custodi, deuitans*
30 *profanas uocum nouitates.* . . . Quis est hodie Timotheus nisi uel gene-
raliter uniuersa ecclesia, uel specialiter totum corpus praepositorum, qui

---

147   9 sq. Prou. 22,28
10 Sirac. 8,17(14)
10 sq. Eccl. 10,8
13–15 I Tim. 6,20 sq.

Ebenda XXI, 26; XXII, 27; XXIII, 28-29. 32 **147**

XXI, 26. Da sich das so verhält, so kann ich mich, wenn ich dasselbe wieder und wieder überdenke und erwäge, nicht genug wundern über den so großen Wahnsinn einiger Menschen, über die so große Gottlosigkeit ihres verblendeten Sinns und endlich über ihre so große Sucht zum Irrtum, daß sie nicht zufrieden sind mit der überlieferten und einmal vor alters angenommenen Glaubensregel, sondern täglich Neues über Neues suchen[1] und immer darnach trachten, der Religion etwas beizufügen, zu ändern oder wegzunehmen, als wäre es nicht eine himmlische Lehre, bei der es genügt, daß sie ein für allemal geoffenbart wurde, sondern eine irdische Einrichtung, die nur durch beständige Verbesserung oder vielmehr Kritik zur Vollendung gebracht werden könnte, während doch die göttlichen Aussprüche laut verkünden: *Verrücke nicht die Grenzsteine, die deine Väter gesetzt haben*; und: *Über einen Richtenden richte nicht*; und: *Wer eine Zaunmauer niederreißt, den wird die Schlange beißen*; dazu jenes apostolische Wort, mit dem wie mit einem geistigen Schwert allen frevelhaften Neuerungen aller Häresien oft der Kopf abgeschlagen wurde und immer wieder der Kopf abgeschlagen werden muß: *O Timotheus, bewahre das anvertraute Gut, indem du die heillosen Wortneuerungen und die Gegensätze der fälschlich so genannten Wissenschaft meidest, zu welcher sich einige bekannt haben und vom Glauben abgewichen sind.* Und darnach finden sich welche von so eingefleischter Hartnäckigkeit, mit so eiserner Unverschämtheit, von so stahlharter Beharrlichkeit, daß sie einer solchen Masse göttlicher Aussprüche nicht erliegen, unter solchem Gewicht nicht ermatten, durch solche Hämmer nicht erschlagen, schließlich durch solche Blitze nicht vernichtet werden. *Meide*, sagt er, *die heillosen Wortneuerungen*; nicht sagt er „das Alter", nicht „die alten Lehren", vielmehr zeigt er deutlich, was aus dem Gegenteil folgt. Denn wenn die Neuerung zu meiden ist, ist am Alten festzuhalten, und wenn die Neuerung gottlos ist, so sind die alten Lehren geheiligt. *Und die Gegensätze*, sagt er, *der fälschlich so genannten Wissenschaft*: In Wahrheit ein falscher Name für die Lehren der Häretiker, daß die Unwissenheit mit dem Namen Wissenschaft, die Dunkelheit mit dem Namen Heiterkeit und die Finsternis mit dem Namen Licht aufgeputzt werden. *Zu welcher sich einige*, sagt er, *bekannt haben und*

---

1 Vgl. Texte Nr. 42-43.   **147**

integram diuini cultus scientiam uel habere ipsi debent uel aliis infundere? Quid est: *depositum custodi?* Custodi, inquit, propter fures, propter inimicos, ne dormientibus hominibus, superseminent zizania super illud
35 tritici bonum semen quod seminauerat filius hominis in agro suo. *Depositum,* inquit, *custodi.* Quid est depositum? Id est quod tibi creditum est, non quod a te inuentum; quod accepisti, non quod excogitasti; rem non ingenii, sed doctrinae, non usurpationis priuatae, sed publicae traditionis; rem ad te perductam, non a te prolatam: in qua non auctor debes
40 esse, sed custos; non institutor, sed sectator; non ducens, sed sequens. *Depositum,* inquit, *custodi;* catholicae fidei talentum inuiolatum inlibatumque conserua. Quod tibi creditum est, hoc penes te maneat, hoc a te tradatur.

XXIII,28. Sed forsitan dicit aliquis: Nullusne ergo in ecclesia Christi
45 profectus habebitur religionis? Habeatur plane et maximus. ... 29. Imitetur animarum religio rationem corporum: quae licet annorum processu numeros suos euoluant et explicent, eadem tamen quae erant permanent. . .

32. Christi uero ecclesia, sedula et cauta depositorum apud se dogma-
50 tum custos, nihil in his unquam permutat, nihil minuit, nihil addit; non amputat necessaria; non adponit superflua; non amittit sua; non usurpat aliena; sed omni industria hoc unum studet ut uetera fideliter sapienterque tractando, si qua illa sunt antiquitus informata et inchoata, accuret et poliat; si qua iam expressa et enucleata, consolidet < et > firmet; si
55 qua iam confirmata et definita, custodiat. Denique quid unquam aliud conciliorum decretis enisa est, nisi ut quod antea simpliciter credebatur, hoc idem postea diligentius crederetur, quod antea lentius praedicabatur, hoc idem postea instantius praedicaretur, quod antea securius colebatur, hoc idem postea sollicitius excoleretur? Hoc, inquam, semper,

34sq. cf. Matth. 13,24-30
41 cf. Matth. 25,15

vom Glauben abgewichen sind. Zu was anderem bekannten sie sich
und fielen sie ab, als zu irgendeiner neuen und unbekannten Lehre?...
XXII,27. Aber es ist der Mühe wert, das ganze Kapitel des Apostels sorgfältiger zu behandeln. *O Timotheus, sagt er, bewahre das
anvertraute Gut, indem du die heillosen Wortneuerungen meidest...*
Wer ist heutzutage Timotheus anderes, als entweder im allgemeinen die gesamte Kirche oder im besonderen der ganze Stand der
Vorgesetzten, welche die unversehrte Wissenschaft der Gottesver-
ehrung sowohl selbst besitzen als auch andern mitteilen müssen?
Was heißt: *Bewahre das anvertraute Gut?* Bewahre, sagt er, wegen
der Diebe, wegen der Gegner, damit sie nicht, während die Menschen schlafen, Unkraut säen unter jenen guten Weizensamen, den
der Menschensohn auf seinen Acker gesät hat. *Das anvertraute Gut,*
sagt er, *bewahre.* Was ist das anvertraute Gut? Das heißt, was dir
anvertraut ist, nicht was du erfunden hast; was du empfangen,
nicht was du ausgesonnen hast; eine Sache nicht des Erfindungs-
geistes, sondern der Lehre, nicht privater Anmaßung, sondern öf-
fentlicher Tradition; eine Sache, die dir zugebracht, nicht von dir
hervorgebracht ist; wovon du nicht der Urheber, sondern der Hüter sein sollst, nicht der Stifter, sondern der Schüler, nicht der
Führer, sondern der Nachfolger. *Das anvertraute Gut,* sagt er, *bewahre;* das anvertraute Pfund des katholischen Glaubens bewahre
unverletzt und unversehrt! Was dir anvertraut worden ist, das
bleibe bei dir, das werde von dir weiter überliefert...
XXIII, 28. Aber vielleicht sagt einer: Wird es also in der Kirche
Christi keinen Fortschritt in der Religion geben? Allerdings soll
es einen geben, und zwar einen recht großen[2]... 29. Die Religion
der Seelen soll die Art der Leiber nachahmen: diese entwickeln
und entfalten im Lauf der Jahre ihre Teile, bleiben aber doch dieselben, die sie waren...
32. Die Kirche Christi aber, die eifrige und sorgsame Hüterin
der bei ihr hinterlegten Glaubenslehren, ändert an ihnen niemals
etwas, mindert nichts, fügt nichts hinzu; sie schneidet Notwendiges
nicht; sie eignet sich Fremdes nicht an, sondern sie bemüht sich
nicht; sie eignet sich Fremdes nicht an; sondern sie bemüht sich
mit allem Fleiß um das Eine, das Alte treu und weise zu verwalten:
wenn etwas davon von alters erst ansatzweise geformt ist, dann
feilt sie es mit Sorgfalt aus; wenn etwas schon deutlich ausgedrückt

---

2 Zum folgenden siehe die interessante Studie von M. Lods, RHPR 55, 1975, 365-385.

60 neque quidquam praeterea, haereticorum nouitatibus excitata, conciliorum suorum decretis catholica perfecit ecclesia, nisi ut quod prius a
maioribus sola traditione susceperat, hoc deinde posteris etiam per
scripturae chirographum consignaret, magnam rerum summam paucis
litteris comprehendendo, et plerumque, propter intelligentiae lucem,
65 non nouum fidei sensum nouae appellationis proprietate signando.

148   *ibidem* XXVIII,39

ed. A. Jülicher (= nr. 145), pp. 43–44

Hic iam consequens esse video, ut exemplis demonstrem, quonammodo profanae haereticorum nouitates prolatis atque conlatis ueterum
magistrorum concordantibus sibimet sententiis et deprehendantur et
condemnentur. Quae tamen antiqua sanctorum patrum consensio non
5 in omnibus diuinae legis quaestiunculis, sed solum certe praecipue in
fidei regula magno nobis studio et inuestiganda est et sequenda. Sed
neque semper neque omnes haereses hoc modo impugnandae sunt, sed
nouitiae recentesque tantummodo, cum primum scilicet exoriuntur,
antequam infalsare uetustae fidei regulas ipsius temporis uetantur
10 angustiis, ac priusquam manante latius ueneno, maiorum uolumina
uitiare conentur. Ceterum dilatatae et inueteratae haereses nequaquam
hac uia adgrediendae sunt, eo quod prolixo temporum tractu longa his
furandae ueritatis patuerit occasio. Atque ideo quascumque illas anti-
quiores uel schismatum uel haereseon profanitates nullo modo nos
15 oportet nisi aut sola, si opus est, scripturarum auctoritate conuincere aut
certe iam antiquitus uniuersalibus sacerdotum catholicorum conciliis
conuictas damnatasque uitare. Itaque cum primum mali cuiusque erroris putredo erumpere coeperit, et ad defensionem sui quaedam sacrae
legis uerba furari, eaque fallaciter et fraudulenter exponere, statim inter-

und entwickelt war, dann kräftigt und festigt sie es; wenn etwas schon festgestellt und bestimmt war, dann bewahrt sie es. Was hat man denn je anderes durch die Beschlüsse der Konzile (zu erreichen) gesucht, außer daß das, was früher mit Einfalt geglaubt wurde, später gewissenhafter geglaubt wurde, was früher lässiger gepredigt wurde, später dringlicher verkündigt wurde, was man früher unbesorgter verehrte, nachher um so sorgfältiger verehrt wurde? Das und nichts anderes, sage ich, hat die katholische Kirche immer, durch die Neuerungen der Häretiker herausgefordert, mit ihren Konzilsbeschlüssen erreicht, daß sie das, was sie früher von den Vorfahren nur durch (mündliche) Tradition empfangen hatte, später den Nachkommen auch durch schriftliche Urkunde verbürgte, indem sie mit wenigen Worten eine große Summe von Materie zusammenfaßte und oft zum Zweck des klareren Verständnisses einen nicht neuen Glaubenssinn mit einem passenden neuen Ausdruck bezeichnete.[3]

Ebenda XXVIII, 39.   148

Hier halte ich es für angebracht, an Beispielen zu zeigen, wie die gottlosen Neuerungen der Häretiker durch Anführung und Vergleichung der unter sich übereinstimmenden Aussprüche der alten Lehrer ertappt und verurteilt werden können. Dennoch müssen wir diese alte Übereinstimmung der heiligen Väter nicht bei jeder kleinsten Frage über das göttliche Gesetz[1], sondern nur, oder doch hauptsächlich in der Glaubensregel angelegentlich aufsuchen und befolgen. Aber weder zu jeder Zeit, noch alle Häresien kann man auf diese Weise bekämpfen, sondern nur die neuen und frisch entstandenen, gleich bei ihrem Auftreten, bevor sie, durch die Kürze ihrer Zeit (daran) gehindert, die Regeln des alten Glaubens zu fälschen vermögen, und ehe sie, bei weiterer Verbreitung des Giftes, die Schriften der Vorfahren zu verderben suchen. Dagegen verbreitete und eingewurzelte Häresien soll man keineswegs auf diesem Weg angreifen, weil ihnen in der reichlichen Länge der Zeit Gelegenheit genug offen stand, die Wahrheit zu erschleichen. Und daher müssen wir alle jene ältern Gottlosigkeiten von Spaltungen und Häresien auf keine andere Weise, als allein, wenn es nötig ist, durch die Autorität der Schriften überwinden oder doch meiden,

---

3   Eine Anspielung auf das nizänische Glaubensbekenntnis.   147
1   Vgl. Augustin, Brief 54 (Text Nr. 141).   148

20 pretando Canoni maiorum sententiae congregandae sunt; quibus illud,
   quodcumque exsurget nouitium, ideoque profanum, et absque ulla
   ambage prodatur, et sine ulla retractatione damnetur. Sed eorum dumtaxat patrum sententiae conferendae sunt, qui in fide et communione
   catholica sancte, sapienter, constanter uiuentes, docentes, et permanen-
25 tes, uel mori in Christo fideliter uel occidi pro Christo feliciter merue-
   runt. Quibus tamen hac lege credendum est, ut quidquid uel omnes vel
   plures uno eodemque sensu manifeste, frequenter, perseueranter, uelut
   quodam consentiente sibi magistrorum concilio, accipiendo, tenendo,
   tradendo firmauerint, id pro indubitato, certo, ratoque habeatur. Quic-
30 quid uero, quamuis ille sanctus et doctus, quamuis episcopus, quamuis
   confessor et martyr, praeter omnes aut etiam contra omnes senserit, id
   inter proprias et occultas et priuatas opiniunculas a communis et publicae <ac> generalis sententiae auctoritate secretum sit, nec cum summo
   aeternae salutis periculo, iuxta sacrilegam haereticorum et schismatico-
35 rum consuetudinem, uniuersalis dogmatis antiqua ueritate dimissa,
   unius hominis nouitium sectemur errorem.

---

148   33 nec cum *Sichardus, edd.:* ne cum *codd.*

wenn sie schon in alter Zeit durch allgemeine Konzile katholischer Priester überführt und verurteilt worden sind. Wenn daher die Fäulnis irgendeines schlimmen Irrtums auszubrechen und zu seiner Verteidigung Worte des heiligen Gesetzes zu erschleichen und sie täuschend und trügerisch auszulegen beginnt, dann müssen sofort zur Erklärung des Kanons die Aussprüche der Vorfahren gesammelt werden[2], durch die das, was als neu und darum gottlos hervortritt, ohne alle Zweideutigkeit aufgedeckt und ohne alle Möglichkeit einer Wiederbehandlung verworfen wird. Aber nur die Aussprüche derjenigen Väter sind zusammenzustellen, die im Glauben und in der katholischen Gemeinschaft heilig, weise und standhaft lebend, lehrend und bleibend, es verdient haben, entweder in Christus treu zu sterben oder für Christus glückselig das Martyrium zu erleiden.[3] Doch auch ihnen ist nur in der Weise zu glauben, daß alles, was sie in ihrer Gesamtheit oder doch der Mehrzahl nach in einem und demselben Sinn klar, oft und beharrlich, wie eine einmütige Versammlung von Lehrern angenommen, festgehalten, überliefert und bekräftigt haben, für unzweifelhaft sicher und gültig gehalten werde. Was dagegen jemand, mag er auch heilig und gelehrt, mag er auch Bischof, Bekenner oder Märtyrer sein, gesondert von allen andern oder auch gegen sie alle dachte, das soll zu den eigenen, geheimen oder privaten Meinungen gerechnet und von dem Ansehen einer gemeinsamen, öffentlichen und allgemeinen Erklärung ausgeschlossen werden, damit wir nicht bei höchster Gefahr des ewigen Heils nach der gotteslästerlichen Gewohnheit der Häretiker und Schismatiker unter Preisgabe der alten Wahrheit der allgemeinen Lehre uns dem neuen Irrtum eines einzigen Menschen hingeben.[4]

---

2   Das war wirklich die Praxis dieser Zeit; vgl. Texte Nr. 120; 124; 128; 134.
3   Hier sind schon die charakteristischen Züge des „Kirchenvaters" zusammengestellt.
4   Die Anspielung auf Augustin ist deutlich.

Register

I. Verzeichnis der biblischen Zitate *(kursiv)* und Anspielungen

II. Altchristliche Quellen

III. Sachregister

Apostel
- erste Glieder der Traditionskette 1; 3; 4; 5,4sqq.; 6; 15; 33,7sqq.; 40,20sqq.; 44,44sqq.; 49,1sqq.; 60; 92,2sqq.; 119
- ihre Nachfolge (speziell in Rom) garantiert die Tradition 15,8sqq.; 16,1sqq.; 27; 28,2sq.; 33,32.43sqq.; 52sqq.; 35,2sq.;37,2sqq.;40,10sqq.;42,11sqq.; 43; 61,9sq.; 62,8; 88,1; 94,7sqq.; 114,3; 134,8sq.

Bischöfe
- Garanten der Tradition 17,4sqq.; 35,1sqq.;68,6sqq.;70,14sqq.;77,5sqq.; 79,1sqq.; 80; 82,25sqq.; 83,23sqq.; 84,57sqq.; 100,7sqq.; 147,30sqq.
- müssen zum Ursprung der Tradition zurückgehen 33,111sqq.; 84,47sqq.; 145,25sqq.; 34sq.

Erkenntnis (Gnosis), trägt bei zur Entwicklung der Tradition 30,35sqq.; 50; 51; 52; 55; 57; 58,6sqq.; 61,15sqq.; 63; 64,1sqq.; 70,27sqq.; 113; 126; 147,44sqq.52sqq.

Glaubensbekenntnis, seine Bedeutung für die Tradition 30,2sqq.; 39,13sqq.; 104; 144; 147,62sqq.

Häresie, Häretiker
- Abweichung, Neuerung 11;13;35,4sqq.; 39,1sqq.;42,1sqq.;58,1sqq.;70,10sqq.; 24sqq.; 84,64sq.; 85,4sq.; 88,6sqq.; 89,3sq.; 104,27sqq.; 114,3sqq.; 146; 147,1sqq.; 148,1sqq.
- Arius, Arianer 94; 96; 98; 99,12sqq.; 100; 135,4
- Artemon 71
- Häretikertaufe 82; 83; 84; 85; 91; 138; 140; 146
- Gnostiker 10; 19,1sqq.; 29; 33,19sqq.; 40,41sqq.68,1sqq.13sqq.
- Marcion 19,5; 33,27; 94
- Nestorius 77; 81; 91,5sq.
- Paulus von Samosata 72; 125,6
- Ptolemäus 28; 32,5sqq.

Heilige Schrift
- Grundlage der Tradition 40,5sqq.; 62; 67; 79; 93; 97; 98,21sq.; 103,1sqq.; 104,18sqq.; 145,12sqq.
- Interpretationsprobleme 33,19sqq. 111sqq.;40,1sqq.; 145,12sqq.
- Wert der Pseudepigraphen und Apokryphen 38; 66,1sq.; 103,8sqq.

Jesus Christus und die Ursprünge der Tradition 1; 5,1sq.; 6,3sqq.; 8,1sqq.; 15,1sqq.; 17,1sqq.; 24,1sq.; 26,4; 29,2; 33,2sqq.; 40,20sqq.; 54,1sqq.; 60; 79,6sqq.; 84,20sqq.; 94,7; 99,3.5sqq.; 106,4sqq.; 108,2; 109,10sqq.; 110,27. 32.49; 123,1sq.; 127,2; 134,6sq.

Kirche(n) als Hüterin(nen) der Tradition 30,22sqq.; 33,1sq.31sqq.43.105sqq.; 34;40,14sqq.28sqq.;72,4sqq.;99,4sqq.; 105;131,3;134,14sqq.;136;146,3sqq.

Konsens der katholischen Kirche 33,111sqq.; 41,12sqq.;137,4;138,9sq.; 139,6sqq.; 140,12sqq.; 141,9sqq.; 145,18sqq.30sqq.

Konzile 72; 86; 96,5sqq.; 98; 99,3sq.; 100,10sqq.; 107,6sq.; 111; 120,10sqq.; 123; 125; 127; 128,5; 131,4; 134,3.9; 135,1; 138,7sqq.; 141,11; 145,38sq.; 147,55sqq.; 148,16sq.

Lehrer 13; 21; 22; 24; 25; 48,4sq.; 58,2; 93,5; 124,6sqq.; 145,40sqq.

Presbyter der Kirche der Anfänge 20; 32,1sqq.; 59; 87,1sq.; 102,3